A Responsabilidade do Empregador nas Atividades de Risco:

Incidência do parágrafo único do art. 927 do Código Civil nas Relações de Trabalho

KARINA NOVAH SALOMÃO

Bacharel em Direito pela Universidade de São Paulo. Mestre em Direito do Trabalho pela Universidade de São Paulo. Doutora em Direito do Trabalho pela Universidade de São Paulo.

A RESPONSABILIDADE DO EMPREGADOR NAS ATIVIDADES DE RISCO:

Incidência do parágrafo único do art. 927 do Código Civil nas Relações de Trabalho

LTr

LTr EDITORA LTDA.
© Todos os direitos reservados

Rua Jaguaribe, 571
CEP 01224-001
São Paulo, SP — Brasil
Fone (11) 2167-1101
www.ltr.com.br

Produção Gráfica e Editoração Eletrônica: R. P. TIEZZI
Projeto de Capa: FABIO GIGLIO
Impressão: COMETA GRÁFICA E EDITORA
LTr 4822.8
Setembro, 2013

Dados Internacionais de Catalogação na Publicação (CIP)
(Câmara Brasileira do Livro, SP, Brasil)

Salomão, Karina Novah

A responsabilidade do empregador nas atividades de risco : incidência do parágrafo único do art. 927 do código civil nas relações de trabalho / Karina Novah Salomão. — 1. ed. — São Paulo : LTr, 2013.

Bibliografia
ISBN 978-85-361-2696-8

1. Acidentes do trabalho — Brasil 2. Empregadores — Responsabilidade — Brasil 3. Relação de emprego 4. Responsabilidade contratual 5. Teoria do risco I. Título.

13-06954   CDU-34:331.825(81)

Índices para catálogo sistemático:

1. Brasil : Acidentes do trabalho : Responsabilidade civil do empregador : Direito do trabalho 34:331.825(81)
2. Brasil : Responsabilidade civil do empregador : Acidentes do trabalho : Direito do trabalho 34:331.825(81)

Aos meus avós, Maria Salette da Silva Novah e Gerson Novah, in memoriam.

Aos meus pais, Yêda Novah e Luiz Paulo Salomão, in memoriam.

Aos meus irmãos, Kátia Novah Salomão Jotten, Karla Novah Salomão e Paulo Marcos Novah Salomão e Patrícia Novah Salomão.

Aos meus sobrinhos queridos, Marina Jotten, Luisa Jotten e Lucas Biasin.

AGRADECIMENTOS

Este trabalho não teria sido concluído sem a ajuda de algumas pessoas.

Em primeiro lugar, agradeço ao meu orientador, Dr. Nelson Mannrich, pelas vezes em que me recebeu no seu escritório, para analisar e criticar o trabalho, pelo apoio e incentivo. Sua colaboração foi decisiva para o resultado desta obra.

Agradeço ao Dr. Cássio Mesquita Barros Júnior, pelo apoio e por ter disponibilizado sua biblioteca para meus estudos.

Também sou grata aos professores doutores Alberto Levi e Pedro Romano Martinez, que me receberam, respectivamente, na Faculdade de Direito da Università Degli Studi di Modena e Reggio Emilia e Faculdade de Direito da Universidade de Lisboa, orientando-me na pesquisa dos autores estrangeiros.

Agradeço à Drª Aparecida Hashimoto, pelas discussões técnicas.

Agradeço, ainda, ao Dr. Ademir Pereira dos Santos, Drª Cristina Bardelli, Yara Nico, Dante Marino Malavazzi, Mary Chagas Guidolin, e Dr. Rony Farto Pereira, pela revisão do trabalho. Agradeço a todos que, direta ou indiretamente, colaboraram para a elaboração deste livro.

Finalmente, quero dizer que sou especialmente grata à minha querida irmã Karla Novah Salomão, pelo apoio de sempre.

Sumário

Introdução 13

Primeira Parte
A Responsabilidade Subjetiva e Objetiva do Empregador nas Atividades de Risco

Responsabilidade Subjetiva 19

1. Responsabilidade. Conceito e fundamentos 19
2. Responsabilidade contratual e extracontratual 21
3. Responsabilidade subjetiva 22
   3.1. Elementos da responsabilidade subjetiva 24

Responsabilidade Objetiva 35

1. Responsabilidade objetiva: evolução do instituto até os dias de hoje 35
2. Razões históricas que justificam o instituto 39
3. Elementos 43
4. Responsabilidade objetiva e responsabilidade decorrente do risco da empresa . 43
5. Fundamentos 47
6. Teoria do risco: diversas correntes 51
7. Teoria do risco: concepção adotada pelo Código de 2002 56
8. Hipóteses de responsabilidade objetiva 63
9. Responsabilidade objetiva: excludentes 65

Segunda Parte
Parágrafo Único do art. 927 do Código Civil

Parágrafo Único do art. 927 do Código Civil 71

1. Antecedentes do parágrafo único do art. 927 71
2. Análise do parágrafo único do art. 927 do Código Civil 78
   - 2.1. Atividade normalmente desenvolvida pelo autor do dano 81
   - 2.2. Periculosidade da conduta e atividade perigosa 90
   - 2.3. Atividade perigosa pela natureza dos meios adotados 93
   - 2.4. Exercício e desenvolvimento 94
   - 2.5. O conceito de risco nas ciências exatas 98
   - 2.6. Conceito de risco e atividade perigosa na doutrina, na jurisprudência e na lei 104
   - 2.7. Atividades de risco segundo doutrina e jurisprudência: casuística ... 118
   - 2.8. Atividade de risco ou perigosa, segundo o INSS 129
   - 2.9. Sujeito ativo e sujeito passivo 135

Terceira Parte
Conflito entre o art. 927 do Código Civil e o art. 7º, XXVIII, da Constituição Federal

Conflito Aparente entre o art. 927 do Código Civil e o art. 7º, XXVIII, da Constituição Federal 145

1. Conflito aparente entre o parágrafo único do art. 927 do Código Civil e do art. 7º, XXVIII, da Constituição Federal. Responsabilidade objetiva do empregador 145
2. Argumentos favoráveis à aplicação do parágrafo único do art. 927 às relações de trabalho 145
   - 2.1. A Constituição previu outros direitos no art. 7º 145
   - 2.2. O parágrafo único do art. 927 do CC deve ser aplicado igualmente ao cidadão e aos empregados 150
   - 2.3. A aplicação da teoria objetiva justifica-se quando o risco ultrapassa a normalidade 152
   - 2.4. O inciso XXVIII do art. 7º da CF deve ser entendido em consonância com o § 3º do art. 225 da mesma Carta 154

2.5. Os princípios constitucionais justificam a aplicação do parágrafo único do art. 927 do Código Civil às relações de trabalho 158

    2.5.1. Princípio da dignidade humana 158

    2.5.2. Princípio da solidariedade, valor social do trabalho, dever de garantir a segurança do trabalhador 165

3. Argumentos contrários à aplicação do art. 927, parágrafo único, do CC às relações de trabalho 166

    3.1. Supremacia da Constituição 166

    3.2. Art. 7º, XXVIII, da CF: *mens legis* 168

    3.3. Relação entre o modelo da responsabilidade subjetiva e a observância das normas trabalhistas 169

    3.4. Dois modelos de responsabilidade objetiva com fundamento na teoria do risco 170

Quarta Parte
Incidência do Art. 927, Parágrafo Único, do Código Civil nas Relações de Trabalho

Incidência do art. 927, parágrafo único, do Código Civil nas Relações de Trabalho 173

1. Análise dos argumentos favoráveis à incidência do parágrafo único do art. 927 do Código Civil às relações de trabalho 173

2. Análise dos argumentos contrários à aplicação do parágrafo único do art. 927 do Código Civil às relações de trabalho 182

3. Incidência do parágrafo único do art. 927 do Código Civil nas relações de trabalho à luz dos princípios de interpretação da Constituição 193

Conclusões 197

Bibliografia 201

Introdução

Cuida-se de pesquisa doutrinária sobre a responsabilidade objetiva no Brasil, indicando a posição da doutrina e jurisprudência sobre o tema, após o advento do art. 927, parágrafo único, do Código Civil. Com a industrialização, a culpa deixa de ser o elemento mais importante para a caracterização da responsabilidade. O empregador que desenvolve atividade lícita, mas perigosa, pode eventualmente ser responsabilizado pelo dano que aquela vier a causar, independentemente de ter agido com culpa. Importa, assim, verificar quais as atividades que, segundo a doutrina e jurisprudência, são perigosas e em que consiste o perigo ou risco da atividade, a ponto de enquadrar-se no art. 927 do Código Civil.

Em 1988, foi publicada a nova Carta, que assegurou ao empregado uma indenização por acidente do trabalho, nos casos de dolo ou culpa ("XXVIII — seguro contra acidentes de trabalho, a cargo do empregador, sem excluir a indenização a que este está obrigado, quando incorrer em dolo ou culpa"). Alguns anos mais tarde, precisamente em janeiro de 2002, o Código Civil inovou na matéria, ao dispor, no seu art. 927, sobre a responsabilidade do autor que exerce atividade perigosa: "Parágrafo único. Haverá obrigação de reparar o dano, independentemente de culpa, nos casos especificados em lei, ou quando a atividade normalmente desenvolvida pelo autor do dano implicar, por sua natureza, risco para os direitos de outrem".

Observa-se, na atualidade, uma crescente preocupação com o tema da responsabilidade civil. Se, em épocas passadas, o tema da responsabilidade dominou o cenário, hoje é a responsabilidade objetiva que reclama atenção. A sociedade, cada vez mais, exige que os responsáveis assumam o ônus pelas atividades que desenvolvem.

Ao contrário da responsabilidade subjetiva, que pode ser prevista no contrato, a responsabilidade objetiva deve ser prevista em lei. Nessa medida, cumpre ao legislador indicar as atividades perigosas e seus limites, preservando assim a segurança de todos.

O Direito do Trabalho, como não poderia deixar de ser, não foge a essa tendência. O empresário, ao desenvolver determinada atividade, assume um risco, devendo responder pelos danos que provoca, inclusive aos trabalhadores.

Diversas normas dispõem sobre segurança e medicina no trabalho. Na Consolidação das Leis do Trabalho, por exemplo, encontram-se regras relativas a edificações, conforto térmico, instalações elétricas, máquinas e equipamentos, bem como sobre as atividades insalubres e perigosas e o uso de equipamentos de proteção individual. Tais normas tiveram por escopo garantir a segurança de todos e, em especial, do trabalhador. Isso não obstante, as penalidades previstas na Consolidação não se mostram suficientes para coibir as infrações. Aqueles que não lograram garantir seu direito tiveram que recorrer à legislação sobre responsabilidade civil.

Considerando a discussão que se travou em torno da aplicação do art. 927, parágrafo único, do Código Civil, tornou-se necessário sistematizar o debate, o que se pretende fazer com o presente trabalho.

Na Primeira Parte deste texto, apresenta-se um breve estudo da responsabilidade civil. Após análise do instituto no direito romano e direito francês, discute-se o conceito e fundamento da responsabilidade, distinguindo-se a responsabilidade contratual e a extracontratual.

Conceitua-se a responsabilidade subjetiva, indicando seus elementos: ação ou omissão, culpa, nexo de causalidade e dano.

Ao depois, discute-se a responsabilidade objetiva, sua evolução até os dias de hoje. Após, apresenta-se o conceito de responsabilidade objetiva, salientando as excludentes. Por fim, são apresentadas críticas ao instituto.

Na Segunda Parte, faz-se a análise do art. 927 do Código Civil e de cada um dos seus elementos. Verificam-se quais são os conceitos de atividade, periculosidade, exercício e desenvolvimento e risco, apontando-se, com fundamento na lei, doutrina e jurisprudência, em quais hipóteses se tem reconhecido a existência de atividade de risco.

Na Terceira Parte, reflete-se sobre a constitucionalidade do parágrafo único do art. 927 do Código Civil, frente ao art. 7º, XXVIII, da Constituição, citando-se doutrina e jurisprudência sobre o tema.

Finalmente, na Quarta Parte, analisam-se os argumentos favoráveis e contrários ao reconhecimento da responsabilidade do empregador nas atividades de risco, enfatizando-se os fundamentos que justificam a incidência do parágrafo único do art. 927 sobre as relações de trabalho.

Nesta pesquisa, adota-se o método histórico e o do direito comparado. No que tange à técnica de pesquisa propriamente dita, foi utilizada pesquisa documental, por meio de consulta a normas jurídicas (tratados internacionais, leis estrangeiras, leis nacionais), doutrina e jurisprudência.

PRIMEIRA PARTE

A RESPONSABILIDADE SUBJETIVA
E OBJETIVA DO EMPREGADOR
NAS ATIVIDADES DE RISCO

RESPONSABILIDADE SUBJETIVA

1. RESPONSABILIDADE. CONCEITO E FUNDAMENTOS

O termo *responsabilidade* associa-se à palavra *responder*. No campo do Direito, aquele que causa um dano a outro fica obrigado a responder. Esse o entendimento de Mazeaud e Mazeaud[1]. Para Silvio Rodrigues, a responsabilidade corresponde ao dever de reparar e decorre de fato próprio ou de terceiro[2].

Rodrigues distingue entre responsabilidade penal e civil, esclarecendo que, em ambas, existe uma "infração a um dever da parte do agente". No primeiro caso, o agente infringe norma de ordem pública e seu comportamento causa distúrbio na sociedade, razão pela qual se institui uma pena para o infrator. No caso da responsabilidade civil, o interesse lesado é privado. O agente não infringe norma pública, mas causa um prejuízo ao particular, nascendo daí a responsabilidade pela reparação[3].

A ideia de responsabilidade está ligada à obrigação, garantia, mas também à de correspondência. Associa-se ainda à ideia de que aquele que violou um dever legal deve responder pelo ato praticado[4]. No caso, deve haver

---

(1) "Cette fois, le droit va se saisir du problème: il y a deux acteurs face à face sur la scène juridique; l'harmonie que la règle de droit cherche à faire règner entre les individus est rompue. Dès que l'auteur du dommage et la victime son deux personnes différentes, un conflit va naêtre, la victime demandant à l'auteur réparation du préjudice subi. Ce conflit, c'est tout le problème de la responsabilitè. On peut donc dire qu'une personne est responsable chaque fois qu'elle doit réparer ur dommage; c'est celui que répond." MAZEAUD, Henri; MAZEAUD, Leon. *Traité théorique et pratique de la responsabilité civile délictuelle et contractuelle*. Paris: Librarie du Recueil Sirey, 1938. p. 2.
(2) "A responsabilidade civil vem definida por Savatier como a obrigação que pode incumbir uma pessoa a reparar o prejuízo causado a outra, por fato próprio, ou por fato de pessoas ou coisas que dela dependam". RODRIGUES, Silvio. *Direito civil*: responsabilidade civil. São Paulo: Saraiva, 2004. v. 4, p. 6.
(3) *Ibidem*, p. 6-7.
(4) "Mais aproximada de uma definição de responsabilidade é a ideia de obrigação. A noção de garantia, empregada por alguns autores, em hábil expediente para fugir às dificuldades a que os conduz seu

prejuízo[5]. Excepcionalmente, entretanto, também haverá responsabilidade sem que o autor do dano responda por este[6].

Aguiar Dias destaca os princípios que fundamentam a responsabilidade civil. *Princípio da repartição do dano:* de acordo com esse princípio, o dano deve ser reparado por meio de seguro ou pelo Estado. Aqui, não se indaga da origem do dano. Apenas em caso de culpa *manifesta* do autor do dano é que o Estado ou seguro poderá eximir-se de sua responsabilidade. *Princípio do caráter perigoso do ato:* esse princípio "baseia-se na concepção de que o homem cria para o seu próximo um perigo particular"[7]. Essa teoria foi desenvolvida pelos franceses, em especial, Saleislles e Josserand.

Aguiar Dias explica que, no caso de responsabilidade decorrente da guarda, vigora um sistema de presunção legal. A presunção, no caso, é absoluta, não se admitindo que não houve prova do responsável pela guarda, salvo caso de culpa exclusiva da vítima e força maior[8].

Considerando essas situações, declara Josserand:

> [...] se não convém ir mais longe, abandonando a noção de culpa, tão desacreditada, para admitir que somos responsáveis, não somente pelos atos culposos, mas pelos nossos atos, pura e simplesmente, desde que tenham causado um dano injusto, anormal. O "faiseur d'actes" deve responder pelas consequências de suas iniciativas. Por essa concepção nova, abstrai-se da ideia de culpa: aquele que cria o risco responde, se ele se vem a verificar, pelas consequências lesivas a terceiros.[9]

E inúmeras leis, na França de Josserand e Saleislles, adotaram a teoria do risco: a lei de acidente de trabalho; a que estabelece o direito à indeniza-

---

incondicional apego à noção de culpa, como substituta da responsabilidade, corresponde, ela também, à concepção de responsabilidade. [...] Digamos, então, que responsável, responsabilidade, assim como, enfim, todos os vocábulos cognatos exprimem ideia de equivalência de contraprestação, de correspondência." *Ibidem*, p. 2-5.

(5) "[...] a responsabilidade pode resultar da violação, a um tempo, das normas, tanto morais, como jurídicas [...] entretanto, o domínio da moral é muito mais amplo que o do direito, a este escapando muitos problemas subordinados àquela, porque a finalidade da regra jurídica se esgota com manter a paz social, e esta só é atingida quando a violação se traduz em prejuízo. Daí, resulta que não se cogita da responsabilidade jurídica enquanto não há um prejuízo. Ocorre, aqui, a primeira distinção entre responsabilidade jurídica e responsabilidade moral." *Ibidem*, p. 4-5.

(6) *Ibidem*, p. 4.

(7) *Ibidem*, p. 57.

(8) "Em contrário, só é possível prova de força maior ou de culpa da vítima. De forma que a vítima só tem de demonstrar que o dano foi causado pela pessoa ou coisa sob a guarda do réu. A este compete provar — e só se escusa por esta via — a culpa da vítima ou a força maior. Desloca-se, deste modo, o ônus da prova, retirado dos ombros do autor e lançado sobre os do réu, proprietário, guardião, patrão, pai, professor, etc." *Ibidem*, p. 67.

(9) JOSSERAND *apud* DIAS, José de Aguiar. *Da responsabilidade civil*, Rio de Janeiro: Forense, 1944. p. 68.

ção decorrente de explosão e disseminação de substâncias explosivas e tóxicas; a que dispõe sobre danos praticados pelas forças armadas e a que dispõe sobre a responsabilidade pelas empresas de navegação aérea[10]. Em todos esses casos, deixa-se de aplicar a teoria da culpa para aplicar a teoria do risco: "[...] a força da iniciativa, a ação consideram-se em si mesmas geradores da responsabilidade"[11].

Josserand também faz referência à substituição da responsabilidade delitual pela contratual. Tal ocorre, por exemplo, no caso de contrato de transportes. Uma vez ocorrido o acidente, não caberia à vítima provar a culpa, mas, tão somente, o contrato de transporte, eis que incumbia ao transportador levar o passageiro de um lugar a outro com segurança[12].

2. RESPONSABILIDADE CONTRATUAL E EXTRACONTRATUAL

Cumpre distinguir entre responsabilidade contratual e extracontratual. Uma pessoa pode descumprir uma norma de um contrato ou praticar um ato ilícito. No primeiro caso, surge a responsabilidade contratual; no segundo, a responsabilidade extracontratual ou aquiliana.

No nosso sistema, o art. 389 do Código Civil dispõe sobre a responsabilidade contratual. O art. 186, por sua vez, aborda o ato ilícito, fazendo remissão ao art. 927, que trata da reparação.

Esclarece Silvio Rodrigues que, na responsabilidade contratual, antes de se ter a obrigação de indenizar, ocorre um inadimplemento do contrato. Entre o causador do dano e a vítima, preexistia um contrato. Essa situação não acontece na responsabilidade extracontratual, vez que o causador do dano e a pessoa lesada são estranhas uma à outra[13].

Não obstante essa diferença, é certo que, tanto na responsabilidade contratual quanto na responsabilidade extracontratual, existe o dever de a vítima provar o dano, a culpa e o nexo de causalidade. Numa ou noutra situação, a indenização em dinheiro é um sucedâneo. Com efeito, como exemplifica Silvio Rodrigues, num atropelamento, em que a vítima perde um braço, o agente deverá fazer a reparação em dinheiro. Também na responsabilidade contratual, a indenização é um substitutivo. A vítima, no caso de um contrato não cumprido, poderá pedir um valor em dinheiro[14].

---

(10) DIAS, José de Aguiar. *Op. cit.*, p. 69.
(11) *Ibidem*, p. 69.
(12) *Idem*.
(13) RODRIGUES, Silvio. *Op. cit.*, p. 9.
(14) *Ibidem*, p. 9.

Maria Helena Diniz ressalta que, na responsabilidade contratual, o vínculo tem por fundamento uma *relação obrigacional,* e é a inexecução do contrato que leva à responsabilidade do infrator. Nessa espécie de responsabilidade, o prejudicado deve provar a culpa, sendo que frequentemente as partes estipulam uma cláusula penal[15].

No que diz respeito à prova, cumpre à vítima comprovar os fatos, o que ocorre na responsabilidade contratual ou extracontratual. A diferença é que, na responsabilidade contratual, a vítima deverá provar o inadimplemento do contrato.

Segundo Plá Rodriguez, a responsabilidade aquiliana acarreta a impunidade do empregador, visto que compete ao empregado provar a culpa daquele[16].

Existem diferenças ainda no que tange às obrigações do menor. O menor pode contratar, desde que assistido por seu representante legal. Acontece que ele pode declarar, dolosamente, que é maior. Nesse último caso, surge a responsabilidade extracontratual, por força do disposto no art. 180.

3. RESPONSABILIDADE SUBJETIVA

A ideia de culpa restou definitivamente consagrada com o Código de Napoleão, cujo art. 1.382 dispunha: "[...] tout fait quelconque de l'homme, qui cause à autrui ur dommage, oblige celui par la faute duquel il est arrivé, à le réparer"[17].

Para Caio Mário, o fato é gerador do fenômeno jurídico: "O fato é o elemento gerador do direito subjetivo e, conseguintemente, da obrigação que

---

(15) DINIZ, Maria Helena. *Direito civil brasileiro:* responsabilidade civil. São Paulo: Saraiva, 2002. p. 14.
(16) "Se aplica el derecho civil clásico, utilizando el instituto tradicional de la culpa aquiliana. El empleador deberá abonar la totalidad de los perjuicios derivados de los accidentes provocados por su culpa. Esto requiere necesariamente la acumulación de dos condiciones: a) que haya habido culpa personal del empleador; b) que se pueda probar esa culpa. Estas dos exigencias suponen prácticamente la impunidad de hecho del empleador. Según estimaciones estadísticas globales, pero fundadas y serias, se entiende que se originan en la culpa del patrono una cuarta parte de los accidentes (aun reconociendo como de culpa del patrono todos los derivados del incumplimiento de leyes o reglamentos de prevención de accidentes). Otra cuarta parte puede atribuirse a la culpa del trabajador. Y la restante mitad se origina en caso fortuito (inherente a la cosa que produjo el daño), en fuerza mayor (causa exterior a la industria) o a factores desconocidos. Por otra parte, la exigencia de la prueba — es decir, que se demuestre judicialmente la verdadera causa del accidente — hacía fracasar cualquier intento de responsabilidad al patrono. A todo ello, debía agregarse la dificultad de la determinación concreta de los daños y perjuicios sufridos, así como la prueba de los mismos. Este sistema, que es el que se desprende del derecho común, derivaba en la carencia de amparo del trabajador y en la absoluta impunidad del empleador." PLÁ RODRIGUEZ, Américo. Accidentes de trabajo: ¿Seguro mercantil o seguro social? *Revista de Política Social,* ISSN 0034-8724, n. 120, p. 5, 1978. Disponível em: <http://dialnet.unirioja.es/servlet/articulo?codigo=2494334> Acesso em: 3.3.2010.
(17) PEREIRA, Caio Mário da Silva. *Responsabilidade civil.* Rio de Janeiro: Forense, 1999. p. 14.

lhe é correlata"[18]. O direito nasce do fato. O fato é pressuposto do direito em três níveis: nascimento, modificação e extinção. Tais fatos podem ser classificados em naturais ou jurídicos. Recorrendo a Savigny, Caio Mário afirma que fato jurídico é o "[...] acontecimento em virtude do qual começam ou terminam as relações jurídicas"[19]. Dentro da categoria dos atos jurídicos inserem-se os negócios jurídicos, que dependem de uma declaração de vontade, destinada a produzir efeitos jurídicos (efeitos esses desejados pelo autor). Outrossim, os atos podem ser classificados em lícitos e ilícitos, estes em desconformidade com a Lei.

A doutrina tradicional, referindo-se à figura do delito e do *quase delito*, referia-se a fato humano causador do dano. Assim, o delito, que constitui fato do homem, leva à obrigação de reparar o dano causado a outrem. O delito tinha como pressuposto o dolo, enquanto o *quase delito* tinha como pressuposto a culpa. Na doutrina moderna, não mais se alude a *delito* e *quase delito*, mas a *culpa*.

Na moderna teoria da responsabilidade subjetiva, importa conhecer o conceito de ato ilícito. Como dever decorrente da responsabilidade, sobressai a figura da reparação. Outrossim, falar em culpa é falar em responsabilidade subjetiva. Em se tratando de responsabilidade subjetiva, é oportuno investigar qual o comportamento do autor do dano, em que medida contribuiu para o prejuízo sofrido pela vítima.

Pode-se concluir, a partir dessas premissas, que é o comportamento culposo do autor que vai dar lugar à obrigação de indenizar[20]. Em princípio, cada pessoa suporta o ônus dos seus atos. Entretanto, se alguém causar dano a outrem, acarretando prejuízo à vítima, esta é que terá de provar a culpa do autor do dano.

Nesse sentido, é relevante atentar para o art. 159 do Código Civil de 1916 e o atual art. 186 do Novo Código Civil, abaixo reproduzidos:

> Art. 159. Aquele que, por ação ou omissão voluntária, negligência, ou imprudência, violar direito, ou causar prejuízo a outrem, fica obrigado a reparar o dano.

> Art. 186. Aquele que, por ação ou omissão voluntária, negligência ou imprudência, violar direito e causar dano a outrem, ainda que exclusivamente moral, comete ato ilícito.

De outra parte, é preciso conceituar a culpa. Para Caio Mário, esta constitui "[...] uma falta de destreza, de habilidade, de diligência, de prudência, cujo resultado nefasto poderia ser previsto, ao menos implicitamente"[21].

---

(18) *Ibidem*, p. 26.
(19) *Idem*.
(20) *Ibidem*, p. 28-30.
(21) *Ibidem*, p. 30.

Na vigência do Código Civil de 1916, a responsabilidade fundamentava-se na culpa, na forma do art. 159. Era necessário que o ato do agente causador do dano fosse contrário ao Direito.

O art. 159 fazia referência à ação ou omissão voluntária. Tem-se, aí, a imputabilidade do autor do dano. Diante disso, afirma Caio Mário que "[...] a imputabilidade do ato ao agente liga-se, desta sorte, ao conceito mesmo de ato ilícito [...] a imputabilidade do agente significa, desta sorte, a capacidade de entender e de querer, no momento em que for cometido o ato danoso"[22].

Considerando os arts. 159 e 160 do Código Civil de 1916, Aguiar Dias explica que a ideia de *faute* utilizada pelo legislador francês foi substituída, pelo legislador pátrio, por *ato ilícito*. Além disso, o nosso legislador não definiu a culpa, não distinguindo ainda entre *delito* e *quase-delito*[23]. Assim, para o nosso Direito, o ato ilícito "é o fato, não autorizado pelo direito, causador de dano a outrem"[24].

3.1. ELEMENTOS DA RESPONSABILIDADE SUBJETIVA

Constituem requisitos da responsabilidade subjetiva a ação ou omissão, a culpa, o nexo causal e o dano. A ação corresponde ao

> [...] elemento constitutivo da responsabilidade, vem a ser o ato humano, comissivo ou omissivo, ilícito ou lícito, voluntária e objetivamente imputável, do próprio agente ou de terceiro, ou o fato de animal ou coisa inanimada, que causa dano a outrem, gerando o dever de satisfazer os direitos do lesado.[25]

O dever de indenizar pode ser resultado de ação ou omissão do agente. O dever violado, de acordo com Silvio Rodrigues, pode ser contratual, legal ou social[26]. No caso de omissão, o agente deixou de praticar ato que tinha o dever de praticar. A doutrina exemplifica com os casos de omissão de socorro.

Outrossim, a culpa constitui requisito da responsabilidade subjetiva. No Direito Romano, predominou inicialmente a ideia de vingança pessoal. Foi

---

(22) *Ibidem*, p. 33.
(23) DIAS, José de Aguiar. *Op. cit.*, p. 134.
(24) *Ibidem*, p. 135.
(25) DINIZ, Maria Helena. *Op. cit.*, p. 37.
(26) "Finalmente, a responsabilidade pode emergir de um ato ou omissão do agente que não seja ostensivamente contra a letra da lei, mas contra seu espírito. São os atos praticados com abuso de direito. A lei permite a quem quer que seja pedir abertura de inquérito policial. Todavia, se alguém exorbita no exercício desse direito, formulando o pedido de inquérito policial com base em queixas infundadas, pratica ato ilícito e por conseguinte deve reparar o prejuízo causado (RT 167/269 e 171/141)." RODRIGUES, Silvio. *Op. cit.*, p. 19.

somente com a "Lex Aquilia" que houve uma evolução, vez que esta substituiu as multas fixas por uma pena proporcional ao dano. Assim, cumpria ao lesado pedir ao Estado a fixação de uma pena. Há quem entenda, portanto, que foi a partir da "Lex Aquilia" que surgiu a ideia de culpa.

No Direito francês, o Código Civil de 1804 instituiu a responsabilidade subjetiva, nos seus arts. 1.382 a 1.385, princípio esse que foi agasalhado no nosso Código Civil de 1916. Nossa doutrina subjetiva centrava no Código de 1916 a responsabilidade no ato ilícito (art. 159).

Alguns autores procuram distinguir entre *delicta* e *quasi delicta*. Essa distinção não tem importância, nos dias de hoje. Isso não obstante é necessário diferenciar a culpa do dolo. No dolo, existe uma vontade deliberada do agente de praticar o ato. Conforme Caio Mário, no dolo, o agente tem "a consciência do resultado"[27]. O autor fala de culpa intencional (dolo) e de culpa não intencional (negligência, imperícia). Por vezes, busca-se definir a culpa pela "noção de dever"[28]. Dessa forma, a culpa seria a inexecução de um dever que o agente conhecia e tinha que observar. Ao violar o dever, o autor comete um delito civil. No caso de contrato, tem-se dolo contratual. Se involuntária, a violação pressupõe culpa simples[29].

Para Planiol, "culpa é a infração de uma obrigação preexistente de que a lei ordena a reparação quando causou um dano a outrem"; o autor entende que incorre em culpa "aquele que age como não devia agir"[30]. Planiol concebe a culpa como falta de um dever preexistente[31].

Já Henri de Page afirma que

> [...] a culpa é, muito simplesmente, um erro de conduta; é o ato ou o fato que não teria praticado uma pessoa prudente, avisada, cuidadosa em observar as eventualidades infelizes que podem resultar para outrem. [32]

Finalmente, Caio Mário trata da culpa como *erro de conduta* e como violação a um dever preexistente[33]. A conduta pode ser voluntária ou involuntária, mas não existe o propósito do resultado danoso. Não há deliberação de causar o dano. A voluntariedade diz respeito à ação. A conduta voluntária

---

(27) PEREIRA, Caio Mário da Silva. *Op. cit.*, p. 66.
(28) *Ibidem*, p. 66-67.
(29) SAVATIER. *Traité de la responsabilité civile*, v. I, n. 4. PEREIRA, Caio Mário da Silva. *Op. cit.*, p. 67.
(30) PLANIOL. *Traité élémentaire de droit civil*, v. II, n. 863. PEREIRA, Caio Mário da Silva. *Op. cit.*, p. 67.
(31) *Ibidem*, p. 67.
(32) DE PAGE. *Traité Élémentaire*, v. II, n. 939. PEREIRA, Caio Mário da Silva. *Op. cit.*, p. 68.
(33) "[...] pode-se conceituar culpa como um erro de conduta cometido pelo agente que, procedendo contra direito, causa dano a outrem, sem a intenção de prejudicar, e sem a consciência de que seu comportamento poderia causá-lo". PEREIRA, Caio Mário da Silva. *Op. cit.*, p. 68.

que causa dano a outrem é classificada como culposa. O agente estava submetido a uma norma e, se não a observou, por imprudência ou negligência, agiu com culpa[34].

Nosso Código Civil incorporou a responsabilidade com culpa, no art. 186:

> Art. 186. Aquele que, por ação ou omissão voluntária, negligência ou imprudência, violar direito e causar dano a outrem, ainda que exclusivamente moral, comete ato ilícito.

Para Maria Helena Diniz, "o ilícito tem duplo fundamento: a infração de um dever preexistente e a imputação do resultado à consciência do agente". A ação ou omissão deve ser voluntária, e o agente deve ter consciência da ilicitude do ato, agindo com dolo ou culpa. É necessário que o agente saiba que a ação é ilícita, vez que "a ação contrária ao direito, praticada sem que o agente saiba que é ilícita, não é ato ilícito, embora seja antijurídica"[35]. Não é necessário, contudo, que o agente tenha desejado o resultado, porque a ação pode ter sido praticada por imprudência, negligência ou imperícia[36].

No dolo, existe vontade consciente de violar o direito, enquanto, na culpa, o agente não quis o resultado. A imperícia é a falta de aptidão, destreza, ao passo que a negligência é a falta de observação das normas e a imprudência, a precipitação[37].

Por fim, é preciso que o autor do dano seja imputável. Imputável é o agente que conhece o dever, que tem "capacidade de discernimento". Aquele que não pode discernir seus próprios atos não pode ser responsabilizado.

Maria Helena Diniz enfatiza que a culpa pode ser classificada: a) em função da natureza do dever violado (art. 389 do CC). Se o agente viola um contrato, a culpa é contratual; se viola uma regra jurídica, a culpa é extracontratual (arts. 186 c/c 927 do CC), sendo que aquele que pede indenização por culpa contratual não necessita prová-la, bastando demonstrar que o devedor está em mora. A culpa extracontratual, ao contrário, exige a prova da culpa; b) quanto à sua graduação: culpa grave, leve ou levíssima ("se a falta for evitável por uma atenção extraordinária, ou especial habilidade e conhecimento singular"); c) relativamente aos modos de apreciação: a autora fala em culpa *in abstrato* e *in concreto*. Há culpa *in concreto*, quando se examinam ape-

---

(34) "Na negligência há um desajuste psíquico traduzido no procedimento antijurídico, ou uma omissão de certa atividade que teria evitado o resultado danoso; na imprudência o sujeito procede precipitadamente ou sem prever integralmente as consequências da ação". *Ibidem*, p. 70.
(35) DINIZ, Maria Helena. *Op. cit.*, p. 39.
(36) Conquanto o art. 186 do Código atual se refira à imprudência e negligência, tão somente, Diniz fala em imprudência, negligência e imperícia. *Ibidem*, p. 40.
(37) *Ibidem*, p. 40.

nas a imprudência e a negligência do agente, e culpa *in abstrato*, quando se compara com o homem médio; d) quanto ao conteúdo da conduta culposa, pode-se ter culpa *in comittendo* ou *in faciendo*, se for uma ação positiva, e culpa *in omittendo*, no caso de omissão. Pode-se igualmente distinguir a culpa *in eligendo*, citando a autora a Súmula n. 341 do STF[38], e culpa *in vigilando*[39].

Segundo Silvio Rodrigues, para verificar se o agente agiu ou não com culpa é necessário indagar qual seria a conduta do homem médio. Se verificado que o agente praticou o ato por imprudência, imperícia ou negligência — agindo de modo diverso do homem médio — tem-se que incorreu em culpa[40]. O autor ensina que a culpa foi objeto de preocupação, na França, onde o código napoleônico utiliza a expressão *faute*[41].

Na culpa, o autor age sem intenção de prejudicar. O mesmo não ocorre no dolo, em que o autor age intencionalmente. A culpa pode não caracterizar o ilícito penal, mas é suficiente para caracterizar o ilícito civil.

Silvio Rodrigues entende necessário distinguir entre culpa grave, leve ou levíssima. A primeira resulta de negligência ou imprudência grosseira, a segunda corresponde à falta do homem médio, e a levíssima importa na falta de que até uma pessoa cautelosa não poderia escapar. O autor destaca que, em qualquer grau, surge a responsabilidade, e cita a norma romana: [...] *in Lex Aquila et levissima culpa venit*[42]. O legislador brasileiro, atento a essas questões, dispôs que a indenização deve ser fixada em proporção à gravidade da culpa e do dano, *in verbis*:

944. A indenização mede-se pela extensão do dano.

Parágrafo único. Se houver excessiva desproporção entre a gravidade da culpa e o dano, pode o juiz reduzir, equitativamente, a indenização.

Indenizar significa devolver a vítima ao estado anterior em que se encontrava. Assim, o agente tem de reparar completamente o dano, mesmo quando a culpa for pequena.

A conduta pode ser voluntária ou involuntária. Isso não significa dizer, entretanto, que o autor quis o resultado danoso. Apenas no caso de dolo se poderia falar em intenção de prejudicar. A culpa se concretiza quando o agente age voluntariamente e advém o resultado danoso.

---

(38) "É presumida a culpa do patrão ou comitente pelo ato culposo do empregado ou preposto."
(39) DINIZ, Maria Helena. *Op. cit.*, p. 21-43.
(40) "É inegável que tal critério abre as portas para um considerável arbítrio do juiz. Mas o fato de o julgamento de primeira instância ser policiado pelas instâncias superiores, ou seja, a existência necessária de um duplo grau de jurisdição, circunscreve tal arbítrio, tendendo a criar, na longa duração, uma uniformidade no julgamento." RODRIGUES, Silvio. *Op. cit.*, p. 146.
(41) *Ibidem*, p. 147.
(42) *Ibidem*, p. 148.

A lei alude a ação ou omissão voluntária ou decorrente de negligência ou imprudência. Assim, para caracterizar a responsabilidade, deve-se provar a culpa do agente. Diferencia-se o dolo da culpa, vez que, naquele, o resultado foi intencional.

Na culpa, ocorre uma violação de um dever preexistente, o que faz Caio Mario afirmar: "Em toda culpa há uma violação do ordenamento jurídico, caracterizando ontologicamente o comportamento ilícito"[43].

A norma violada pode ser legal ou contratual.

Os autores franceses mencionam culpa grave, leve e levíssima. Destaca-se igualmente a *culpa in vigilando*, referindo-se ao dever de velar, *culpa in omittendo*, quando o autor é omisso, *culpa in eligendo*, quando houve uma má escolha da pessoa. No que diz respeito à *culpa in omittendo*, o autor do dano tem que ter o dever de agir.

Também se pode salientar a *culpa in contrahendo*: "[...] ocorre quando uma pessoa, ao contratar, procede de forma que a outra parte seja lesada com o próprio fato de celebrar o contrato, efetuando uma avença que em si mesma constitui um dano"[44]. Ihering explica sua teoria. Para ele, o contrato tem três aspectos, de modo que, na falta de um deles, existirá a *culpa in contrahendo*. Os três aspectos são: capacidade do sujeito, objeto e certeza de vontade. Nesse sentido, aquele que conhecer sua incapacidade e, mesmo assim, assinar contrato com outra pessoa, a estará enganando. A parte deve agir com diligência[45].

Finalmente, no que concerne à *culpa in contrahendo*, é possível discutir a responsabilidade pré-contratual. Esta se dá no período anterior à contratação. Pode acontecer, por exemplo, de uma das partes desistir injustificadamente do contrato, depois que já foram feitas as tratativas.

No que tange à prova da culpa, cumpre à vítima fazer prova do dano. A prova é daquele que invoca o fato. Essa, a regra geral, podendo, entretanto, a lei determinar a inversão do ônus da prova.

Segundo Aguiar Dias, "[...] para nos inteirarmos da noção de culpa, cumpre partir da concepção do fato violador de uma obrigação (dever) preexistente. Esse fato constitui o ato ilícito, de que é *substractum* a culpa. Essa o qualifica"[46]. A culpa, por sua vez, compõe-se de dois elementos: o objetivo — que corresponde à ilicitude — e o subjetivo, que é o mau procedi-

---

(43) PEREIRA, Caio Mário da Silva. *Op. cit.*, p. 70.
(44) *Ibidem*, p. 72.
(45) IHERING. *Oeuvre Choisi*, v. II, n. 11. p. 25. *Apud* PEREIRA, Caio Mário da Silva. *Op. cit.*, p. 72.
(46) DIAS, José de Aguiar. *Op. cit.*, p. 119.
(47) *Ibidem*, p. 119.

mento imputável⁽⁴⁷⁾. De outra parte, importa distinguir o dolo da negligência ou culpa. O dolo corresponde à "vontade direta de prejudicar", à culpa no sentido amplo, e a culpa no sentido estrito corresponde à negligência, imprudência ou imperícia⁽⁴⁸⁾. Para Savatier, a culpa (*faute*) "é a inexecução de um dever que o agente podia conhecer e observar"⁽⁴⁹⁾. A culpa possui um elemento objetivo e outro subjetivo, os quais correspondem, respectivamente, ao dever violado e à imputabilidade do agente⁽⁵⁰⁾. Aguiar Dias critica Saleislles e Demogue, alegando que esses autores "confundem a culpa com a causalidade"⁽⁵¹⁾.

Aguiar Dias alude, ainda, à definição dos irmãos Mazeaud e Mazeaud. Estes partem dos conceitos de delito e quase-delito. O primeiro corresponde ao dolo e o segundo, à culpa, ressaltam os irmãos. A culpa se refere a um erro de conduta. Aqui, é oportuno verificar qual o critério para fazer a comparação com a do tipo-padrão. Alguns autores tratam do *bonus pater familias*, outros da consciência do próprio autor do dano. Para Mazeaud e Mazeaud, torna-se necessário comparar a conduta do agente com a conduta do tipo-padrão. Se a conduta do tipo-padrão tivesse sido a mesma, o agente teria agido sem culpa. Contrariamente, se a conduta fosse diversa do tipo-padrão, o agente teria agido com culpa. E declaram os autores que ocorre a culpa, quando uma pessoa avisada não cometeria erro de conduta, nas mesmas condições que o agente. A teoria dos Mazeaud foi criticada, especialmente por Savatier. Para este último autor, a culpa, quando comparada à do homem avisado, requer atenção quanto ao dever legal, dever moral, dano contratual e dever geral de não prejudicar⁽⁵²⁾.

Referindo-se a Marton, Aguiar Dias afirma que a culpa moral se distingue da culpa jurídica. Para que aquela se verifique, é necessário que o agente tenha conhecimento de sua existência e de que seu ato viola a norma. Na culpa jurídica, não há necessidade de que o autor do dano conheça a norma, nem que tenha consciência de que seu ato viola a lei⁽⁵³⁾.

No que concerne ao nexo de causalidade, deve existir um nexo de causalidade entre a ação contrária à norma e o dano. É preciso que aquela ação precisa do agente tenha sido causadora do dano. O prejudicado deve fazer a

---

(48) *Ibidem*, p. 119.
(49) "Savatier define: 'A culpa (*faute*) é a inexecução de um dever que o agente podia conhecer e observar. Se efetivamente o conhecia e deliberadamente o violou, ocorre o delito civil, ou, em matéria de contrato, o dolo contratual. Se a violação do dever, podendo ser conhecida e evitada, é involuntária, constitui a culpa simples, chamada, fora da matéria contratual, de quase-delito.'" SAVATIER. *Traité de la responsabilité civile*. t. I, n. 4, p. 5. *Ibidem*, p. 121.
(50) DIAS, José de Aguiar. *Op. cit.*, p. 121.
(51) *Ibidem*, p. 124.
(52) SAVATIER. *Op. cit. Apud* DIAS, José de Aguiar. *Op. cit.*, p. 132.
(53) MARTON, G. *Les fondaments de la responsabilité civile*. Paris, 1938. n. 36, p. 88. *Apud* DIAS, José de Aguiar. *Op. cit.*, p. 132.

prova. Não existe obrigação de reparar se entre a ação e o dano não existir o nexo de causalidade, enfatizado tanto no art. 159 do Código de 1916, quanto no art. 186 do Novo Código Civil.

Para fazer jus à reparação, a vítima deverá não só provar o dano, mas que este adveio do fato culposo do autor. O nexo de causalidade será quebrado, se ficar comprovada a culpa exclusiva da vítima, caso fortuito ou força maior.

Para Caio Mário, o nexo causal remete-nos a duas questões: à dificuldade da prova e à identificação do fato, que constitui a verdadeira causa do dano[54]. Incumbe ao autor de eventual ação provar o nexo de causalidade. Referindo-se ao Código Civil de 1916, Caio Mário afirma que existe uma atenuação da dificuldade da prova, no caso do art. 1.521, vez que o próprio Código institui a presunção de culpa dos pais pelos atos dos filhos menores que estiverem em seu poder, dos tutores e curadores pelos pupilos e curatelados que se encontrem em seu poder, pelos atos do preposto no exercício do trabalho que lhe competir, pelos atos dos donos de hotéis e assemelhados pelos seus hóspedes[55]. Trata-se, assim, de atos de terceiros, nos quais se aplica a presunção.

Franzoni sustenta que o nexo de causalidade nas ações que versam dano decorrente de atividade perigosa não é um nexo qualquer. Não basta demonstrar a existência de uma atividade perigosa, por parte do autor do dano, e o prejuízo. Também não é suficiente que haja uma sequência entre a atividade perigosa e o dano, sendo necessário que "a relação integre os extremos de uma sequência constante, segundo um cálculo estatístico, por meio do qual o evento apareça como uma consequência normal da atividade perigosa"[56].

A doutrina discute o problema da causalidade múltipla. Havendo diversas causas, torna-se necessário descobrir qual a causa eficiente do dano. Segundo a teoria da equivalência das condições, todas as condições de um dano são equivalentes. Todos os elementos contribuem para o dano. Também aqui Franzoni entende que, tendo o réu alegado existência de pluralidade de antecedentes, cumpre ao autor da ação comprovar que a atividade perigosa foi a ação exclusiva que desencadeou o dano[57].

A doutrina francesa faz referência à causalidade adequada. É preciso verificar, dentre as causas, qual aquela capaz de reproduzir o dano. Na multiplicidade de fatores causais, existe aquele que pode ser caracterizador do nexo de causalidade. Devem ser eliminados os fatores irrelevantes, que por si sós não teriam causado o dano.

---

(54) PEREIRA, Caio Mário da Silva. Op. cit., p. 76.
(55) Ibidem, p. 77.
(56) FRANZONI, Massimo. La responsabilità oggettiva. Milano: Antonio Milani, 1995. p. 201.
(57) Cass. 17 dezembro 1973, n. 3420. Apud FRANZONI, Massimo. Op. cit., p. 201-202.

Uma outra teoria que surgiu na França mencionava a qualificação do ato causal. Quando houvesse pluralidade de atos culposos, haveria uma partilha de responsabilidade conforme a gravidade de cada ato. Poderia ocorrer que um único ato culposo fosse responsável pelo dano.

De Page, por sua vez, salienta que a culpa deve ter um caráter de necessariedade. Se vários fatores concorrem para o dano, um deles deve ser o responsável pelo dano[58].

Caio Mário refere-se às situações personalíssimas da vítima, que podem agravar, ou ser responsávelspelo dano. Assim, se, num acidente de trânsito, restar comprovado que a vítima já estava doente e morreu devido à sua condição de saúde, não haverá falar em responsabilidade[59].

Planiol, Ripert e Esmein observam que se deve indagar se o fato teria necessariamente ocorrido, se o agente tivesse agido daquela forma[60].

Outro problema que surge é o da solidariedade dos agentes e a concorrência de culpa da vítima. A primeira questão, que era regulada pelo art. 1.518 do Código Civil de 1916, é definida hoje pelo art. 942 do Código Civil de 2002. Diante desse dispositivo, declara Caio Mário que nosso Direito agasalhou o nexo causal plúrimo[61].

Finalmente, o dano constitui pressuposto da responsabilidade. O dano é a lesão ao interesse patrimonial ou moral[62]. Sem dano, não há direito à reparação. A parte deve provar a lesão, o dano material ou moral. Enquanto, no caso de dano material, fala-se em reposição do patrimônio, no caso do dano moral, o dinheiro não tem função de *equivalência*, mas função *satisfatória e a de pena*[63]. O reconhecimento do direito à reparação do dano moral importa na admissão de lesão à honra, ou da dor, dos sentimentos, da perda etc. O dano patrimonial compõe-se do dano emergente e do lucro cessante (Código Civil, "Art. 403. Ainda que a inexecução resulte de dolo do devedor, as perdas e danos só incluem os prejuízos efetivos e os lucros cessantes por efeito dela direto e imediato, sem prejuízo do disposto na lei processual"). Excepcionalmente, o dano é presumido: tal ocorre no caso de mora de obrigações pecuniárias (Código Civil, "Art. 404. As perdas e danos, nas obrigações de

---

(58) DE PAGE, v. cit., n. 960. *Apud* PEREIRA, Caio Mário da Silva. *Op. cit.*, p. 80.
(59) PEREIRA. *Op. cit.*, p. 80.
(60) PLANIOL. *Traité pratique de droit civil*, v. 6, n. 540, p. 733. *Apud* PEREIRA, Caio Mário da Silva. *Op. cit.*, p. 81.
(61) PEREIRA, Caio Mário da Silva. *Op. cit.*, p. 82.
(62) Para Diniz, o dano "pode ser definido como a lesão (diminuição ou destruição) que, devido a um certo evento, sofre uma pessoa, contra sua vontade, em qualquer bem ou interesse jurídico patrimonial ou moral". DINIZ, Maria Helena. *Op. cit.*, p. 58.
(63) *Ibidem*, p. 56.

pagamento em dinheiro, serão pagos com atualização monetária segundo índices oficiais regularmente estabelecidos, abrangendo juros, custas e honorários de advogado, sem prejuízo da pena convencional" — e "Art. 407. Ainda que se não alegue prejuízo, é obrigado o devedor aos juros da mora que se contarão assim às dívidas em dinheiro, como às prestações de outra natureza, uma vez que lhes esteja fixado o valor pecuniário por sentença judicial, arbitramento, ou acordo entre as partes").

Igualmente, no caso de cláusula penal, não necessita o credor provar o prejuízo (Código Civil "Art. 416. Para exigir a pena convencional, não é necessário que o credor alegue prejuízo"). Não necessita ainda fazer prova do dano: "O segurador que, ao tempo do contrato, sabe estar passado o risco de que o segurado se pretende cobrir, e, não obstante, expede a apólice, pagará em dobro o prêmio estipulado" (art. 773, CC); o que demandar por dívida já paga: "Aquele que demandar por dívida já paga, no todo ou em parte, sem ressalvar as quantias recebidas ou pedir mais do que for devido, ficará obrigado a pagar ao devedor, no primeiro caso, o dobro do que houver cobrado e, no segundo, o equivalente do que dele exigir, salvo se houver prescrição" (art. 940, CC); aquele que reclamar por reprodução ilegal de obra literária, científica ou artística (Lei n. 9.610/98, art. 103, parágrafo único)[64].

Diniz indica ainda os requisitos para o reconhecimento do dano indenizável: a) diminuição ou destruição de um bem jurídico, patrimonial ou moral, pertencente a uma pessoa. A vítima pode ser direta ou indireta. Direta, quando a própria pessoa lesada reclama o dano, e indireta, quando a família ou terceiros o reclamam; b) efetividade ou certeza do dano: o dano tem que ser real e efetivo, o que deve ser demonstrado pela pessoa que o reclama. Nada impede que o dano seja futuro, "[...] desde que seja consequência necessária, certa, inevitável e previsível da ação"[65]; c) causalidade: tem que existir uma relação entre o agente e o dano. Refere-se, aqui, ao dano direto ou indireto. Dano direto é o que resulta diretamente da ação, enquanto dano indireto é aquele que constitui uma repercussão do ato do agente: "[...] o dano será indireto se consistir numa consequência da perda mediatamente sofrida pelo lesado, representando uma repercussão ou efeito da causa noutros bens que não os diretamente atingidos pelo fato lesivo"[66]. Também se alude a dano reflexo ou em ricochete; d) subsistência do dano. Conforme Diniz, o dano deve subsistir no momento da reclamação do lesado; e) legitimidade: a vítima tem que ser o titular do direito lesado; f) ausência de causas excludentes da responsabilidade.

---

(64) *Ibidem*, p. 57.
(65) *Ibidem*, p. 60.
(66) *Idem*.

Segundo Silvio Rodrigues, indenizar é ressarcir o prejuízo[67]. De acordo com o disposto no art. 402 do Código Civil: "Salvo as exceções expressamente previstas em lei, as perdas e danos devidas ao credor abrangem, além do que ele efetivamente perdeu, o que razoavelmente deixou de lucrar". Desse modo, em caso de acidente que venha a tirar a vida da vítima, a família terá direito à indenização por dano moral, à pensão correspondente ao valor com que a vítima contribuía na família, às despesas com funeral.

Dano patrimonial é o que causa lesão ao patrimônio. Este constitui "[...] uma universalidade jurídica constituída pelo conjunto de bens de uma pessoa, sendo, portanto, um dos atributos da personalidade e como tal inatingível"[68]. O dano material atinge o patrimônio da vítima, destruindo-o ou deteriorando-o. Tal lesão pode ser avaliada em pecúnia. A doutrina sustenta que o dano patrimonial pode ser aferido mediante a comparação do patrimônio antes e após a lesão. A sua reparação pode ser feita por meio da reposição do *statu quo* ou pela indenização pecuniária.

O dano patrimonial inclui o dano emergente e o lucro cessante. O primeiro corresponde àquilo que a vítima perdeu, enquanto o segundo é aquilo que, por força da lesão, a vítima deixou de ganhar.

O dano patrimonial corresponde à lesão de bens não materiais. Exemplo de direitos não patrimoniais que podem ser objeto de lesão: direito à vida, à saúde, à integridade física, à personalidade etc.

É indiscutível hoje, entre nós, que o dano moral é plenamente indenizável. Estabelece o art. 186 do Código Civil: "Aquele que, por ação ou omissão voluntária, negligência ou imprudência, violar direito e causar dano a outrem, ainda que exclusivamente moral, comete ato ilícito". Mas não só. A Constituição de 1988 dispôs expressamente sobre a inviolabilidade da imagem, da intimidade, da honra, assegurando indenização pelo dano material e moral. Esses direitos foram consagrados no art. 5º, V e X, da Constituição:

> V — é assegurado o direito de resposta, proporcional ao agravo, além da indenização por dano material, moral ou à imagem. (...) X — são invioláveis a intimidade, a vida privada, a honra e a imagem das pessoas, assegurado o direito a indenização pelo dano material ou moral decorrente de sua violação.

Nem sempre foi assim, contudo. A ideia da indenização do dano moral esbarrou em certas objeções. Silvio Rodrigues aponta as seguintes: a) falta do efeito durável do dano meramente moral; b) dificuldade em descobrir-se a existência do dano; c) indeterminação do número de pessoas lesadas; d) impossibilidade de uma rigorosa avaliação em dinheiro da extensão do dano

---

(67) "[...] indenizar significa ressarcir o prejuízo, ou seja, tornar indene a vítima, cobrindo todo o dano por ela experimentado". RODRIGUES, Silvio. *Op. cit.*, p. 185.
(68) DINIZ, Maria Helena. *Op. cit.*, p. 61.

moral; e e) o ilimitado poder que se tem de conceder ao juiz, para avaliar o montante compensador do dano meramente moral[69]. Todas essas objeções podem ser rebatidas. O fato de o dano não ter efeito durável não significa que não possa ser indenizado; a existência do dano será objeto de prova, durante a instrução processual. Incumbe ao juiz avaliar quem são as pessoas lesadas, assim como também incumbe a ele avaliar monetariamente a extensão do dano. Por fim, o juiz fixará a indenização de acordo com o sofrimento da vítima.

Para Silvio Rodrigues, no regime do Código Civil de 1916, a indenização independia da culpa, visto que o causador do dano teria que pagar o prejuízo, ainda que tivesse agido com culpa levíssima. Prevalecia, aqui, o princípio romano *in Lex Aquilia et levissima culpa venit*[70]. Segundo o autor citado, não era dado ao juiz julgar por equidade, em caso no qual o autor do dano tivesse agido com levíssima culpa. Cumpria ao julgador acolher o pedido da vítima, condenando o causador do dano a pagá-lo em toda a sua extensão, ou absolver o autor do dano, julgando improcedente a ação. Não poderia, contudo, fixar a indenização pela metade ou em proporção, vez que somente quando a lei autoriza pode o juiz julgar por equidade[71]. Essa questão mudou com o art. 944 do Código Civil de 2002: "Art. 944. A indenização mede-se pela extensão do dano. Parágrafo único. Se houver excessiva desproporção entre a gravidade da culpa e o dano, poderá o juiz reduzir, equitativamente, a indenização".

---

(69) RODRIGUES, Silvio. *Op. cit.*, p. 190.
(70) *Ibidem*, p. 187.
(71) *Ibidem*, p. 188.

RESPONSABILIDADE OBJETIVA

1. RESPONSABILIDADE OBJETIVA: EVOLUÇÃO DO INSTITUTO ATÉ OS DIAS DE HOJE

Muito embora a ideia de culpa tenha sido introduzida no Direito Romano pela Lei "Aquilia", ainda se reconhecia, após essa lei, casos em que havia obrigação de o ofensor indenizar, sem culpa[72].

Na França, a origem de uma doutrina objetiva tem início com Saleislles e Josserand. Saleislles parte de interpretação do próprio Código francês, para enfatizar que o vocábulo *faute* foi utilizado com o significado de *fait*, causa de qualquer dano. Para Saleislles, o art. 1.382 do Código Civil dispõe que "o que obriga à reparação é o fato do homem constitutivo do dano". O Código, ao mencionar a culpa, pretende referir-se à causa. Saleislles desenvolveu sua teoria do risco sob o título de *Les accidents du travail et la responsabilité civile*[73].

Esclarece Aguiar Dias que são precursores da teoria do risco Saleislles e Josserand, cuja defesa se faz em nome da equidade, solidariedade social, desigualdade da fortuna etc.[74] Enquanto Saleislles reconhece "a necessidade de substituir a culpa pela causalidade, mediante a interpretação objetiva da palavra *faute* no art. 1.382 do Código francês", Josserand entende a teoria objetiva como a responsabilidade pelo fato da coisa inanimada[75]. Saleislles propõe que as pessoas assumam a responsabilidade por suas ações, atendendo-se assim ao princípio da dignidade humana. Isso é o que defende, no seu

---
(72) PEREIRA, Caio Mário da Silva. *Op. cit.*, p. 14.
(73) *Ibidem*, p. 17.
(74) DIAS, José de Aguiar. *Op. cit.*, p. 58.
(75) JOSSERAND, citado por MAZEAUD, H.; MAZEAUD, L. *Traité théorique et pratique de la responsabilité civile, délictuelle et contractuelle*. Paris, 1938, t. 1, n. 7. *Apud* DIAS, José de Aguiar. *Op. cit.*, p. 58.

livro *Les accidents du travail et la responsabilité civile*. Saleislles faz, posteriormente, uma análise do Código Civil da província de Quebec, Canadá, demonstrando que muitos artigos referentes à responsabilidade são semelhantes aos dispositivos do Código Civil francês. Conforme destaca Aguiar Dias, "o risco profissional já estava, em 1910, admitido na legislação canadense, a exemplo do que fizera na França a lei de 9 de abril de 1898. Mas ficavam de fora de sua aplicação muitos acidentes ocorridos durante o trabalho profissional ou causados a terceiros por máquinas ou instrumentos industriais"[76]. Inicialmente, não havia uma presunção legal, em se tratando de responsabilidade pelo fato da coisa. Só em 1909 é que os Tribunais canadenses reconhecem a presunção legal pelo fato da coisa. O precedente que deu origem à discussão foi o caso de um trabalhador encarregado do forno. A explosão do forno deixou-o cego. Em primeira instância, o empregado venceu, tendo o juiz entendido que o forno estava sob a guarda da empresa. Em segunda instância, o Tribunal reformou, por entender que o forno estava sob a guarda do empregado vitimado. Finalmente, o Tribunal de Apelação entendeu que a empresa tinha culpa, não havendo necessidade de prová-la, vez que o forno estava sob sua guarda[77].

Fazendo referência à legislação canadense e francesa, Saleislles afirma que, no caso de empresas que exploram atividade econômica e empregam trabalho alheio, a presunção legal de responsabilidade é absoluta, somente se isentando em caso de culpa exclusiva da vítima e força maior[78].

Josserand, por sua vez, escreve *De la responsabilité du fait et des choses*, onde vai desenvolver uma doutrina objetiva. Segundo sua perspectiva, é preciso verificar a que se deve a evolução da responsabilidade civil. Para ele, deve-se aos inúmeros acidentes, no caráter perigoso da vida atual. O indivíduo busca cada vez mais segurança. A vítima de um acidente precisa provar a culpa do autor, além do dano sofrido. Josserand argumenta com a teoria do abuso de direito. Invoca os arts. 1.384, 1.385 e 1.386 do Código Civil, sublinhando que "as presunções legais abundam em matéria de responsabilidade"[79]. O art. 1.384, por exemplo, dispõe que aquele que guarda a coisa responde pelos danos que ela causar. Conforme Josserand, a responsabilidade tende a objetivar-se.

---

(76) DIAS, José de Aguiar. *Op. cit.*, p. 59.
(77) "O *Chief Justice*, Sir Charles Fitzpatrick, na Corte Suprema, declarou que, em sua opinião, o forno estava sob a guarda do empregador, que o utilizava em seu proveito e que obtinha lucro do risco que havia criado. Aquele que percebe as utilidades no uso de máquina susceptível de causar dano a terceiros está obrigado a reparar o prejuízo que esta máquina causa. *Ubi emolumentum, ibi onus*." *Ibidem*, p. 59-60.
(78) MAZEAUD, H.; MAZEAUD, L. *Traité théorique et pratique de la responsabilité civile, délictuelle et contractuelle*. Paris, 1938, t. 1, n. 7. *Apud* DIAS, José de Aguiar. *Op. cit.*, p. 61.
(79) PEREIRA, Caio Mário da Silva. *Op. cit.*, p. 18.

Declara Ripert, por sua vez, que a responsabilidade fundada na culpa tem raízes históricas, mas que, aos poucos, foi superada por novas regras, já que o Direito moderno não foca o autor do dano, mas a vítima. Para Ripert, o Direito moderno substitui a ideia de reparação pela de responsabilidade. Com base no art. 1.384, a jurisprudência ampliou a ideia de responsabilidade. Surge o risco profissional, o risco da propriedade, o risco criado. A fórmula adotada por Ripert é a seguinte: "[...] todo o prejuízo deve ser atribuído ao seu autor e reparado por quem o causou. O problema da responsabilidade é o da causalidade. O fato do homem 'obriga aquele que causou um prejuízo a outrem a repará-lo'"[80].

A teoria da responsabilidade objetiva tem cunho prático. Nem sempre é possível à vítima a prova da culpa do autor. Até os irmãos Mazeaud chegaram a admitir a necessidade de uma teoria para responsabilizar aquele cuja atividade causou um dano[81].

Percebe-se, assim, que houve um movimento na doutrina francesa que, sem negar a responsabilidade com culpa, prevista no art. 1.382, passou a defender a responsabilidade objetiva[82]. A ideia é a obtenção da reparação do dano, estabelecendo-se que cada um deve suportar os riscos de sua atividade.

No Brasil, a teoria do risco foi tratada sucessivamente pelos seguintes autores: Alvino Lima, em 1938, com a tese *Da culpa ao risco*; Wilson Melo, com a tese *Responsabilidade sem culpa*; José de Aguiar Dias e Caio Mário da Silva Pereira[83].

Conforme ensina Aguiar Dias, na evolução da responsabilidade subjetiva para a objetiva, foram observados os seguintes fatores:

> a) facilidade na admissão da culpa; b) estabelecimento ou reconhecimento de presunções de culpa; c) substituição da noção de culpa pelo conceito de risco, ou seja, transformação da responsabilidade

---

(80) PEREIRA, Caio Mário da Silva. *Op. cit.*, p. 18-19.
(81) *Ibidem*, p. 19.
(82) Segundo Maria Celina Moraes, "cumpre reconhecer a importante contribuição da doutrina germânica para o desenvolvimento da responsabilidade objetiva, especialmente através da sistematização dos princípios do interesse ativo, da prevenção, da equidade ou do interesse preponderante, da repartição do dano e do caráter perigoso do ato". MORAES, Maria Celina Bodin de. Risco, solidariedade e responsabilidade objetiva. *Revista dos Tribunais*, ano 95, v. 854, p. 14, dez. 2006.
(83) OLIVEIRA, Sebastião Geraldo. *Seminário nacional sobre acidente do trabalho & saúde ocupacional.* Disponível em: <http://64.233.163.132/search?q=cache:r4afwamjw1qj:ww1.anamatra.org.br/sites/1200/1223/00000399.ppt+haver%c3%a1+a+obriga%c3%a7%c3%a3o+de+reparar+o+dano,+independentemente+de+culpa,+nos+casos+especificados+em+lei,+ou+quanto+a+atividade+normalmente+desenvolvida+pelo+autor+do+dano+implicar,+por+sua+natureza,+grande+risco+para+os+direitos+de+outrem,+salvo+se+comprovado+o+emprego+de+medidas+preventivas+tecnicamente+adequadas&cd=7&hl=pt-br&ct=clnk> Acesso em: 15.3.2010.

subjetiva em responsabilidade objetiva; d) eliminação da responsabilidade delitual, por maior extensão da responsabilidade contratual, favorecendo a situação da vítima em relação à prova.[84]

Caio Mário refere-se ao Código Civil de 1916, para ressaltar que a responsabilidade objetiva ingressou em alguns dispositivos. O autor aponta os arts. 1.519 e 1.520, parágrafo único, 1.528 e 1.529, que possuem conotação objetiva. Também existem leis especiais que dispõem sobre a responsabilidade objetiva. O autor cita a legislação sobre acidente do trabalho (remetendo à já revogada Lei n. 6.367, de 1976). Refere-se ainda ao Código Brasileiro de Aeronáutica. Os arts. 1.519, 1.520, parágrafo único, 1.528 e 1.529 do Código Civil de 1916 correspondem aos arts. 929, 930, 937 ("Art. 937. O dono de edifício ou construção responde pelos danos que resultarem de sua ruína, se esta provier de falta de reparos, cuja necessidade fosse manifesta") e 938 ("Art. 938. Aquele que habitar prédio, ou parte dele, responde pelo dano proveniente das coisas que dele caírem ou forem lançadas em lugar indevido") do Código Civil de 2002[85][86].

Segundo Caio Mário, quando foi chamado para elaborar um Anteprojeto de Código das Obrigações, introduziu princípio de caráter objetivista, sem excluir a responsabilidade fundada na culpa. Para ele, não deveria ser abandonada a responsabilidade com culpa, mas introduzida a teoria do risco, como princípio subsidiário[87].

O art. 872 do Projeto de Código de Obrigações de 1965 previa:

[...] aquele que, em razão de sua atividade ou profissão, cria um perigo, está sujeito à reparação do dano que causar, salvo prova de haver adotado todas as medidas idôneas a evitá-lo.

O Projeto de Código Civil de 1975, por sua vez, dispunha, no art. 929:

Todavia, haverá obrigação de reparar o dano, independentemente de culpa, nos casos especificados em lei, ou quando a atividade normalmente desenvolvida pelo autor do dano implicar, por sua natureza, risco para o direito de outrem.

Caio Mário afirma que nosso Código de 1916 teve por fundamento a teoria da culpa, sem negar, entretanto, que o Código do Consumidor acolheu

---

(84) DIAS, José de Aguiar. *Op. cit.*, p. 66.
(85) PEREIRA, Caio Mário da Silva. *Op. cit.*, p. 25.
(86) Doutrinadores reclamaram, contudo, da ausência de dispositivos relativos à responsabilidade objetiva: "O sistema brasileiro era, então, dotado de regra geral, baseada na culpa, e de casos especiais, que independiam de culpa, expressamente previstos em lei [...] Em 2002, porém, o Código estabeleceu [...] o parágrafo único do art. 927 [...] Uma cláusula geral de responsabilidade era, de há muito, aventada pela doutrina germânica, liderando tendência, presente em alguns países desenvolvidos, de incrementar as hipóteses reguladas pela responsabilidade sem culpa como meio de oferecer melhor proteção e mais garantias aos direitos dos lesados". MORAES, Maria Celina Bodin de. *Op. cit.*, p. 14.
(87) PEREIRA, Caio Mário da Silva. *Op. cit.*, p. 24.

a teoria objetiva[88]. O autor exemplifica como casos de responsabilidade objetiva a legislação sobre acidente do trabalho e as normas que regulam o transporte em geral.

No Brasil, a legislação de acidente do trabalho teve início com o Decreto n. 3.724, de 15 de janeiro de 1919. Posteriormente, sobreveio nova legislação. Estas acolheram a teoria do risco. Ocorrendo o acidente, o empregado tem direito à indenização, devendo provar a ocorrência do acidente e a relação de emprego[89].

A Lei n. 2.681/1912 estabeleceu que as estradas de ferro responderiam pelos danos que os passageiros, ao utilizar a linha, sofressem. A jurisprudência do Supremo Tribunal Federal entende que não tem validade a cláusula de não indenizar no contrato de transporte.

Igualmente, no Código Civil, são apontados alguns casos de responsabilidade objetiva. Primeiramente, o caso do dono do animal que deve ressarcir o dano causado por este, conforme art. 936 do Código Civil de 2002: "Art. 936. O dono, ou detentor, do animal ressarcirá o dano por este causado, se não provar culpa da vítima ou força maior".

No que diz respeito à responsabilidade do Estado, a Constituição Federal agasalha a teoria do risco integral. O Código Civil atual, por sua vez, acolhe a teoria da culpa (art. 186) e a do risco, no art. 927 (risco criado)[90][91]. Dispõe ainda sobre a responsabilidade do dono da casa pelas coisas que dela caírem ou forem lançadas, no art. 938.

Também o Código do Consumidor contém dispositivos sobre responsabilidade sem culpa, contra o fabricante ou produtor, o construtor ou importador, bem como sobre o comerciante.

2. RAZÕES HISTÓRICAS QUE JUSTIFICAM O INSTITUTO

A responsabilidade objetiva surgiu em decorrência de inúmeras causas que a responsabilidade subjetiva era insuficiente para explicar, e para permi-

---

(88) Ibidem, p. 25.
(89) Ibidem, p. 276.
(90) "Por isso, a responsabilidade objetiva funda-se no princípio de equidade, pois aquele que lucra com a situação (exercício da atividade) deve responder pelo risco ou pelas desvantagens dela resultantes". SCHIAVI, Mauro. Aspectos polêmicos das exceções de impedimento, suspeição e incompetência no processo do trabalho à luz da CLT, do TST e do CPC. Revista LTr, São Paulo, v. 70, n. 5, p. 574-584, maio 2006.
(91) "Por outro lado, veio o novo Código Civil trazer a nova hipótese de responsabilização sem culpa, que também se aplica às relações de emprego, haja vista que se trata de hipótese distinta, sendo extracontratual. Tal hipótese tem respaldo na teoria do **risco** criado". SALIM, Adib Pereira Netto. A teoria do risco criado e a responsabilidade objetiva do empregador em acidentes de trabalho. Revista LTr: Legislação do Trabalho, v. 69, n. 4, p. 457-463, abr. 2005 e Rev. Trib. Reg. Trab. 3ª Reg., Belo Horizonte, v. 41, n. 71, p. 97-110, jan./jun. 2005. Disponível em: <http://www.mg.trt.gov.br/escola/download/revista/rev_71/Adib_Salim.pdf.acesso> Acesso em: 5.3.2010.

tir a reparação do dano. Com efeito, em determinadas situações, fica difícil para a vítima provar o dano.

De acordo com Cláudio José Bueno de Godoy, antes do Código Civil de 2002, o modelo brasileiro de responsabilidade civil era "eminentemente individualista", fundado predominantemente na culpa. O modelo tradicional, portanto, era o de "procurar um culpado para um evento doloso". O que acarretou a mudança desse modelo? Para Godoy, dois eventos causaram essa alteração: a Revolução Industrial, "porque, a rigor, com tal Revolução massificou-se a produção e também o consumo", favorecendo a "eclosão de acidentes". A produção em massa e o uso de máquinas, além de aumentarem o número de acidentes, dificultavam a identificação de um culpado. Em segundo lugar, as duas Grandes Guerras Mundiais, vez que nelas verificou-se a "coisificação da pessoa humana". A partir desses fatos, tomou-se consciência da necessidade de valorizar o ser humano. A Constituição alemã de 1949 inseriu o princípio da dignidade da pessoa humana no seu art. 1º. Hoje, a Constituição brasileira consagra esse mesmo princípio, em seu art. 1º, III. Tal princípio obrigou o legislador a repensar a questão da responsabilidade civil, dando origem à responsabilidade objetiva, também inspirada no princípio da solidariedade[92][93].

Godoy esclarece que houve uma evolução do instituto da responsabilidade. Dessa forma, ao invés de investigar-se quem era o culpado pelo dano, passou-se a verificar qual atividade ou ato deu causa a esse. Não se trata mais de identificar um culpado, mas, sim, um responsável[94]. É ainda interessante notar que não existe uma relação necessária entre ato ilícito e dano ilícito.

---

(92) GODOY, Cláudio José Bueno de. Seminário Nacional sobre Acidente de Trabalho e Saúde Ocupacional. ANAMATRA Brasília, 13 de agosto de 2009. Disponível em: <http://ww1.anamatra.org.br/sites/1200/1223/00001136.pdf> Acesso em: 30.3.2010.

(93) "A consequência dessa valorização da pessoa humana, de sua dignidade, enquanto centro do ordenamento no campo da responsabilidade civil, foi, seguindo a tendência de personalização das relações jurídicas, uma especial atenção, não apenas à recomposição do patrimônio da vítima, desfalcado pelo evento danoso, mas, antes à sua preservação pessoal, à preservação de sua existência digna. Uma responsabilidade menos patrimonialista, mais ocupada com a segurança, em seus múltiplos aspectos, do valor básico da dignidade, de que são exemplo as medidas de tutela da higidez física e psíquica do ser humano, bastando pensar nos danos corporais e no dano moral, que se prefere dizer extrapatrimonial." Idem. *A responsabilidade civil pelo risco da atividade:* uma cláusula geral no código civil. Tese (livre-docência). Faculdade de Direito da Universidade de São Paulo. São Paulo: Universidade de São Paulo, 2007. p. 31.

(94) "Em primeiro lugar, então, passa-se a cogitar da procura não mais de um *culpado* e sim de um *responsável* pela indenização. Alguém que possa se ver na contingência do dever de ressarcir um prejuízo causado, porém decorrente do risco por cuja ocorrência responda. É o risco enquanto nexo de imputação, a despeito de que com variado matiz. Assim, por exemplo, o risco por atividade perigosa, o risco por danos provocados em virtude de construções, o risco pela lesão causada por animais. Mas sempre, em resumo, a responsabilidade derivada não de uma conduta culposa, e sim de ato ou atividade, posto lícitos, eleitos pelo legislador como fatores de atribuição da responsabilidade. E, repita-se, em que o risco pode assumir a função de nexo de imputação." *Ibidem*, p. 33.

Conquanto este possa ser injusto, aquele pode ser um ato legal[95]. Constitui um grande avanço da teoria da responsabilidade civil não buscar um *culpado* para o ato danoso. Basta o reconhecimento da existência de uma atividade de risco — legal e lícita — para que se reconheça a responsabilidade do agente. Nisso consiste a novidade do sistema que antes era fundado na culpa e hoje já admite o risco, como critério de responsabilidade. Mas não só. A responsabilidade não mais se localiza em um único sujeito: existe uma coletivização da responsabilidade. Dentro da teoria do risco, se o perigo atinge toda a coletividade, é certo também que esta deve responder pela reparação dos danos, vez que beneficiada com aquela atividade[96]. Por fim, não deixa de ser uma tendência o fato de que se tem "uma responsabilidade civil menos de caráter sancionatório e mais ressarcitório"[97]. Trata-se mesmo de uma *concepção política*, visto que a ênfase desloca-se do caráter patrimonial. Passa a ter importância o cidadão. Não é à toa que ganham amplitude as hipóteses de responsabilidade por danos morais[98].

Sebastião de Oliveira indica como fatores que permitiram o surgimento da teoria do risco o número de reparações, o desenvolvimento tecnológico, o crescimento da população, o aumento dos acidentes e a dificuldade da vítima de provar a culpa do réu[99].

---

(95) "De toda sorte, a constatação vital, para muitos, está na dissociação entre ilícito e responsabilidade civil. Boris Starck, já na década de quarenta do século passado, observava que, em renovado modelo de responsabilidade civil, ato ilícito e dano ilícito deixam de ser expressões necessariamente sinônimas. Ou seja, a injustiça do dano deixou de ser enfocada do ponto de vista apenas da ilicitude da conduta que o determinou, de tal arte que mesmo conduta lícita passa a ser apta à causação de um dano que, mesmo assim, se possa dizer injusto." STARK, Boris. *Essai d'une théorie générale de la responsabilité civile considérée er sa double fonction de garantie et de peine privée.* Paris: L. Rodstein, 1947. p. 39-40. *Apud* GODOY, Cláudio Luiz Bueno de. *Op. cit.*, p. 35.
(96) GODOY, Cláudio Luiz Bueno de. *Op. cit.*, p. 36-37.
(97) *Ibidem*, p. 38.
(98) "Em terceiro lugar, tem-se uma responsabilidade civil menos de caráter sancionatório e mais *ressarcitório*, mas não só do ponto de vista patrimonial, porém, antes, de preservação e garantia da existência digna, de segurança da pessoa humana, da sua dignidade, em todas as inerentes virtualidades. Assim, tomam espaço, além das medidas de prevenção do dano, as hipóteses de obrigação indenizatória surgida em face da ocorrência de danos extrapatrimoniais, pessoais, físicos, destarte não somente adstritos à ideia de recomposição de um patrimônio desfalcado. Aliás, para Giselda Hironaka, e no que considera ser, também aqui, uma concepção ética da responsabilidade civil, a preservação a que se dá a intervenção judicial, nessa matéria, serve mesmo ao fortalecimento da cidadania, reequilibrando-se, já aí em concepção, a seu ver, política da responsabilidade, a situação dos cidadãos envolvidos em evento lesivo." *Ibidem*, p. 38.
(99) OLIVEIRA, Sebastião Geraldo. Seminário nacional sobre acidente do trabalho & saúde ocupacional. Tema: teoria do risco e acidente. Disponível em: <http://64.233.163.132/search?q=cache:r4afwa mjw1qj:ww1.anamatra.org.br/sites/1200/1223/00000399.ppt+h aver%c3%a1+a+obriga%c3% a7%c3%a3o+de+reparar+o+dano,+independentemente+de+culpa,+nos+casos+especificados+em+lei,+ou+quanto+a+atividade +normalmente+desenvolvida+pelo+autor+do+dano+implicar,+por+sua+natureza,+grande+risco+para +os+direitos+de+outrem,+salvo+se+comprovado+o+emprego+de+medidas+preventivas+tecnicamente+adequadas&cd=7&hl=pt-br&ct=clnk> Acesso em: 15.3.2010.

Para Maria Helena Diniz, a insuficiência da teoria da culpa levou ao surgimento da responsabilidade objetiva. Para ela, são motivos para o reconhecimento dessa teoria: a crescente tecnização, a introdução de máquinas, a produção de bens em larga escala e a circulação de pessoas por meio de veículos automotores. Segundo Diniz, aplicando-se a teoria do risco, cumpre à vítima tão somente provar o dano (e o nexo causal)[100].

Diniz explica que, na responsabilidade sem culpa, o autor do dano responde por este, não porque violou um dever contratual ou extracontratual, mas porque a lei assim o quer. Ao invés de fundamentar-se na culpa, a responsabilidade fundamenta-se no risco. Trata-se de responsabilidade pela atividade exercida pelo agente. A autora cita os seguintes casos: atividades destinadas à produção de energia elétrica ou explosivos; exploração de minas; instalação de fios elétricos, telefônicos e telegráficos; transporte aéreo, marítimo e terrestre; construção e edificação de grande porte[101].

Kirchner salienta quatro premissas para o acolhimento da responsabilidade objetiva, ou da teoria do risco: "(1) necessidade de reparação dos danos causados; (2) dificuldade da demonstração da culpa do ofensor; (3) imputação do agente pelo risco da atividade desenvolvida e (4) finalidade de socialização dos riscos". Além de ampliar os casos de reparação do dano, o acolhimento da responsabilidade objetiva permite que o dano causado por empresas que desenvolvem determinada atividade econômica seja *repartido*[102].

Referindo-se a François Edwald, Jorge Luiz Souto Maior afirma que o instituto da responsabilidade civil possibilitou a passagem do Direito Liberal para o Direito Social. O autor identifica os seguintes *postulados*, numa ordem liberal:

> a) a preocupação com o próximo decorre de um dever moral: tornar esse dever em uma obrigação jurídica elimina a moral que deve existir como essência social; b) todo direito obrigacional emana de um contrato: a sociedade não deve obrigação a seus, membros; só se reclama um direito em face de outro com que se vincule pela via de um contrato; c) a desigualdade social é consequência da economia (e a igualdade, também): quando o direito procura diminuir a desigualdade, acaba acirrando a guerra entre ricos e pobres (ricos,

---

(100) "A noção de risco prescinde da prova da culpa do lesante, contentando-se com a simples causação externa, bastando a prova de que o evento decorreu do exercício da atividade, para que o prejuízo por ela criado seja indenizado. Baseia-se no princípio *ubi emolumentum, ibi ius* (ou *ibi onus*), isto é, a pessoa que se aproveitar dos riscos ocasionados deverá arcar com suas consequências." DINIZ, Maria Helena. *Op. cit.*, p. 11.
(101) *Ibidem*, p. 48.
(102) KIRCHNER, Felipe. A responsabilidade civil objetiva no art. 927, parágrafo único, do CC/2002. *Revista dos Tribunais*, São Paulo, ano 97, v. 871, p. 45, maio 2008.

obrigados à benevolência, buscam eliminar o peso do custo de tal obrigação; pobres, com direitos, tornam-se violentos); d) a fraternidade é um conceito vago que não pode ser definido em termos obrigacionais; e) o direito só tem sentido para constituir a liberdade nas relações intersubjetivas, pressupondo a igualdade (a ordem jurídica tem a função de impedir os obstáculos à liberdade); f) o direito não pode obrigar alguém a fazer o bem a outra pessoa; g) em uma sociedade constituída segundo o princípio da liberdade, a pobreza não fornece direitos, ela confere deveres.

O art. 1.082 do Código Civil francês rompe com essas ideias.[103]

Essas são, por conseguinte, as principais razões históricas que justificam o instituto.

3. ELEMENTOS

Na responsabilidade, importa averiguar o dano e o nexo de causalidade, pouco importando a conduta do agente[104].

Esclarece Cassano que, nos casos de responsabilidade objetiva, o comportamento do réu não é importante: a responsabilidade surge do nexo causal e o único meio de o réu excluir sua responsabilidade é provando a insubsistência do nexo entre a atividade e o dano. O réu pode provar caso fortuito, que incide sobre o nexo de causalidade. O elemento volitivo ou psicológico é desprezado[105].

4. RESPONSABILIDADE OBJETIVA E RESPONSABILIDADE DECORRENTE DO RISCO DA EMPRESA

Importa distinguir entre responsabilidade objetiva e responsabilidade decorrente do risco da empresa. Os dois fenômenos não são idênticos. Existem casos de responsabilidade objetiva previstas na lei que não correspondem à atividade empresarial. Nesse sentido, os arts. 2.043 e 2.054 do Código Civil italiano tratam, respectivamente, a) da responsabilidade do proprietário do

---

(103) MAIOR, Jorge Luiz Souto. Responsabilidade objetiva do empregador no acidente do trabalho. *Revista Synthesis: Direito do trabalho material e processual*, São Paulo, n. 47, p. 20-25, jul./dez. 2008.
(104) "Com efeito, nas hipóteses de responsabilidade por risco — que adiante versaremos — basta a demonstração da relação causal, ou seja, a prova de que o evento decorreu do exercício da atividade, não implicando, portanto, em qualquer juízo de valor. É suficiente a simples produção do resultado [...]" BITTAR, Carlos Alberto. *Responsabilidade civil nas atividades nucleares*. São Paulo: RT, 1985. p. 73.
(105) CASSANO, Giuseppe. *Capire la responsabilità civile*. Torino: G. Giappichelli, 2007. p. 114-115.

edifício pelos danos causados por sua ruína (salvo se...) e b) responsabilidade do motorista, que é obrigado a ressarcir os danos causados à vítima (ou coisa), salvo se provar que fez tudo que era possível para evitar o dano.

Alguns autores falam em pluralidade de critérios de responsabilidade, a partir do disposto no art. 2.043, que contém disposição genérica: "Qualquer fato doloso ou culposo que causa dano a outro obriga o autor do fato a ressarcir o dano"[106]. Com efeito, o título IX do Código Civil italiano dispõe sobre os atos ilícitos, sendo que o art. 2.049 trata da responsabilidade nos casos de trabalho subordinado[107], o art. 2.048, da responsabilidade entre parentes[108], o art. 2.050, da responsabilidade no caso de desenvolvimento de atividade perigosa (aquele que causa dano a outro, no desenvolvimento de uma atividade perigosa, por sua natureza ou meios empregados, é responsável pelo ressarcimento, salvo se comprovar ter adotado todos os meios idôneos para evitar o dano)[109], os arts. 2.052 e 2.053, da responsabilidade do proprietário de animal e de edifício, o art. 2.054, da responsabilidade do motorista[110].

A responsabilidade *per rischio* trouxe ênfase à atividade empresarial, em detrimento das vítimas. Dessa forma, o instituto da responsabilidade age como freio à atividade de risco, além de racionalizar a própria atividade empresarial, tornando-a econômica. Isso foi possível, na Itália, por meio das normas inscritas nos arts. 2.049-2.053 do Código Civil.

Alpa e Bessone resumem as críticas à teoria do risco da empresa, nos seguintes termos: 1) a responsabilidade *per rischio* tira a empresa do controle da atividade de produção; 2) na medida em que a responsabilidade por risco permite à empresa distribuir os custos pela coletividade, importa em *suicídio* para a própria empresa; 3) o fato de a responsabilidade por risco limitar-se aos danos provocados pela atividade típica da empresa exclui todas as demais atividades, não consideradas centrais; e 4) ao excluir a pequena empresa, o sistema de responsabilidade por risco enfatiza as políticas da sociedade *neocapitalista*[111].

---

(106) "Qualunque fatto doloso o colposo che cagiona ad altri un danno ingiusto, obbliga colui che ha commesso il fatto a risarcire il danno."
(107) "I padroni e i committenti sono responsabili per i danni arrecati dal fatto illecito dei loro domestici e commessi nell'esercizio delle incombenze a cui sono adibiti."
(108) "Responsabilità dei genitori, dei tutori, dei precettori e dei maestri d'arte."
(109) "Responsabilità per l'esercizio di attività pericolose: art. 2.050 Chiunque cagiona danno ad altri nello svolgimento di una attività pericolosa, per sua natura o per la natura dei mezzi adoperati, è tenuto al risarcimento, se non prova di avere adottato tutte le misure idonee a evitare il danno."
(110) Geri comenta que o art. 2.050 do CC italiano não existia no Código precedente, de 1865. A norma trata da atividade perigosa, em que o perigo existe na coisa em si, é um perigo "imanente" e previsível. GERI, Vinício. *Responsabilità civile per danni da cose ed animali:* nesso causale, attività pericolose, cose in custodia, animali, rovina di edifício, vizi del veicolo. Milano: Giuffrè, 1962. p. 156.
(111) ALPA, Guido; BESSONE, Mario. *La responsabilità civile*. Milano: Giuffré, 1980. p. 144.

Tais argumentos evidenciam o contraste entre dois interesses. O primeiro, de ordem econômica, das empresas que são responsáveis pelo processo produtivo. O segundo, da sociedade, que reclama interesses não econômicos, pertencentes aos seres humanos[112].

É relevante verificar, por meio das estatísticas, se de fato a soma gasta pelas empresas em indenizações refletem de algum modo na organização da atividade produtiva, a ponto de fazer com que o empresário introduza medidas preventivas ou altere os meios de produção. De outra parte, é importante perguntar-se se esse *controle* da atividade empresarial não poderia ser feito de outra maneira. Não poderia o legislador, por exemplo, determinar os meios de prevenção de acidente nas atividades empresariais? A responsabilidade objetiva assegura a indenização à vítima. Contudo, no sistema de capitalismo avançado, esse custo é repassado à coletividade[113].

A opção pelo sistema da responsabilidade por risco da empresa não resolve importantes questões. Na verdade, ao instituir um sistema de indenização no caso de dano decorrente da atividade industrial, privilegia-se esta, em detrimento da vítima. A indenização paga não devolve ao cidadão ou trabalhador sua integridade[114].

---

(112) "In tale prospettiva, è agevole comprendere come 'il problema della responsabilità' nasconda una 'contraddizione reale: la contraddizione fra l'esigenza della produzione di valorizzare il capitale e l'esigenza di soddisfare bisogni e interessi sociali non suscettibili di calcolo monetario' (P. Barcellona)." *Ibidem*, p. 145.

(113) "La posizione ed il ruolo che qualsiasi di capitalismo maturo assegna a teorie di responsabilità oggettiva ed assicurazione emergono con particolare chiarezza daí risultati di uma analisi ancora una volta attenta alla dinamica dell'impresa di grandi dimensioni. In questa prospettiva, la più possibile i costi di responsabilità civile per garantirsi il massimo di profitti (si rivela infatti pericolosamente inconsistente e) tende a rimanere sullo sfondo di um quadro che delinea piuttosto un sistema di imprese (constituito daí singoli capitalisti quali membri di uma classe) che avverte in modo sempre più intenso l'esigenza di 'amminstrare' la fondamentale contraddizione trai il carattere sociale della produzione e l'appopriazione privata del profito. E lungi da costituire un elemento da segnare al passivo della gestione d'impresa — in questa prospettiva — un forte impegno di compensation per i danni propagati nella società operata con strumenti di strict liability ed insurance presenta tutti i coefficienti di uma strategia politicamente opportuna quale strumento di acquisizione di consensi ed efficace da un punto di vista aziendale, considerato che una rapida e larga compensazione della generalità dei danneggiati indebolisce la domanda collettiva di innovazioni e controlli in la plantintese a ridurre le potenzialità di danno dell'impresa." *Ibidem*, p. 145-146.

(114) "L'insistenza della dottrina d'impronta tradizionale sul problema di prevenzione dell'illecito costituisce tuttavia il riflesso di questioni (e di una domanda colletiva) di politica del diritto obiettivamente fondamentali. In una visione ampiamente prospettica (e davvero realistica) del flusso di accidents che il progresso tecnologico non evita (e in connessione alla fenomenologia dei danni che non si possono monetizzare) insorgono infatti problemi di qualità della vita che le garanzie di larga compensation in denaro non valgone a dissimulare. E, in ogni caso, qualsiasi garanzia di compensation dissociata da efficaci misure di prevenzione dell'illecito ha un costo sociale che risulta pericolosamente alto se commisurato al valore di risorce, energia di lavoro ed altri fattori di ricchezza distrutti da sitema delle imprese. E a cio si aggiuga la considerazione (sempre piu diffusa) che in ultima analisi il ricorso a modelli di assicurazione e responsabilità oggettiva [...] 'esternalizza' e ritrasferisce allá collettività (in forza di prezzo, imposta o ancora altrimenti) il costo delle misure di compensation che (a sentire gli apologeti del neocapitalismo) sembrano offerte quali conquiste di un raggiunto welfare state [...]." *Ibidem*, p. 146-147.

Torna-se necessário, hoje, utilizar novos instrumentos do Direito, que não se restrinjam à responsabilidade objetiva, mas que considerem igualmente os interesses da coletividade. Os interesses lucrativos da empresa devem ceder ao controle da atividade econômica[115]. Se é certo que a responsabilidade objetiva possibilita a reparação do dano, não menos certo é que esta não facilita a prevenção do dano. A diversos empresários parece mais fácil pagar a indenização do que investir em pesquisa, novas instalações ou métodos preventivos[116].

A responsabilidade civil não tem função preventiva, porém apenas *ressarcitória*, razão pela qual cumpre fazer uso do Direito Público para controlar a atividade empresarial. Isso não obstante, nada impede que o particular ou a coletividade façam uso da *ação inibitória* como método de "prevenzione generale delle attività illecite", ideia propagada por Trimarchi.

Também Díez-Picazo analisa a teoria do risco de empresa, esclarecendo que ela surgiu no final do século XIX, muito provavelmente devido ao maquinismo como fonte de risco e sinistro, além da preocupação crescente de indenizar as vítimas de acidentes. Era necessário repensar os fundamentos do direito à reparação. Por meio da adoção de ideias de Sauzet e Sainctelette, passou-se a defender que o empregador tinha o dever de pagar o salário, adotar medidas de precaução e devolver o trabalhador são e salvo, tal qual o recebeu, quando da contratação. Em acréscimo, a jurisprudência buscava mudar as decisões em casos versando responsabilidade civil, a fim de proferir julgados mais justos. Díez-Picazo menciona a famosa decisão em que um foguista, vítima da explosão de uma caldeira, teve seu direito à inde-

---

(115) "Ne risultano con chiarezza tuti gli elementi di contraddizione di uma strategia di risposta ai problemi di ellecito che se prefigura efficaci pur sempre (o scegli) di presentare come modelli di riduzione del social cost of accidentes queli che inrealtà sono piuttosto coefficienti di containment del costo di gestione del sistema emimprenditoriale. In posizione di istituzionale conflito conm la logia di profitto dell' impresa a gestione privatistica, il publico interesse ad un uso più razionale delle risorse (e ad una miglor qualità della vita) per cio esige uma politica del diritto che a principi di responsabilità oggettiva e schemi assicurativi aggiuga altri (e più consistenti) fattori di controllo sociale delle attività ad alta potenzialità di danno." *Ibidem*, p. 147.

(116) "Più insidiose sono altre obiezioni di recente opposte alla teoria che elegge il rischio a criterio di responsabilità di ogni attività svolta in forma imprenditoriale. Si è infatti osservato che l'imputazione di una responsabilità oggettiva è strumento che, mentre facilita le techiche di risarcimento del danno ostacola quelle di prevenzione. L'impreenditore, infatti, non sarebbe incentivato a migliorare il modo di produzione, e ad installare impianti volti a prevenire la diffusione di danni nella colletività perché potrebbe preferire — sulla base di um confronto di costi — il risarcimento dei danni provocati piuttosto che non l'adozione di techiche più perfette e più sicure ma certo maggioramente onerose. Costretto a risarcire il danno comunque, l'imprenditore non avrebbe poi alcuna ragione per modificare impianti ed assumersi spese che solo in parte sarebbero scontate dal minore stock di danni riversati sulla colletività oggettiva si trasformerebbe in un trattamento privilegiato delle imprese di grandi e medie dimensioni, che potrebbero più facilmente accollarsi rischi e costi, mentre si risolverebbe in un grave danno per le imprese di picolle dimensioni, che non sarebbero in grado di far fronte alle più onerose condizioni di laboro." *Ibidem*, p. 156-157.

(117) DÍEZ-PICAZO GIMÉNEZ, Gema. *Los riesgos laborales:* doctrina y jurisprudência civil. Navarra: Aranzadi, 2007. p. 37-38.

nização reconhecido, por ter o Tribunal declarado a responsabilidade do empregador por fato da coisa (inanimada)[117]. A doutrina do risco nasce, assim, justamente para tutelar os empregados vítimas de acidentes de trabalho. A jurisprudência deixa de fundamentar o direito da vítima na culpa, passando a fundamentá-lo no risco criado.

5. FUNDAMENTOS

Indagam Alpa e Bessone o que justifica o problema do *risco da empresa*. Segundo os autores italianos, tem-se afirmado que a responsabilidade objetiva decorre de um princípio de equidade, que transfere o prejuízo do mais pobre para o mais rico. Assim, existe uma transferência no caso dos consumidores em relação aos produtores, dos empregados em relação aos empregadores, dos prejudicados em relação àqueles que exercem atividade perigosa. Essa tese, contudo, não pode prevalecer. Os autores citam Trimarchi, para quem o juiz, ao utilizar conceito de equidade, aplica o princípio *richesse oblige* (ou, "riqueza obriga"). Nesse caso, o dano torna-se uma ocasião para transferência de renda da classe mais abastada para a classe menos abastada. Mas, se a lei tem por finalidade transferir a renda, então deve fazê-lo de modo sistemático, planificado — e não eventual, como acontece nas indenizações[118].

A passagem do sistema da responsabilidade fundada na culpa para o modelo da responsabilidade sem culpa adveio do princípio da *richesse oblige*, princípio esse que justificou a transferência de renda do infrator para a vítima. Esse princípio foi superado pelo *assurance oblige*, que prevê que aquele que se assegurou deve responsabilizar-se pela indenização da vítima, suportando o risco. Esse princípio teve larga aplicação no direito norte-americano, em que se defendeu que aquele que tem melhor condição de assegurar-se deve responder objetivamente pelo dano. Esse argumento também foi alvo de crítica de Trimarchi[119]. Este afirma que pesquisas de jurisprudência evidenciaram que, com frequência, os juízes tendiam a reconhecer a responsabilidade do réu que tivesse um contrato de seguro. Assim, o princípio passou a funcionar nos mesmos moldes com que funcionava o princípio anterior, *richesse oblige*...[120]. Quando se entende que o risco deve ser atribuído àquele que está em melhores condições de assegurar-se, utiliza-se, novamente, um critério econômico. Caberá ao empresário ressarcir o dano, vez que esse estará em melhores condições econômicas de fazê-lo. Pode ocorrer,

---

(118) TRIMARCHI, P. *Rischio*. Apud ALPA, Guido; BESSONE, Mario. *La responsabilità civile*. Milano: Giuffré, 1980. p. 127-129.
(119) ALPA, Guido; BESSONE, Mario. *Op. cit.*, p. 129.
(120) "'Risponda chi è assicurato' è un principio che incontra — a mio avviso — critiche analogue a quelle che valgono contro il principio 'richesse oblige'." TRIMARCHI, P. *Rischio*. Apud ALPA, Guido; BESSONE, Mario. *Op. cit.*, p. 129.

pois, que esse empresário repasse o preço do risco para seus produtos ou serviços, de tal modo que, ao final, será o próprio público quem arcará com o risco[121].

Nessa perspectiva, de um lado existem aqueles que defendem que o empreendedor deve assumir os riscos, já que é quem lucra com a atividade. De outro, os que afirmam que deve ser responsabilizado (objetivamente), porque *distribui* o risco entre o público. Nesse último caso, argumenta Trimarchi, basta assegurar-se diretamente contra os danos. O autor alerta, entretanto, que mesmo em países onde se defende o fim de algumas regras de responsabilidade civil, não se propõe o fim da responsabilidade objetiva, em casos de atividade perigosa[122].

Trimarchi critica o sistema *assecurativo*. Dentre outras críticas, o autor sustenta que igualmente quando não se verifica um nexo causal entre o dano e a atividade da empresa, esta pode ser responsável. Esse é o caso de danos causados por empregados da empresa no local e horário de trabalho[123].

Todavia, qual o fundamento da responsabilidade sem culpa? Primeiramente, ressaltam Alpa e Bessone, o sistema de responsabilidade sem culpa tem um custo muito alto para o sistema capitalista. Além disso, a vítima não tem garantia ou certeza da indenização, pois sobre ela recai o ônus da prova. Alpa e Bessone indicam três posições importantes, na doutrina, que justificam a responsabilidade objetiva.

A primeira posição vê na responsabilidade objetiva a codificação do princípio da distribuição do risco. Nessas circunstâncias, a responsabilidade objetiva teria importante caráter econômico. Quem defende essa posição é Trimarchi. O autor entende que, mesmo onde exista um sistema forte de previdência individual e/ou previdência social, deve haver um sistema de responsabilidade objetiva. Isso tem a ver com teorias sobre custos e lucros. Com efeito, é o empresário que decide em que setor investir, qual material utilizar, qual produto fabricar etc. Enfim, esse empresário calcula qual será seu ativo e qual será seu passivo. Isso inclui material, pessoal e, evidentemente, o dano que causará a terceiros. Se o sistema não atribuísse responsabilidade a esse empresário, poderia ocorrer de disseminarem-se

---

(121) TRIMARCHI, P. *Rischio. Apud* ALPA, Guido; BESSONE, Mario. *Op. cit.*, p. 129-130.
(122) "Tuttavia, anche nei paesi in cui le assicurazioni sociali sono più diffuse ed efficenti, e nei quali si propone l'abolizione di buona parte della responsabilità civile, si ammette che debba rimanere ferma la responsabilità oggettiva non si giustifica solo con la funzione di distribuire ampiamente il danno: per cio di essa si senta l'esigenza anche ove il fine della distribuzione ampia del danno possa essere realizzato altrimenti. Continua a manifestarsi allora la forza di quell'idea, che constituisce il cardine dei sistema di responsabilità oggettiva realizzati oggi dovunque con sotanziale unità di fondamento, anche se con forme ed estensioni diverse: l'idea che il rischio introdotto dall'impresa nella società faccia parte del suo passivo sociale, e debba perciò essere súbito dall'imprenditore come parte dei costi di produzione. L'idea che debba essere l'attivo dell'unità di produzione a sostenere il passivo." TRIMARCHI, P. *Rischio. Apud* ALPA, Guido; BESSONE, Mario. *Op. cit.*, p. 130-131.
(123) TRIMARCHI, P. *Rischio. Apud* ALPA, Guido; BESSONE, Mario. *Op. cit.*, p. 131.

empresas de setores marginais que, conquanto ativas, fossem passivas do ponto de vista social[124]. O sistema de responsabilidade objetiva é ágil e simples, além do que tem aplicação segura. Atribui-se ao empresário o risco da empresa, o que constitui uma pressão econômica. É ele quem poderá adotar medidas de segurança e, até mesmo, fechar um setor ou a própria empresa, se assim entender melhor. Esse sistema deve ser aplicado não somente às empresas que desenvolvem atividade perigosa. Trata-se de sistema eficaz, visto que funciona como pressão sobre o empreendedor. Ao contrário do que se dá com a responsabilidade subjetiva, destaca Trimarchi, a responsabilidade objetiva põe pressão sobre o patrimônio, independentemente de quem for este: pequeno ou grande, capaz ou incapaz. Em qualquer desses casos, "il costo del rischio graverà efficacemente sul passivo dell'impresa"[125].

A segunda tese, defendida por Rodotà, enfatiza a Constituição, na solidariedade social, argumentando que o olhar deve recair sobre a vítima, e não sobre o autor do dano. Aquela deve ser completamente ressarcida. Rodotà evoca, a todo momento, o princípio da solidariedade, inscrito no art. 2º da Constituição italiana[126][127].

Rodotà refere-se ainda ao princípio insculpido no art. 41.2 da Constituição, que, ao dispor sobre a liberdade de iniciativa privada, afirma que esse direito não pode ser exercido em prejuízo da utilidade social ou de modo a produzir dano à segurança, liberdade e dignidade humana[128].

O artigo em questão dispõe que a iniciativa privada não pode desenvolver-se de modo a causar dano à segurança. A partir daí, entende Rodotà que existe uma previsão de indenização por parte da iniciativa privada. Essa norma está intimamente ligada ao princípio de solidariedade. Pode-se deduzir,

---

(124) "Perciò occorre concludere che, ove il sistema giuridico non attribuisca all'imprenditore il costo del rischio che egli crea, può accadere che imprese marginali o settori marginali di impresa siano attivi dal punto di vista del singolo imprenditore, laddove dal punto di vista sociale siano passivi, distruggendo un valore maggiore di quello che producono, e si mantengano in vita solo in quanto una parte del loro passivo sociale, e cioè il costo del rischio da esse introdotto nella società, venga pagato dal publico."
(125) TRIMARCHI, P. *Rischio. Apud* ALPA, Guido; BESSONE, Mario. *Op. cit.*, p. 133.
(126) "Art. 2º La Repubblica riconosce e garantisce i diritti inviolabili dell'uomo, sia come singolo sia nelle formazioni sociali ove si svolge la sua personalità, e richiede l'adempimento dei doveri inderogabili di solidarietà politica, economica e sociale." CONSTITUZIONE. GOVERNO ITALIANO. Disponível em: <http://www.governo.it/Governo/Costituzione/1_titolo3.html> Acesso em 29.3.2010.
(127) Segundo Rodotà: "Il ricorso ad una esplicita formulazione generale significa evidentemente che si è voluta estender ela operatività del principio di solidarietà oltre l'ambito segnato dalle disposizioni particolari: inteso come sintesi di specifici doveri di solidarietà..." RODOTÀ, S. *Il problema della responsabilità civile*. Milano, 1964. p. 101-107. *Apud* ALPA, Guido; BESSONE. *Op. cit.*, p. 136.
(128) Art. 41. "L'iniziativa economica privata è libera.Non può svolgersi in contrasto con l'utilità sociale o in modo da recare danno alla sicurezza, alla libertà, alla dignità umana. La legge determina i programmi e i controlli opportuni perché l'attività economica pubblica e privata possa essere indirizzata e coordinata a fini sociali." CONSTITUZIONE. Loc. cit.

com base no art. 41.2 da Constituição, que esta confere ao ofendido a tutela para pleitear indenização pelo dano[129].

Em terceiro lugar, encontram-se aqueles que — como Alpa e Bessone — acreditam que a responsabilidade objetiva constitui uma resposta do ordenamento jurídico ao problema dos danos difusos causados pela atividade empresarial[130].

Para a terceira corrente, o problema da responsabilidade não pode ser entendido sem a questão da *economia do bem-estar*.

Conforme Alpa e Bessone, o atual estágio do capitalismo não eliminou a contradição entre interesses empresariais e custo social. Com efeito, o empresário continua a organizar-se de sorte a obter a maior margem de lucro. Essa atividade, portanto, carece de um maior *controle*, a fim de serem reduzidos os custos sociais. O Direito não pode esquivar-se da discussão do modo de produção e suas consequências[131].

A essas três teorias somam-se outras. No sistema italiano, coexistem duas espécies de responsabilidade: decorrente de culpa e decorrente do risco. A primeira aplica-se à atividade *biológica*. A segunda aplica-se à atividade eco-

---

(129) S. RODOTÀ. *Op. cit.*, p. 136-137.
(130) "E, infine, la tese che intravede nell'accreditarsi di regole di responsabilità oggettiva la risposta che gli ordinamenti delle socità a capitalismo maturo dànno ai problemi di risarcimento dei pregiudizi diffusi dalle attività imprenditoriali (posto que ormai il sistema che sopportava in epoche di laissez-faire) e la tendenza a soddisfare i bisogni dei singoli (appunto per creare un 'benerèssere' coletivo) che non esita, tuttavia, a svalutare ogni lesione d'interesse e ogni cui consegue, necessariamente, una autentica 'mercificazione' della persona umana (Bessone)." ALPA, Guido; BESSONE, Mario. *Op. cit.*, p. 132.
(131) "La naturea del conflitto risulta con chiarezza dall'antagonismo dei ruoli assolti da funzione imprenditoriale e controllo sociale. Se funzione imprenditoriale significa organizzare i fattori della produzione nei 'modi' che assicurano il massimo di profitti (cosi da realizzare la necessaria accumulazione del capitale), controllo dei 'modi di produzione' significa siciplinare il processo industriale in maniera tale da garantire che il 'costo' sociale dell'impresa non ne riduca a zero i 'benefici' attesi dalla coolettività. E una disciplina del processo industriale non può muovere da una analisi in chiavi di 'costi' e 'benefici' sociali senza entrare in obiettiva (e perciò aspra) contraddizione con la logica di profitto che presiede all'impresa. Nell'envolvere verso una 'economia del benessere', questa contraddizione tende ad assumere forme che ne dissimulano l'esistenza. A sentire i suoi ideologi, il progresso tecnologico sembra infatti assicurare ad ogni ramo d'industria le innovazioni necessarie per concorrer al progetto di uma società opulenta, che realizzi in sè l'armonioso modello di un sistema di imprese di qualità nuova, aperte a strategie diverse dalla ricerca del profito. Ma questa immagine non ha consistenza reale. A rischio di gravar ela colletività di 'costi' sociali molto 'pesanti — anche in tempi di capitalismo maturo — ogni impresa continua infatti ad organizzare i fattori nei 'modo di produzione' che offorno il piú alto margine di profitto. Lungi da dissolver la contraddizione che continua ad investire tutte le economie de mercato, lo sviluppo tecnologico ne diventa cosi un momento obiettivamente decisivo. Per la loro incidenza sul 'modo' di produzione (e per gli effetti riflessi sul piano di distribuzione e consumo), fondamentali, che concorrono a radicalizzare i termini del conflitto tra funzione imprenditoriale ed istanze di controllo sociale. La teoria giuridica non può perciò astrarre dai problemi di 'opzione' e di 'modalità d'uso' posti da fattore tecnologico senza precludersi l'accesso a strumenti di disciplina dell'impresa davvero razionali quanto occorre per apprezzarne i 'costi' (ed i 'benefici') sociali'". *Ibidem*, p. 138-139.

nômica ou, pelo menos, à atividade organizada em forma de empresa[132]. Há autores que criticam essa classificação, sustentando que não se pode diferenciar com precisão a atividade biológica da empresarial: toda atividade tem algum (ainda que mínimo) conteúdo econômico.

6. TEORIA DO RISCO: DIVERSAS CORRENTES

A teoria do risco deu origem a diversas correntes.

Para alguns autores, responsável é a pessoa que tira proveito, de que proveio a remissão à teoria do *risco-proveito*. Para outros, existe o risco profissional, que ocorre quando o dano é resultado da atividade ou profissão do lesado. Também há aqueles que falam em *risco excepcional*, que escapa da atividade da vítima, podendo ser estranho ao trabalho exercido. No Direito Público, surgiu a teoria do mau funcionamento do serviço. Evoluiu-se, depois, para a teoria do risco integral.

Para Caio Mário, quem possui uma atividade responde pelos danos por ela causados, independentemente de culpa, ou seja, em decorrência do risco criado. É que essa atividade expõe os outros ao risco[133].

Caio Mário explica as várias teorias: do risco integral, risco-proveito, risco profissional e risco criado.

Na teoria do risco, a ideia de culpa é abolida: assim, fatos culposos ou não acarretam a responsabilidade do agente. Não se cogita de como se deu o dano. O que importa é que houve um dano e que a vítima tem que ser indenizada. Essa, a teoria do risco integral.

Na teoria do risco-proveito, defende-se que fica obrigado a reparar o dano aquele que tira proveito ou vantagem de determinada situação. A teoria é criticada ante a dificuldade de se localizar em que casos e situações

---

(132) "Alla teoria del rischio si possono muovere anche altre obiezioni, alcune di carattere formale, altre di carattere ideologico. Le prime vengono da quegli autori che criticano la netta partizione del sistema della responsabilità in due settori confinanti, quello della colpa, destinato a disciplinare i danni provenienti dalle c.d. attività 'biologiche', e quello della responsabilità per rischio, destinato per parte sua a disciplinare le attività organizzate in forma di impresa, o qualificabili, quanto meno, come attività 'economiche' in senso lato." *Ibidem*, p. 139.

(133) "A meu ver, o conceito de risco que melhor se adapta às condições de vida social é o que se fixa no fato de que, se alguém põe em funcionamento uma qualquer atividade, responde pelos eventos danosos que esta atividade gera para os indivíduos, independentemente de determinar se em cada caso, isoladamente, o dano é devido à imprudência, à negligência, a um erro de conduta, e assim se configura a 'teoria do risco criado'. Fazendo abstração da ideia de culpa, mas atentando apenas no fato danoso, responde civilmente aquele que, por sua atividade ou por sua profissão, expõe alguém ao risco de sofrer um dano." PEREIRA, Caio Mário da Silva. *Responsabilidade civil*. Rio de Janeiro: Forense, 1999. p. 270.

alguém tira proveito. Outros entendem que ela é idêntica à teoria integral do risco. Essa teoria ficaria restrita aos comerciantes e industriais, vez que estes exploram uma determinada atividade[134].

Sebastião Geraldo de Oliveira discorre sobre a teoria do risco profissional, risco-proveito, risco criado, risco excepcional e risco integral. No caso do risco profissional, "o dever de indenizar decorre da atividade ou profissão do lesado"; no risco-proveito, responde aquele que obtém vantagem numa determinada atividade. No risco criado, aquele que cria uma atividade responde pelos riscos dela decorrentes. Oliveira faz referência ainda ao *risco excepcional* das *atividades perigosas,* como aquelas ligadas à energia elétrica, energia nuclear, energia radioativa, e risco integral, no qual, verificado o dano, cabe o direito à indenização[135].

Para Sebastião Geraldo de Oliveira, o Código agasalhou a teoria do risco criado, nos moldes propostos por Caio Mário[136][137].

Sustenta Ari Possidonio Beltran que, na vigência do Código Civil de 1916, o art. 159 dispunha sobre a responsabilidade daquele que, com ação ou omissão, negligência ou imprudência, violasse o direito de outrem, causando dano. Na vigência do Código Civil atual, de 10.1.2002, o tema rege-se pelo disposto nos arts. 186, 187 e 927. Com base no art. 927, alguns doutrinadores defendem a responsabilidade objetiva. Contudo, referido artigo não abrigou a teoria do risco criado, risco-proveito ou atos normais ou anormais. A responsabilidade prevista no art. 927 provém do exercício de "atividade potencialmente geradora de risco a terceiros"[138].

---

(134) *Ibidem,* p. 279.
(135) "1) Risco profissional: O dever de indenizar decorre da atividade ou profissão do lesado; 2) Risco proveito: Responsável é aquele que tira o proveito da atividade; onde está o ganho, aí reside o encargo (Mas que tipo de ganho?) 3) Risco criado: se alguém põe em funcionamento uma atividade qualquer, responde pelos danos que esta atividade gera. Não é necessário que ela traga proveito ou vantagem para o autor. Dispensa a investigação se a atividade é normal ou anormal, pois mesmo a atividade normal pode gerar dano e o direito à reparação. 4) Risco Excepcional — Atividades perigosas. Cabe a reparação quando o dano decorre de um risco excepcional: rede elétrica de alta tensão, energia nuclear, materiais radioativos etc. Adotada nos Códigos da Itália, Portugal, México. 5) Risco integral: Basta o dano para gerar a indenização, independentemente dos motivos do seu aparecimento. É a teoria objetiva de modo extremado." OLIVEIRA, Sebastião Geraldo. *Seminário nacional sobre acidente do trabalho & saúde ocupacional. Loc. cit.*
(136) "O Código Civil de 2002 adota a teoria do risco criado, conforme proposto por Caio Mário, desde o Projeto das Obrigações em 1963." *Idem.*
(137) De acordo com BRIS, "las consecuencias danosas de ciertas actividades o conductas, aun lícitas y permitidas, deben recaer sobre el que ha creado a través de las mismas riesgos o peligros para terceros". BRIZ, Jaime Santos. *La responsabilidad civil:* derecho sustantivo y derecho procesal. Madrid: Montecorvo, 1989. p. 513.
(138) BELTRAN, Ari Possidonio. Da responsabilidade subjetiva e objetiva do empregador por acidente do trabalho, ante as disposições do novo código civil. *Revista do Departamento de Direito do Trabalho e da Segurança Social,.São Paulo,* v. 1, n. 1, p. 16-17, jan./jun. 2006.

Plá Rodriguez distingue entre a teoria da responsabilidade quase-delictual, teoria da responsabilidade contratual, teoria da responsabilidade legal, teoria do risco profissional e teoria do risco de autoridade[139].

Segundo Plá Rodriguez, a teoria do risco criado precedeu a do risco criado profissional. A lei que determina que o dono da coisa se torna responsável pelo dano aplica os princípios da responsabilidade objetiva, já que, embora o dono não tenha tido qualquer participação no fato, não poderá eximir-se de indenizar a vítima. Entretanto, ficam excluídos os caso de culpa exclusiva da vítima e força maior, esta entendida como a causa estranha, exterior e irresistível. No caso de responsabilidade por fato da coisa, inverte-se o ônus da prova, o que favorece o empregado[140].

A teoria do risco profissional tem aplicação exclusiva no âmbito do Direito do Trabalho. Entende-se que o empregador, que obtém as vantagens com a produção ou serviços, deve arcar igualmente com os acidentes de que sejam vítimas seus empregados, que arcam com os riscos da produção. Nesse caso, não há preocupar-se com a prova, vez que ainda que o trabalhador seja culpado, fará jus a uma indenização. A aplicação da teoria, no Uruguai, ficou limitada às atividades perigosas[141].

Plá Rodriguez faz referência, ainda, à teoria do risco de autoridade. O direito à indenização não poderia ficar restrito aos operários que trabalhassem em atividades perigosas. Entendeu-se que todos os trabalhadores merecem a proteção do Direito. No contrato de trabalho, o operário encon-

---

(139) "Las etapas cumplidas por nuestra legislación son cuatro: 1. Riesgo profesional. 2. Riesgo de autoridad. 3. Seguro obligatorio. 4. Seguro social (para cierto sector de trabajadores)". PLÁ RODRIGUEZ, Américo. Accidentes de trabajo:¿Seguro mercantil o seguro social? *Revista de Política Social*, ISSN 0034-8724, n. 120, p. 3-5 e 24, 1978. Disponível em: <http://dialnet.unirioja.es/servlet/articulo?codigo=2494334> Acesso em: 3.3.2010.
(140) *Idem*.
(141) "Esta teoría del riesgo profesional se limita al derecho del trabajo, a diferencia de la anterior — que podía llamarse del riesgo creado — que pudo desarrollarse en otros domínios [...] La diferencia práctica más significativa radica en que se comprenden también los accidentes causados por culpa del obrero, muy frecuentes en los establecimientos. Pero, además, esta extensión a tales casos tiene la repercusión importantísima de que elimina el problema de la prueba sobre el origen del accidente y la determinación de quién es el responsable. En compensación de tales beneficios para el obrero, se limita la responsabilidad patronal que no alcanza a la reparación total del daño efectivamente producido en cada caso, sino a una cantidad promedial ajustada a una determinada tarifa marcada en leyes especiales. Esa reducción *forfaitax* o tarifaria, en definitiva, derivó en otro beneficio para el trabajador, por cuanto le ahorró el esfuerzo probatorio referente al hecho y al *quantum* del perjuicio. A diferencia de las anteriores que supusieron concepciones doctrinales y tesis jurisprudenciales, pero ningún cambio en la legislación, esta nueva teoría supuso ya la aprobación de una ley especial. Fue una de las primeras con las que se inauguró o, poco menos, la legislación del trabajo. Esta teoría [...] Pero tenía una falla, que al poco de su aplicación quedó de relieve: suponía la limitación de su aplicación únicamente a aquellas actividades consideradas particularmente riesgosas, lo que exigía una enumeración limitativa, y dejaba fuera de protección una serie de actividades en las que se producían también accidentes, aunque con mucha menos frecuencia." *Idem*.

tra-se subordinado ao empregador. Àquele incumbe cumprir as ordens deste. Nessa medida, tem-se que a autoridade é fonte de risco[142].

O empregador, segundo a teoria do risco, não somente é responsável pelas máquinas e equipamentos que possui; o fato de organizar e dirigir a atividade econômica gera direitos e deveres, inclusive o de indenizar as vítimas de acidentes. Aqui, a responsabilidade não decorre do exercício de atividade perigosa, mas da própria subordinação contratual. Com efeito, o empregado cumpre ordens, executa o serviço no lugar designado, trabalha com as máquinas do empregador e sob seu comando. Cabe àquele que tem a autoridade, portanto, responder pelos prejuízos causados à vítima[143][144].

Explica Saleislles que a lei não proíbe determinadas atividades. Contudo, se a atividade cria um risco, aquele que a desenvolve fica obrigado a indenizar, independentemente de culpa. Em outras palavras, quem obtém proveito da atividade deve responder pelo dano causado a outrem[145].

Comentando o Projeto de Código de 1975, Caio Mário observa que este adotou a teoria do risco criado, quando previu a obrigação de reparar o dano "[...] quando a atividade normalmente desenvolvida pelo autor do dano implicar, por sua natureza, risco para os direitos de outrem".

Segundo Bach, a teoria do risco criado "[...] desperta duas tentativas intelectuais diferentes": a primeira, a ideia de reparação sem culpa; a segunda, a do proveito[146].

---

(142) "La etapa de la responsabilidad por el riesgo de autoridad estuvo representada por la Ley n. 10.004, del 28 de febrero de 1941. La principal variante introducida por esta Ley consta en el artículo 1 que establece textualmente: 'Todo patrono es responsable civilmente de los accidentes que ocurran a sus obreros a causa del trabajo o en ocasión del mismo, en la forma que determinan los artículos siguientes'." Idem.
(143) COSTA, Hertz Jacinto. Manual de acidente do trabalho. Curitiba: Juruá, 2008. p. 39.
(144) Em Portugal, a relatora de processo que versou acidente do trabalho relembrou que "o fundamento da responsabilidade objectiva, no domínio dos acidentes de trabalho, começou por assentar apenas na teoria do risco, no pressuposto de que a actividade profissional tinha, em potência, um risco". Para haver lugar à indemnização bastava demonstrar que o acidente era causa normal do risco próprio daquela actividade (risco de exercício de actividade).
Acontece que, posteriormente, se entendeu que a responsabilidade objectiva por acidentes de trabalho também encontrava justificação no risco de integração empresarial (inclusão do trabalhador na estrutura da empresa, sujeitando-o à autoridade do empregador) — teoria do risco de autoridade. Ora esta teoria assenta numa noção ampla de acidente de trabalho, considerando que o risco não deriva só da actividade profissional desenvolvida. E como sabemos a crescente socialização do risco tende a amplificar ainda mais aquela noção. Supremo Tribunal de Justiça de Portugal. Lisboa, 29 de junho de 2005. Laura Leonardo (Relator) JSTJ000 Relator: Laura Leonardo: SJ200506290005744. Data do Acordão: 29.6.2005. Votação: UNANIMIDADE. Texto Integral. Disponível em: <http://www.dgsi.pt/jstj.nsf/54f0ce6ad9dd8b980256b5f003fa814/26ff59a5b974ba4f802570ff0052ce06?OpenDocumen> Acesso em: 10.3.2010.
(145) DIAS, José de Aguiar. Op. cit., p. 63.
(146) BACH, Eugène Louis. Réflexion sur le problème du fondement de la responsabilité civile en droit français. Apud PEREIRA, Caio Mário da Silva. Op. cit., p. 284.

Caio Mário distingue entre a teoria do risco criado e as demais teorias. Assim, a teoria do risco criado difere do risco-proveito, visto que, nesta, o dano decorre de um proveito ou vantagem. No caso do risco criado, o que importa é a atividade em si mesma, independentemente do resultado. A teoria do risco é uma ampliação do risco-proveito, conforme o autor. Sua aplicação é mais vantajosa para a vítima, que não tem que provar uma vantagem[147].

Considerando a teoria do risco criado, no nosso sistema positivo, Caio Mário investiga quais são os requisitos, esclarecendo que se exclui a ideia de anormalidade do ato danoso, já que a lei alude a atividade normalmente desenvolvida: "[...] o que predomina na doutrina do risco criado é a relação causal entre o dano sofrido pela vítima e a atividade desenvolvida pelo causador do dano", o que retira dessa teoria qualquer vínculo com a responsabilidade subjetiva[148]. Essa teoria tem maior aplicação no caso de responsabilidade de empregador ou comitente[149].

Cláudio Luiz Bueno de Godoy discorre sobre a teoria do risco integral, afirmando que, nela, "a causalidade substitui a culpa", sendo importante, para o reconhecimento da responsabilidade, a verificação do nexo causal. A teoria do risco integral foi acolhida pelo art. 37, § 6º, da CF, que dispõe sobre a responsabilidade civil do Estado. Da mesma forma, o art. 21, XXIII, da CF e Lei n. 6.453/77 acolheram a teoria do risco integral, ao dispor sobre a responsabilidade nos casos de dano atômico. Também a Lei n. 6.938/81 — prossegue Godoy —, abriga a teoria do risco integral, ao tratar dos danos causados ao meio ambiente. Godoy faz referência ainda à teoria do *risco mitigado,* identificando-a no Código de Defesa do Consumidor, Lei n. 8.078/90. Nos casos previstos no CDC, não existe uma *causalidade pura,* vez que compete ao consumidor provar, além do dano e o fornecimento do produto, o vício da coisa. Sobre o risco criado, salienta Godoy que essa teoria se aplica a todo aquele que expõe terceiro a um risco, por meio de determinada atividade. Aqui, não há necessidade de que a atividade seja anormal, nem que o agente tenha interesse econômico. Nesse passo, a teoria se distingue da do risco-proveito, pois, nesse caso, exige-se que o agente obtenha proveito por meio de sua atividade, proveito esse que pode ser identificado com o lucro, mas não necessariamente, visto que o empresário deficitário também responde pelo dano causado[150]. Godoy considera que as teorias do risco de empresa e riscos profissionais são espécies derivadas da teoria do risco-proveito. A empresa que exerce atividade produtiva ou de prestação de serviços deve arcar com os

---

(147) Ibidem, p. 284-285.
(148) Ibidem, p. 287.
(149) Ibidem, p. 288.
(150) GODOY, Cláudio José Bueno de. *A responsabilidade civil pelo risco da atividade:* uma cláusula geral no código civil de 2002. Tese (Livre-Docência). Faculdade de Direito da Universidade de São Paulo. São Paulo: Universidade de São Paulo, 2007. p. 106-110.

riscos dessa atividade. Da mesma forma, fala-se em risco profissional, quando a atividade empresarial causa dano aos seus empregados ou prepostos. Indubitável, aí, a responsabilidade do patrão[151]. Remetendo a Fernando Noronha, Godoy afirma que a teoria do risco da empresa subdivide-se ainda em duas subespécies, quais sejam, a teoria do risco-perigo e a teoria do risco administrativo. A teoria do risco-perigo foi agasalhada pelo Código Civil italiano e Código Civil português. Responde pelo dano aquele que exerce atividade perigosa, sendo esse perigo intrínseco à atividade, devendo o autor do dano retirar proveito com essa atividade. No segundo, a teoria do risco administrativo aplica-se à administração pública que exerce determinada atividade de interesse público. Nesse último caso, o risco deve ser socializado[152].

Para Aguiar Dias, as diversas propostas se filiam a duas teorias: a de Saleislles-Josserand ou risco-proveito, e a de Ripert, exposta na obra *De l'exercice du droit de proprieté dans ses rapports avec les proprietés voisines*[153]. Conforme Ripert, ainda que o ato tenha sido realizado nos limites da legalidade, o autor do ato deve suportar os riscos, porque tirou proveito do mesmo[154]. Aguiar Dias cita outros autores que, não obstante não tenham tido a importância de Saleislles e Josserand, contribuíram para a teoria objetivista: Gaudemet, Veniamim, Teisseire, Savatier, Bettremieux, Demogue, Geny, Leclerq e Emmanuel Levy[155]. Gaudemet menciona risco criado em decorrência da atividade anormal: o ato anormal não é culposo, mas ilícito, diante dos usos e costumes. Gaudemet sustenta que o ato socialmente anormal não depende da culpa[156]. Já Veniamin faz referência à atividade econômica, e ao risco essencial a essa atividade.

7. TEORIA DO RISCO: CONCEPÇÃO ADOTADA PELO CÓDIGO DE 2002

Cláudio Luiz Bueno de Godoy discute qual das diversas concepções da teoria do risco teria sido adotada pelo Código Civil de 2002, no seu art. 927, parágrafo único. À primeira vista, poder-se-ia entender que o legislador adotou a teoria do risco integral, respondendo pelo dano aquele que dirige, controla ou organiza a atividade. Nessa linha, seria possível aceitar a concepção de Miguel Reale, de que quem cria uma estrutura social responde pelos

---
(151) *Ibidem*, p. 110-111.
(152) NORONHA, Fernando. *Direito das obrigações*. São Paulo: Saraiva, 2003. v. 1, p. 486. *Apud* GODOY, Cláudio José Bueno de. *Op. cit.*, p. 110-111.
(153) DIAS, José de Aguiar. *Op. cit.*, p. 70.
(154) *Idem*.
(155) "É possível dizer que suas construções não constituem ponto de partida, e que, a esse título, só podemos considerar a obra dos dois grandes precursores franceses da doutrina do risco. Isso não retira o valor da contribuição que trouxeram [...]". PEREIRA. *Op. cit.*, p. 70.
(156) *Ibidem*, p. 71.

danos que esta ocasionar. Aqui, sem dúvida, pensa-se em atividade coordenada a um fim. Adota-se, então, a teoria da causalidade pura. O exercício da atividade e o dano bastariam para tornar o dirigente da atividade o responsável[157].

Seria possível, ainda, pensar-se na teoria do risco criado, tal qual concebida por Saleislles, no sentido de que a responsabilidade pelo risco incumbe a quem organiza e explora atividade industrial, a quem tem o dever de tomar as medidas de segurança cabíveis[158].

Godoy faz referência ainda à teoria do risco de empresa ou risco profissional, a Fernando Noronha, que entende que aquele que desenvolve atividade profissional responde pelos danos causados em condição de risco, vez que, como dirigente, tem condições de controlar esse risco; a Trimarchi, para quem o empresário que controla a atividade e cria um risco pode inserir o custo desse risco no seu orçamento; a Giselda Hironaka, a qual destaca que, quando se fala em teoria do risco, fala-se em desenvolvimento de atividade perigosa. Segundo Godoy, em todos esses casos, os autores adotam uma teoria de causalidade pura, em que basta o desenvolvimento da atividade para se verificar a responsabilidade. Outrossim, ao tratar do desenvolvimento de atividade empresarial, esses autores nos remetem ao risco-proveito, visto que aquela pressupõe o lucro ou, quando menos, o proveito.

Em oposição à teoria acima, estão aqueles que defendem aplicável, ao art. 927, parágrafo único, do CC, a teoria do risco mitigado, pela qual somente seria reconhecida a responsabilidade do autor do dano quando observado

---

(157) "Uma primeira possível interpretação que se pode dar ao parágrafo único do art. 927 do Código Civil de 2002 é a de que ele tenha consagrado a teoria do risco integral, que está em si e tão somente no exercício de uma atividade, na acepção que se lhe identificou logo ao exame do item 4.2. Ou seja, possível sustentar que tenha o legislador atribuído a responsabilidade a quem organiza, dirige e controla uma atividade, uma sequência coordenada de atos funcionalizados ao alcance de um escopo, de que tenham decorrido danos a terceiros [...] Seria então admitir que quem organiza uma atividade, e desencadeia uma estrutura, com isso provocando danos a outrem deve responder pelo risco em si que há nessa escolha, na prática dessa sucessão de atos coordenados à obtenção de um resultado, de um objetivo. É a adstrição da responsabilidade sem culpa prevista na cláusula genérica a um conteúdo que se procura ligar tão somente ao desempenho de uma atividade organizada, dirigida e controlada pelo responsável, sem qualquer dado qualificativo do nexo de imputação, o que significa, destarte, considerar integral o risco que se lhe imputa. Ou seja, uma hipótese de causalidade pura, conforme se analisou no item 4.3.2, ao menos não vinculada a responsabilidade a mais que o desempenho de uma atividade. Noutras palavras, desse ponto de vista, nada mais revelaria senão o exercício de uma atividade organizada, potencial foco de causação de danos que, mercê da incidência da socialidade, se impõe a quem dirige e controla. É dizer, a atribuição da respectiva responsabilidade repousaria tão somente na consideração de que quem organiza e dirige uma atividade deve arcar com o ônus decorrente, quando mais não fosse pela maior condição de controle do risco imposto a terceiros, e ademais como imperativo do princípio da socialidade." GODOY, Cláudio José Bueno de. *Op. cit.*, p. 112-113.

(158) SALEISLLES, Raymond. *Étude sur la théorie générale del l'obligation d'après le premier projet de code civil pour l'empire allemand*. 3. ed. Paris: LGDJ, 1925. p. 446. Apud GODOY, Cláudio José Bueno de. *Op. cit.*, p. 114.

um defeito na atividade, ou seja, falta de segurança no serviço prestado ou no desenvolvimento da atividade. Não podemos concordar com essa posição, que equivaleria à ideia de prova de culpa do agente, culpa na forma como o serviço foi prestado ou a atividade foi desenvolvida, deslocando-se o ônus da prova para a vítima. Para Godoy, essa teoria se aplica ao Código do Consumidor, que impõe ao consumidor a prova do vício ou defeito da coisa, por falta de *qualidade-segurança*[159]. Defendem a aplicação dessa teoria ao art. 927 os autores Carlos Alberto Menezes Direito e Sérgio Cavalieri Filho, sustentando que a prestação de serviços — pois assim entendem o termo *atividade* — pode implicar riscos à coletividade, o que por si só não configura ilícito. Isso não obstante, se essa atividade vier a causar dano por falta do dever de segurança, tem-se configurada a responsabilidade objetiva dos seus autores. Nesse caso, Menezes Direito e Cavalieri Filho acham que se trata de atividade perigosa, pois é nessa que surge o risco[160].

Por fim, a terceira corrente apresentada por Godoy é a que defende não bastar a causalidade pura, porém, ser necessário que fique evidenciado o perigo inerente à atividade, não sendo preciso, contudo, que esse perigo seja anormal. Parece-nos evidente que o art. 927, parágrafo único, exige esse perigo inerente; não fosse assim, não teria aludido à atividade que, normalmente desenvolvida pelo autor do dano, implica, por sua natureza, risco para os direitos de outrem. A periculosidade é atributo essencial para a verificação da responsabilidade objetiva do art. 927, caso contrário, não haveria menção expressa ao risco, na norma em questão.

Entende Godoy que o art. 927, parágrafo único, do CC abrigou a regra do risco criado, não havendo necessidade de que a atividade crie um risco ou perigo excepcional. Tivesse o legislador a intenção de aplicar a teoria do risco integral, teria feito alusão à atividade pura e simples. Tal, entretanto, não ocorreu[161]. Também sustenta Godoy que o Código não acolheu a teoria do risco de empresa ou risco profissional, pelas mesmas razões, porque bastaria o exercício de determinada atividade empresarial ou profissional, para que o causador do dano fosse enquadrado no art. 927, ficando sem sentido a alusão

---

(159) GODOY, Cláudio José Bueno de. *Op. cit.*, p. 120.
(160) DIREITO, Carlos Alberto Menezes; CAVALIERI FILHO, Sérgio. *Comentários ao novo código civil*. Coordenação de Sálvio de Figueiredo Teixeira. Rio de Janeiro: Forense, 2004. v. 13, p. 152-153. *Ibidem*, p. 121-123.
(161) "A rigor, considera-se que, se a previsão legal citada laborou textual menção ao risco criado pelo normal exercício de certa atividade, só pode ser porque tencionou particularizar a atividade cujo desempenho gera responsabilidade, sem culpa, por danos dela decorrentes. Ou, antes, particularizar o risco que o seu normal desempenho provoca. Fosse outro, repita-se, o intento do legislador, fosse o seu propósito o do estabelecimento de uma responsabilidade pelo risco integral, mais não seria necessário senão estatuir que quem se lança ao exercício de uma atividade qualquer, entendida em sua acepção técnica, como visto diferente de qualquer ato praticado, mesmo que reiterado, por isso responde. Uma causalidade pura entre o exercício mesmo do que seja uma atividade e o dano assim provocado a terceiros." *Ibidem*, p. 128-129.

ao *risco*, mencionada na norma[162]. Importa diferenciar as grandes empresas, cuja atividade envolve risco — como de geração de energia elétrica —, das pequenas empresas, como, por exemplo, aquelas familiares, cuja atividade não implica risco.

Por fim, critica Godoy aqueles que vislumbram no art. 927, parágrafo único, a teoria do risco-perigo, ou seja, aqueles que entendem que são responsáveis os empreendedores cuja atividade carregue em si um perigo imanente. Para Godoy, conquanto nosso Código tenha se inspirado no italiano e português, não constitui cópia literal daqueles. Assim, nosso art. 927 alude ao risco da atividade e não à atividade de risco. Ora, risco da atividade é o risco *criado* pela atividade. A menção ao risco, enfatiza Godoy, não se confunde com a menção ao perigo, feita por outras legislações, para as quais o que importa é o caráter perigoso da atividade[163]. De acordo com Godoy, mesmo que a atividade não seja intrinsecamente perigosa, o agente causador do dano deve ser responsabilizado, quando se verifique que seu exercício crie riscos a terceiros. E exemplifica o autor com a atividade de guardador de carro. Não obstante não seja perigosa, seu exercente fica exposto ao perigo[164].

Segundo Kirchner, o art. 927 do CC agasalhou uma teoria intermediária entre a do risco-criado e a do risco-proveito[165].

---

(162) "Pois nessa mesma senda se coloca a pretensão de identificar a cláusula geral da responsabilidade sem culpa, de que ora se agita, um conteúdo ligado apenas ao risco de empresa ou o risco profissional. Seria ainda imputar uma responsabilidade a quem, sem mais, desenvolvesse uma iniciativa econômica organizada, enfim com os elementos da empresa. De novo a mesma ressalva. Aceita semelhante tese, o resultado seria a admissão, de todo dissonante de regra básica de interpretação, de que a previsão do parágrafo único do art. 927 contemplaria preceito inútil. Inútil seria a alusão ao risco induzido pelo exercício normal da atividade de empresa se dela algum risco sempre decorre. E isso com uma implicação adicional. Tal generalização da responsabilidade sem culpa levaria a uma equiparação de toda e qualquer atividade, desde que empresária ou profissional, para fins de responsabilização do agente [...]." *Ibidem*, p. 130-131.
(163) "Repita-se, diversamente do que se continha na redação do projeto de Código das Obrigações, ou como se contém, além de outros textos legislativos, citados no Capítulo 3, na redação do art. 2.050 do Código Civil italiano, ou mesmo do art. 493 n. 2 do Código português, à disposição do parágrafo único do art. 927 não se levou a exigência de que, para responsabilização sem culpa do agente, a atividade por ele desenvolvida devesse ser, na sua essência, perigosa (perigo abstrato), ou particularmente perigosa, ante o evento provocado (perigo concreto). Exigiu-se, antes, e menos, que essa mesma atividade induzisse risco a direitos de outrem. De novo, não uma atividade de risco, mas o risco induzido pela atividade exercida." *Ibidem*, p. 147-149.
(164) *Ibidem*, p. 149-150.
(165) "Assim, entendo que a redação do art. 927, parágrafo único, do CC/2002, encampou uma vertente dogmática intermediária entre as citadas teorias do risco-criado e do risco-proveito, a qual poderíamos denominar de teoria do risco criado profissional. Se por um lado não basta um mero desempenho de atividade geradora de risco, é inequívoco que a regra em exame não impõe à vítima o encargo de provar a obtenção de qualquer proveito real (lucro ou vantagem) pelo autor do dano." KIRCHNER, Felipe. A responsabilidade civil objetiva no art. 927, parágrafo único, do CC/2002. *Revista dos Tribunais*, São Paulo, ano 97, v. 871, p. 49-50, maio 2008.

A tese de que o legislador, na redação do parágrafo único do art. 927, adotou teoria intermediária — entre a teoria do risco-proveito e a do risco-criado —, se assenta nas seguintes premissas: 1) prevalece no Código Civil a teoria da responsabilidade subjetiva, "[...] o art. 927, parágrafo único, é norma subsidiária", e comporta *interpretação restritiva*; 2) enquanto o legislador utilizou a expressão *ação ou omissão*, no art. 186 do CC, fez uso do termo *atividade*, no parágrafo único do art. 927, o que indica uma ação *reiterada e organizada*; e 3) o termo *atividade*, tanto na doutrina quanto na jurisprudência, está relacionado a serviços "[...] ou seja, de atuação reiterada e organização profissional na busca de fins econômicos"[166]. Sumulando: ao referir-se à atividade, no parágrafo único do art. 927, o legislador teve em mente a atividade empresarial ou mercantil[167].

Gramstrup discorda de Kirchner, argumentando que o Código adotou a teoria do risco-criado: "[...] isso significa que o fundamento ético da hipótese mais geral da responsabilidade objetiva em nosso direito não é o ganho que o agente retira da atividade perigosa" (como seria na teoria do risco-proveito). Conforme Gramstrup, isso se evidencia pelo fato de o legislador não ter acrescido à palavra *atividade* o adjetivo *lucrativa* ou *remunerada*[168]. De qualquer modo, salienta esse autor, a atividade referida pelo legislador pode ser econômica *ou não*[169]. De resto, Gramstrup entende que "[...] a atividade matriz de responsabilidade objetiva não é econômica. Basta que seja habitual e perigosa"[170].

Discorrendo sobre produtos potencialmente nocivos, diz Teresa Ancona Lopez que determinada atividade pode ser lícita e isso, não obstante, criar

---

(166) *Ibidem*, p. 50.

(167) "Não tenho dúvida de que a jurisprudência acompanhará a lógica desta construção teórica e, acertadamente, era pacificar entendimento no sentido de que a atividade de risco, apta a justificar a obrigação indenizatória de forma objetiva, é aquela empreendida pelo agente causador do dano no âmbito do exercício efetivo de função ou emprego ligado ao desempenho empresarial e/ou mercantil (atividade previamente aparelhada e desenvolvida para a produção de determinado benefício)." *Ibidem*, p. 50.

(168) GRAMSTRUP, Erik Frederico. Responsabilidade objetiva na cláusula geral codificada e nos microssistemas. DELGADO, Mário Luiz; ALVES, Jones Figueiredo. *Novo código civil:* questões controvertidas. São Paulo: Método, 2006. p. 130.

(169) "Ao que parece, o legislador quis simplificar a aplicação da cláusula geral do art. 927, ao não exigir que se comprove o proveito econômico. 'Atividade' é todo proceder com alguma permanência, complexo de atos finalisticamente orientado para propósitos econômicos ou não. De outro modo haveria uma restrição indevida à atividade empresária, confundindo-se o regime civil com a responsabilidade do fornecedor. Pensamos que o Código Civil quis ir além e facultou responsabilizar outros entes, além daqueles que destinam bens e serviços ao mercado." *Ibidem*, p. 130.

(170) "A habitualidade é um dos requisitos expressamente presentes no parágrafo único do art. 927 do CC, mas não o exclusivo. O mais difícil de convencionar, quanto ao conteúdo, é o da periculosidade." *Ibidem*, p. 130.

um risco. A autora se refere, nesse caso, ao risco criado por aquele que desenvolve a atividade perigosa e que obtém proveito com esse[171].

Raimundo Simão de Melo, abordando a responsabilidade civil nos acidentes do trabalho, afirma que as novas regras indicam que caminhamos para a responsabilização objetiva das empresas, com base na teoria do risco-criado[172].

Adriano Jamal Batista esclarece que, na teoria do risco-proveito, "[...] o dever de reparar decorre da obtenção de vantagem" pelo autor do dano. Inexistindo proveito, não haveria falar em indenização. Relata Batista que, em precedente julgado pela Justiça do Canadá, entendeu-se que a empresa — onde o trabalhador morrera junto ao forno — era responsável pela indenização, uma vez que o forno estava sob sua guarda e a empresa lucrava com a atividade empresarial. Tal teoria despreza o grau de periculosidade da atividade. Duas críticas são apresentadas a essa teoria: que ela se restringe aos casos em que a empresa leva vantagem econômica e que incumbe à vítima provar tal fato ("[...] ônus de provar a obtenção de vantagem com a atividade que gerou dano, o que contraria o ideal de responsabilidade objetiva")[173]. De outra parte, no que tange à teoria do risco-profissional, esta garante indenização "[...] aos empregados pelos danos que viessem a sofrer no ambiente e em razão da atividade realizada". Também não se desconhece a teoria do risco excepcional, para a qual existe dever de indenizar no caso de atividades perigosas[174]. O autor cita, ainda, a teoria do risco integral, que propugna pela indenização do dano ainda quando verificada a força maior. Essa teoria tem sido advogada por alguns, nos casos de dano atômico, ambiental e decorrente de acidente de trabalho[175]. Por fim, Jamal Batista refere-se à teoria do risco-criado, sustentando que esta foi aquela adotada pelo nosso sistema. Consoante essa teoria, aquele que desenvolve uma atividade, criando riscos, deve responder por esses[176]. Jamal Batista defende, entretanto, que no caso de "desenvolvimento de atividade de risco" não se deve aceitar nenhuma excludente, aplicando-se, nesse caso, a teoria do risco excepcional[177].

---

(171) "O risco criado é o risco da atividade desenvolvida. A atividade é normal e lícita, mas tem como fundamento a vulnerabilidade das pessoas que consomem, utilizam ou estão expostas a ela. Evidentemente, o risco criado leva dentro dele duas ideias — a atividade que, apesar de normal e lícita, pode ser perigosa, e o proveito ou vantagem, que sempre existe nesses casos, e a sociedade de consumo está aí para provar isso." LOPES, Teresa Ancona. *Nexo causal e produtos potencialmente nocivos*: a experiência brasileira do tabaco. São Paulo: Quartier Latin, 2008. p. 40.
(172) MELO, Raimundo Simão de. Responsabilidade objetiva e inversão da prova nos acidentes de trabalho. *Revista LTr*, São Paulo, v. 70, n. 1, p. 119, jan. 2006.
(173) BATISTA, Adriano Jamal. *Responsabilidade civil: critérios restritivos da atividade de risco*. Dissertação (Mestrado). Faculdade de Direito da Universidade de São Paulo. São Paulo: Universidade de São Paulo, 2008. p. 46-48.
(174) *Ibidem*, p. 47-49.
(175) *Ibidem*, p. 49-50.
(176) *Ibidem*, p. 53.
(177) *Ibidem*, p. 54.

Jamal Batista reporta-se ao entendimento da Suprema Corte italiana, que, interpretando o art. 2.050 do Código Civil, entendeu por atividade "[...] uma sucessão contínua e repetida de atos que se desenvolvem no tempo"[178]. Por sua vez, *normalmente desenvolvida* significa desenvolvida de forma rotineira[179].

Para Adib Pereira Netto Salim, o novo Código Civil, no seu art. 927, parágrafo único, adotou a teoria do risco criado. Tal teoria aplica-se, entretanto, somente nos casos das "chamadas atividades com risco inerente", o que facilita a prova para a vítima. Não foi abandonada, contudo, a tradição subjetivista. E prossegue: não há conflito entre o parágrafo único do art. 927 do CC e o art. 7º, XXVIII, da CF, vez que o primeiro aplica-se às hipóteses de responsabilidade extracontratual e o segundo, de responsabilidade contratual[180].

Tudo nos leva a crer que a teoria adotada pelo Código Civil foi a do risco criado. Com efeito, Caio Mário, autor do Anteprojeto, afirma, em seu livro *Responsabilidade Civil*:

> [...] me inclino pela subespécie que deu origem à teoria do risco criado. Como já mencionei, ao elaborar o Projeto de Código das Obrigações de 1965, defini-me por ela, no que fui seguido pelo Projeto de Código Civil de 1975 (Projeto 634-B). Depois de haver o art. 929 deste Projeto [art. 927] enunciado o dever ressarcitório fundado no conceito subjetivo, seu parágrafo único esposa a doutrina do risco criado [...].[181]

Por sua vez, no relatório da Comissão elaboradora — como explica Ueda —, constou que se tratava da

> [...] aceitação da teoria do risco criado, a mais segura das modalidades de fixação da responsabilidade objetivamente considerada, pois que não recorre a nenhum subterfúgio, antes considera a realidade da vida cotidiana, em que a proliferação de perigos a que todos se expõe é tal, que se torna imprescindível dispensar a última de provar a culpa do agente [...][182]

---

(178) "[...] una succesione continua e ripetuta di atti che si svolge nel tempo."
(179) O autor argumenta que o ato de dirigir — seja esse praticado por um cidadão ou por um taxista — não pode ser classificado como atividade perigosa, vez que não constitui ato que *por sua própria natureza* seja perigoso. *Ibidem*, p. 62.
(180) "Entretanto, [...] em situações especiais, nas chamadas atividades com risco inerente, há uma troca de critério, passando o legislador a adotar a teoria objetiva, muito provavelmente em razão do grande número de acidentes nesses setores, pautado na teoria secular do risco criado, em atenção à dificuldade de prova por parte da vítima." SALIM, Adib Pereira Netto. A teoria do risco criado e a responsabilidade objetiva do empregador em acidentes de trabalho. *Revista LTr: Legislação do Trabalho*, v. 69, n. 4, p. 457-463, abr. 2005 e *Rev. Trib. Reg. Trab. 3ª Reg.*, Belo Horizonte, v. 41, n. 71, p. 97-110, jan./jun. 2005. Disponível em: <http://www.mg.trt.gov.br/escola/download/revista/rev_71/Adib_Salim.pdf> Acesso em: 5.3.2010.
(181) PEREIRA, Caio Mário da Silva. *Op. cit.*, p. 274-284.
(182) UEDA, Andréa Silva Rasga. *Responsabilidade civil nas atividades de risco*: um panorama atual a partir do código civil de 2002. São Paulo, Dissertação (Mestrado), 2008. p. 113.

E, da leitura do parágrafo único do art. 927, possível concluir que o legislador adotou a teoria do risco-criado, visto que empregou o vocábulo *implicar*, que tem, dentre outros, o seguinte significado: "ter como consequência, acarretar; originar"[183]. Não bastasse tal fato, é certo que o Código trata de atividade, não a qualificando de lucrativa (ou remunerada).

8. Hipóteses de responsabilidade objetiva

Maria Helena Diniz indica as hipóteses de responsabilidade sem culpa no nosso Direito, fazendo referência aos seguintes casos: 1) acidente do trabalho *antes* da Constituição Federal, art. 7º, XXVIII. A autora explicita que o trabalhador vítima de um acidente fazia jus à indenização, independentemente da culpa do empregador. Este respondia, assim que verificado o dano, devido ao fato de ser o proprietário dos instrumentos ou máquinas, por ser o beneficiário da prestação de serviços e por ter que cuidar da segurança do empregado. A autora afirma que, após a promulgação da Constituição de 1988, com o art. 7º, XXVIII, a responsabilidade do empregador passou a ser subjetiva; 2) acidentes resultantes de exercício de atividades perigosas. Diniz cita como exemplo a utilização de veículo (terrestre, marítimo ou aéreo). A responsabilidade das estradas de ferro é objetiva, no que tange aos proprietários marginais de linha. Quanto às pessoas transportadas, estabelece-se uma responsabilidade com fundamento na culpa presumida. Da mesma forma, existe responsabilidade por culpa presumida no caso de furto ou perda de objeto (Decreto n. 1.832/96 e Decreto n. 2.681/12). Outrossim, de acordo com o Código Brasileiro de Aeronáutica, Lei n. 7.565/86, tem o dever de reparar o prejudicado por prejuízos causados a pessoas e bens. Maria Helena Diniz explica que, no de transporte por meio de ônibus, bonde, elevadores e carros, os tribunais têm aplicado por analogia a presunção da culpa nos casos de estradas de ferro. A autora considera que, da combinação do art. 734[184] com o art. 927 do Código Civil, tem-se que a responsabilidade do transportador é objetiva; 3) no furto de valores praticado por empregados de hotéis contra hóspedes, incide a responsabilidade, em decorrência da culpa *in vigilando* ou *in eligendo* (arts. 932, IV e 933 do Código Civil[185]); 4) na atuação culposa de

---

(183) *Dicionário Houaiss*. Disponível em: <http://houaiss.uol.com.br/busca.jhtm?verbete=implicar&x=20&y=8&stype=k> Acesso em: 17.7.2010.

(184) Art. 734. O transportador responde pelos danos causados às pessoas transportadas e suas bagagens, salvo motivo de força maior, sendo nula qualquer cláusula excludente da responsabilidade.

(185) Art. 932. São também responsáveis pela reparação civil [...] IV — os donos de hotéis, hospedarias, casas ou estabelecimentos onde se albergue por dinheiro, mesmo para fins de educação, pelos seus hóspedes, moradores e educandos; Art. 933. As pessoas indicadas nos incisos I a V do artigo antecedente, ainda que não haja culpa de sua parte, responderão pelos atos praticados pelos terceiros ali referidos.

preposto ou serviçal, no exercício do trabalho, responde o empregador devido à culpa *in eligendo* ou *in vigilando* (arts. 932, III e 933 do Código Civil[186]); 5) queda ou lançamento de coisa de uma casa (art. 938 do Código Civil[187]). O dono da casa responde, ainda que tenha sido o dano causado por terceiro (com direito a ação regressiva, nesse caso); 6) pagamento de cheque falsificado por banco, por força da Súmula n. 28, nos termos da qual "[...] o estabelecimento bancário é responsável pelo pagamento de cheque falso, ressalvadas as hipóteses de culpa exclusiva ou concorrente do correntista"; 7) comportamento da Administração prejudicial ao particular, em decorrência do disposto no § 6º do art. 37 da Constituição Federal, que dispõe que "[...] § 6º As pessoas jurídicas de direito público e as de direito privado prestadoras de serviços públicos responderão pelos danos que seus agentes, nessa qualidade, causarem a terceiros, assegurado o direito de regresso contra o responsável nos casos de dolo ou culpa"; 8) atos praticados no exercício de certos direitos. Cita-se aqui o caso da servidão de passagem, prevista no art. 1.285: "O dono do prédio que não tiver acesso a via pública, nascente ou porto, pode, mediante pagamento de indenização cabal, constranger o vizinho a lhe dar passagem, cujo rumo será judicialmente fixado, se necessário"; o art. 1.289 do Código Civil: "Quando as águas, artificialmente levadas ao prédio superior, ou aí colhidas, correrem dele para o inferior, poderá o dono deste reclamar que se desviem, ou se lhe indenize o prejuízo que sofrer"; o art. 92 do Código de Águas: "Mediante indenização, os danos dos prédios inferiores, de acordo com as normas de servidão legal de escoamento, são obrigados a receber as águas das nascentes artificiais"; o art. 1.293 do Código Civil: "É permitido a quem quer que seja, mediante prévia indenização aos proprietários prejudicados, construir canais, através de prédios alheios, para receber as águas a que tenha direito, indispensáveis às primeiras necessidades da vida, e, desde que não cause prejuízo considerável à agricultura e à indústria, bem como para o escoamento de águas supérfluas ou acumuladas, ou a drenagem de terrenos."; o art. 1.313 do Código Civil:"O proprietário ou ocupante do imóvel é obrigado a tolerar que o vizinho entre no prédio, mediante prévio aviso, para: I — dele temporariamente usar, quando indispensável à reparação, construção, reconstrução ou limpeza de sua casa ou do muro divisório;"; e art. 1.251 do Código Civil: "Art. 1.251. Quando, por força natural violenta, uma porção de terra se destacar de um prédio e se juntar a outro, o dono deste adquirirá

---

(186) Art. 932. São também responsáveis pela reparação civil: III — o empregador ou comitente, por seus empregados, serviçais e prepostos, no exercício do trabalho que lhes competir, ou em razão dele.
(187) Art. 938. Aquele que habitar prédio, ou parte dele, responde pelo dano proveniente das coisas que dele caírem ou forem lançadas em lugar indevido.

a propriedade do acréscimo, se indenizar o dono do primeiro ou, sem indenização, se, em um ano, ninguém houver reclamado"[188].

9. RESPONSABILIDADE OBJETIVA: EXCLUDENTES

Alvino Lima trata do caso fortuito, da culpa exclusiva da vítima e da força maior como excludentes da responsabilidade. No que tange ao caso fortuito — concebido como falha da máquina ou decorrência do processo industrial —, não há falar em exclusão da responsabilidade. Igualmente, com relação à culpa da vítima, não há falar em excludente da responsabilidade, visto que, devido ao contato constante com o perigo, a mesma pode — por um lapso, por distração etc. — cometer um equívoco e se acidentar. Por fim, nos casos de força maior, verifica-se muitas vezes que circunstâncias próprias do trabalho acabam agravando a força maior, o que justifica não tratá-la como excludente da responsabilidade[189].

Sebastião Geraldo de Oliveira refere-se à *culpa exclusiva da vítima* como "pensamento ultrapassado do ato inseguro"[190]. Isso não obstante, o autor cita acórdão da 3ª Turma do Tribunal Superior do Trabalho, que entendeu que a culpa exclusiva da vítima rompe o nexo causal[191].

---

(188) Gramstrup, por sua vez, indica os seguintes exemplos: fornecedor por fato do produto ou serviço; responsabilidade daquele que manipula agrotóxicos; Estado por ato dos seus agentes; delegatário de serviços públicos; notário público e registrador; pessoa jurídica que exerce manipulação genética; habitante de prédio por objetos cadentes; dono ou detentor de animal; pai, tutor ou curador, por ato do filho, pupilo ou curatelado; patrão por atuação do empregado ou preposto; exploração nuclear. GRAMSTRUP, Erik Frederico. *Op. cit.*, p. 132.

(189) "O caso fortuito, ou seja, o acontecimento interno, que decorre do próprio trabalho e dos maquinismos, culpa da própria indústria, como dizem Foignet e Dupont, não exclui a responsabilidade. A própria culpa da vítima não elide a responsabilidade, porque esta culpa é, muitas vezes, como acentuam os escritores da matéria, fruto do hábito com o perigo, ou do zelo e devotamento do trabalho. Ainda em casos de acidentes decorrentes de força maior são agravados por fatos ou circunstâncias do próprio trabalho, de maneira tal que exista uma conexão estreita entre o acidente e a execução do mesmo trabalho. Citam-se assim, os casos de operários vítimas de insolação agravada pela circunstância do trabalho em um apartamento abafado. Ou quando o operário se encontra, em virtude de seu trabalho, mais exposto à ação de um raio, do qual tenha sido vítima durante o seu serviço." LIMA, Alvino.*Culpa e risco*. São Paulo: Revista dos Tribunais, 1999. p. 262.

(190) OLIVEIRA, Sebastião Geraldo. *Op. cit.*

(191) "Indenização por danos morais. Acidente de trabalho. Teoria do risco acentuado. Culpa exclusiva da vítima. O Tribunal de origem, com amparo nas provas coligidas aos autos, afirmou que o acidente de trabalho ocorreu por culpa exclusiva do empregado. Com escora em tal premissa, resta afastada a possibilidade de responsabilizar o empregador pelo infortúnio, condenando-o ao pagamento de indenização, porque, ausente o nexo de causalidade, não se vislumbra liame, ainda que sob a ótica da teoria do risco acentuado, albergada no art. 927, parágrafo único, do Código Civil, entre o dano sofrido pelo obreiro e a atuação patronal. Entendimento contrário demandaria o reexame de fatos e provas, providência vedada em sede de recurso excepcional, nos termos da Súmula n. 126 do TST." TST. 3ª Turma. AIRR — 99502/2006-872-09-40, Rel.: Ministra Rosa Maria Weber Candiota da Rosa, DJ 18.3.2008. OLIVEIRA, Sebastião Geraldo. *Op. cit.*

O texto dos Princípios de Direito Europeu de Responsabilidade Civil enumera, no seu art. 7º, os seguintes casos de exoneração da responsabilidade objetiva: a) força da natureza (força maior) e b) conduta de terceiro. A culpa concorrente ou exclusiva da vítima é tratada em separado, no art. 8º, o que nos leva a concluir que não é causa de exclusão da responsabilidade objetiva. O art. 8º explicita que a responsabilidade do autor pode ser eximida ou reduzida no caso de culpa concorrente da vítima "[...] ou quaisquer outras circunstâncias que seriam relevantes para estabelecer ou reduzir a responsabilidade da vítima se fora causante do dano". A culpa concorrente pode, ainda, reduzir o valor da indenização[192].

Comentando o texto dos Princípios de Direito Europeu de Responsabilidade Civil, que refere à responsabilidade objetiva pelo exercício de atividade anormalmente perigosa, ressalta Koch que a defesa mais comum nos casos de responsabilidade objetiva é a alegação de causa externa. Uma dessas causas é denominada *ato de Deus* e concerne às forças da natureza. Considerando que, além das forças da natureza, podem existir outras forças externas, o Grupo que redigiu os Princípios optou pelo uso do termo *força maior*, compreendida por eventos naturais de grande impacto, tal como o utilizam outros textos internacionais. Tem-se, assim, que a força maior — no texto europeu — corresponde ao "[...] fenômeno natural de caráter excepcional, inevitável, imprevisível e irresistível"[193]. Koch cita ainda o ato de terceiro, como excludente da responsabilidade objetiva. O ato de terceiro que exclui a responsabilidade é aquele que interfere na cadeia causal, e não precisa ser antijurídico, mas deve estar fora do controle do exercente da atividade[194].

Recano analisa o concurso de terceiro ou da própria vítima como evento capaz de excluir a responsabilidade do exercente da atividade perigosa. O autor cita decisão da Corte de Cassação, que se pronunciou sobre a questão, afirmando que, quando o réu alega que terceiro ou a vítima contribuiu para o evento danoso, rompendo o nexo causal, aplica-se o art. 41 do Código Penal italiano, ou seja, numa pluralidade de fatos ilícitos que se sucedem no tempo, deve atribuir-se a responsabilidade a cada um, desde que provado que sem aquele fato o evento não teria se verificado[195]. Interpretando o julgado, afirma Recano que

> [...] a aplicação do art. 441 c.p. às hipóteses de ilícito civil comporta, segundo a Suprema Corte, que a responsabilidade de quem exerce

---

(192) MARTÍN-CASALS, Miquel (coord.). *Principios de derecho europeo de la responsabilidad civil*. Sevilla: Aranzadi, 2008. p. 32-33.
(193) KOCH, B. A. Responsabilidade objetiva. In: MARTÍN-CASALS, Miquel (coord.). *Principios de derecho europeo de la responsabilidad civil*. Sevilla: Aranzadi, 2008. p. 176-177.
(194) KOCH, B. A. *Op. cit.*, p. 177.
(195) Cass. 31.3.67, n. 746, *MT*, 1968, p. 178. CENDON, Paolo. *La responsabilità civile:* responsabilità extracontrattuale. Torino: Torinese, 1998. p. 221.

atividade perigosa pode ser excluída unicamente em presença de outro fato ilícito que seja por si idôneo a provocar o evento danoso, determinando-se somente em tal caso uma intervenção do nexo causal.

Resumindo, o fato de terceiro só exclui a responsabilidade do exercente de atividade perigosa quando interrompe *de modo certo* o nexo causal entre esta e o dano[196].

No caso de o terceiro ter concorrido para a produção do dano junto ao exercente da atividade perigosa, ambos respondem solidariamente pela obrigação. A regra decorre do disposto no art. 2.055 do Código Civil italiano[197].

A Corte de Cassação italiana admite a culpa da vítima como fator excludente da responsabilidade do exercente da atividade perigosa, desde que este tenha tomado todas as precauções cabíveis para evitar o dano[198].

---

(196) RECANO, P. *La r.c. per esercizio de attività pericolose. Ibidem*, p. 222.
(197) CENDON, Paolo. *La responsabilità civile:* responsabilità extracontrattuale. Torino: Torinese, 1998. p. 223.
(198) "Il principio secondo cui non vi è responsabilità da parte di chi pone in essere una situazione di pericolo quando Il danno si verifica per colpa del danneggiato che volontariamente si intrometta nella sfera giuridica altrui è applicabile in quanto siano state adottate, da chi há posto oin essere lo stato di pericolo, le misure opportune sufficiente ad impedire l'abusiva intromissione nella propria sfera giuridica o, quanto meno, a richiamare l'attenzione di chi voglia introdursi, dandogli da qui ha posto in essereconoscenza dell'esistenza del pericolo e del divieto." Cass. 12.2.53, n. 352, *RFI*, 1953. *Responsabilità civile*, p. 148. *Ibidem*, p. 224.

Segunda Parte

Parágrafo Único do
art. 927 do Código Civil

Parágrafo Único do art. 927 do Código Civil

1. Antecedentes do parágrafo único do art. 927

Alguns autores entendem que o legislador, ao redigir o parágrafo único do art. 927 do CC, foi buscar inspiração no Direito Estrangeiro, em especial, no Direito italiano e português[199]:

Código Civil da Itália

Art. 2.050. Aquele que ocasiona dano a outrem no exercício de uma atividade perigosa, pela sua natureza ou pela natureza dos meios empregados, fica obrigado à indenização se não provar que adotou todas as medidas idôneas para evitar o dano.

Código Civil de Portugal

Art. 493. 2. Quem causar danos a outrem no exercício de uma actividade, perigosa por sua própria natureza ou pela natureza dos meios utilizados, é obrigado a repará-los, excepto se mostrar que empregou todas as providências exigidas pelas circunstâncias com o fim de os prevenir.

Na Itália, a responsabilidade por atividades perigosas remonta ao Código Civil de 1865. Com efeito, o art. 1.153 do Código Civil de 1865 dispunha que "[...] qualquer um é igualmente responsável não só pelo dano causado por fato próprio, mas também por aquele causado por sua responsabilidade ou coisa sob sua custódia". O Código de 1865, nos seus arts. 1.151 e 1.153, previa a responsabilidade do autor por fato que causasse dano a

---

(199) Outros Códigos contêm dispositivos similares, como o Código Civil mexicano e o argentino. De acordo com o CC mexicano: "Art. 1.913. Cuando una persona hace uso de mecanismos, instrumentos, aparatos o substancias peligrosas por si mismos, por la velocidad que desarrollen, por su naturaleza explosiva o inflamable, por la energia de la corriente electrica que conduzcan o por otras causas analogas, está obligada a responder del dano que cause, aunque no obre ilicitamente, a no ser que demuestre que esse dano se produjo por culpa o negligencia inexcusable de la victima".

outrem, e a responsabilidade por fato da coisa, sujeita ao cuidado do homem[200]. Na primeira hipótese, a norma contemplava a regra da responsabilidade aquiliana. Na segunda, utilizou-se do artifício da inversão do ônus da prova, atribuindo ao causador do dano o ônus de provar o caso fortuito[201]. Segundo Recano, a doutrina entendia aplicável ao caso do art. 1.153 a regra da presunção *iuris tantum*, sustentando alguns que se tratava de presunção *iuris et de iure*. Uma minoria, entretanto, defendia a tese da responsabilidade objetiva. Esse era o caso de Barassi, De Ruggiero e Pacchioni.

Comporti discorda daqueles que afirmam que o art. 2.050 veio preencher uma lacuna no mundo jurídico. Para esse autor, o art. 1.153 do CC já continha regra sobre responsabilidade, prevalecendo teoria que sustentava conter a norma presunção *iuris tantum* e presunção *iuris et de iure* de culpa. A jurisprudência — garante Comporti — continuou vinculada à teoria da culpa. Isso não obstante, já existiam alguns autores que vislumbravam, no art. 1.153, regra de responsabilidade objetiva, vez que a lei não exigia que a vítima comprovasse a culpa daquele que tinha coisa em custódia, como não admitia a exoneração da culpa deste, exceto ocorrendo caso fortuito. A interpretação dos arts. 1.151 e 1.153 do Código Civil italiano remetia à figura do *fait de l'homme* e *fait de la chose* do direito francês. Comporti recorda-nos que o *fait de chose* do direito francês concerne à coisa inerte ou em movimento, perigosa ou não perigosa etc. Essa noção de *fait de chose* do direito francês deu margem a uma extensa interpretação, chegando quase a "esvaziar" o art. 1.382 do Código Civil francês, que trata do *fait de l'homme*. No direito italiano, a partir dos arts. 1.151 e 1.153, construiu-se uma teoria. O art. 1.151 seria aplicável ao dano causado pelo homem ou por coisas por ele manipuladas. A coisa, neste caso, seria um meio. O art. 1.153, por sua vez, seria aplicável ao dano decorrente de coisa móvel ou imóvel, animada ou inanimada. A coisa, aqui, não corresponde a um meio. Essas duas posições retratam a diferença entre responsabilidade subjetiva e objetiva. Assim, diz Comporti, sob o código de 1865 não havia qualquer lacuna. Ao dano causado pelo homem, mediante coisa perigosa, aplicar-se-ia o art. 1.151. Comporti exemplifica com o trabalho com explosivos. Além disso, se o dano fosse causado por alguma coisa perigosa — exemplo, incêndio de um depósito de benzina — teria incidência o art. 1.153, aplicando-se a regra da responsabilidade pela coisa em custódia, admitida apenas prova do caso fortuito[202].

---

(200) Art. 1.151 "Qualunque fatto dell'uomo, che arreca danno ad altri, obbliga quello per colpa del quale è avvenuto a risarcire il danno". Art. 1.153 (il danno) "[...] arrecato col fatto delle persone delle quale deve rispondere o con cose che ha in custodia".
(201) RECANO, Paolo. *La responsabilità civile da attività pericolose*. Milano: Antonio Milani, 2001. p. 5.
(202) COMPORTI, Marco. *Fatti illeciti:* le responsabilità oggettive. Milano: Giuffrè, 2009. p. 160-166.

Segundo Recano, discutiu-se se o art. 1.153 se aplicava aos casos de exercício de atividade perigosa. Doutrina e jurisprudência entenderam que o exercício de atividade perigosa não poderia ser equiparado à responsabilidade advinda da custódia da coisa. Doutrina e jurisprudência distinguiram a situação da coisa perigosa que causasse dano a outrem do instrumento ou meio de atividade do homem[203]. Em caso de atividade perigosa que causasse dano a outrem, aplicava-se o disposto no art. 1.151 do Código Civil de 1965, devendo a vítima provar a culpa do causador do dano[204][205].

Posteriormente, com o advento do Código Civil de 1942, foi inserida a regra do art. 2.050. Esse artigo, destaca Recano, não foi obra do debate doutrinário, mas surgiu em decorrência do desenvolvimento da atividade industrial[206]. O artigo encontra-se inserto no Capítulo dedicado às obrigações, e não naquele destinado às relações de trabalho.

Para Massimo Franzoni, duas alternativas se impunham ao legislador: a de impor uma pena àquele que transgredisse uma norma social e, a segunda, de prever uma indenização que a vítima poderia obter de modo ágil. Optou-se pela segunda via, por meio da redação do art. 2.050 do Código Civil. Ao prever que a parte pode apresentar prova liberatória, o art. 2.050, entretanto, abre espaço para que seja admitida prova em contrário, o que faz com que alguns afirmem que não há responsabilidade sem culpa[207]. De acordo com Massimo Franzoni, faltou uma visão sistemática do problema aos legisladores, já que não foram discutidos — quando da elaboração da norma — critérios de imputação da responsabilidade[208].

Na Itália, onde o art. 2.050 dispõe sobre a responsabilidade daquele que desenvolve atividade perigosa, salvo se prova haver adotado todos os meios

---

(203) RECANO, Paolo. *Op. cit.*, p. 5.
(204) *Ibidem*, p. 6.
(205) Esclarece Recano que a doutrina francesa, interpretando o art. 1.382 do Código Napoleônico (norma similar ao art. 1.153 do Código Civil italiano de 1865), entendeu que se aplica a norma do art. 1.382 ao "danno provocato dalle cose in modo autonomo quanto quelo causato dalle stesse in virtù di un comportamento umano cui esse risultino strumentali". *Ibidem*, p. 7.
(206) "[...] l'introduzione dell'art. 2050 nel codice civile del 1942, pur rilevato che la stessa non è risultata frutto di uno specifico dibattiche conesse allo sviluppo sempre più frenetico dell'attività di impresa (pur non essendo l'applicabilità dell'articolo — come si vedrà — limitata alla stessa) ed al crescente numero di danni che essa comporta." *Ibidem*, p. 6.
(207) Ueda entende que "o dispositivo do Código Italiano, ao permitir que o agente se exonere da responsabilidade, não se mostrou adequado ao desenvolvimento de uma teoria assentada na dignidade da pessoa humana, liberdade e segurança — novos conceitos trazidos pela Constituição da Itália, posterior ao Código Civil de 1942 —, exigindo-se, para sua aplicabilidade, que os julgadores estabelecessem os limites de sua interpretação à luz da nova Constituição Italiana de 1948, considerando os interesses dos lesados na ótica do respeito pelo ser humano." UEDA, Andréa Silva Rasga. *Responsabilidade civil nas atividades de risco:* um panorama atual a partir do Código Civil de 2002. Dissertação (Mestrado) — São Paulo, 2008. p. 74.
(208) FRANZONI, Massimo. *La responsabilità oggettiva*. Milano: Antonio Milani, 1995. p. 100-104.

idôneos para evitar o dano, diz Franzoni que a jurisprudência vê uma presunção de *iuris tantum* de culpa, a cargo do exercente da atividade. Para Franzoni, a norma parece indicar um critério intermediário entre a culpa e o nexo de causalidade[209]. Outros autores entendem que se trata de uma responsabilidade objetiva, que chamam de risco autorizado[210], enquanto De Martino critica o critério do risco[211].

Não obstante o art. 2.050 do CC italiano permitir a prova da adoção de meios idôneos para evitar o dano, Franzoni e a maior parte da jurisprudência italiana admitem que o art. 2.050 abriga norma de responsabilidade objetiva, eis que a responsabilidade decorre do exercício da atividade perigosa[212].

Paolo Cendon enfatiza que o art. 2.050 institui um "regime especial de responsabilidade", referindo-se aos casos em que a atividade pode causar "[...] danos com grau de probabilidade particularmente alto"[213]. Quando da publicação do Código, interpretou-se o art. 2.050 como sendo uma norma intermediária entre a responsabilidade objetiva e a subjetiva. Posteriormente, a jurisprudência firmou-se no sentido de que se trata de norma de responsabilidade subjetiva, vez que existe presunção de culpa, admitindo-se prova liberatória por parte do exercente da atividade perigosa. Apesar disso, existem vozes contrárias na doutrina — como Bianca, Visintini, Monaterir, Recano e Balzaretti —, que entendem tratar-se de regra de responsabilidade objetiva[214].

Importa dizer que, conquanto o art. 2.050 do Código Civil italiano admita a prova liberatória, alguns autores acham que não se trata de caso de responsabilidade culposa. Para Franzoni, em juízo, cumpre ao réu apresentar prova liberatória e, não o fazendo, será condenado. A condenação, portanto, será baseada na falta de prova liberatória, e não na culpa. De qualquer modo, se compreendido que se trata da culpa, não poderá ter o juiz como modelo o *bom pai de família*, visto que não basta, em matéria de desenvolvimento de atividade perigosa, o cuidado comum, mas, sim, a extrema diligência[215]. A

---

(209) *Ibidem*, p. 248.
(210) PACCHIONI. *Delitti e quasi delitti*, p. 213 e ss.TRIMARCHI. *Rischio e responsabilità oggettiva*. p. 43-44. Apud FRANZONI, Massimo. *Op. cit.*, p. 248.
(211) DE MARTINI. *Responsabilità per danni da attività pericolosa e responsabilità per danni nell'esercizio di attività pericolosa*, I, 2, p. 968, 1973. Apud FRANZONI, Massimo. *Op. cit.*, p. 248.
(212) FRANZONI, Massimo. *La responsabilità oggettiva*. Milano: Antonio Milani, 1995. p. 256.
(213) CENDON, Paolo. *Commentario al codice civile*: aggiornamento 1991-2001. Torino: Torinese, 2002. p. 2050.
(214) *Ibidem*, p. 2050.
(215) "Il modello comparativo non sarebbe l'individuo mediante diligente e produnte, 'ma quello rigorosamente meticoloso ed estremamente perito: non l'uomo medio munito di diligenza ordinaria, seppure aderente alla natura dell'attività esercitata, ma l'uomo provvisto di esemplarissima virtù, che previene i danni producibili dalla propria attività pericolosa mediante l'esauriente ricerca ed applicazione di tutti gli opportuni rimedi." DE CUPIS. *Dei fatti illeciti*. Apud FRANZONI, Massimo. *Op. cit.*, p. 446.

posição que prevalece na doutrina e jurisprudência é a de que mesmo a culpa levíssima responsabiliza o sujeito, e que existe no art. 2.050 do CC italiano uma presunção *iuris tantum*. Conforme Franzoni, o art. 2.050 não menciona culpa levíssima, nem inversão do ônus da prova. A responsabilidade do art. 2.050, sustenta Franzoni, provém do simples exercício da atividade perigosa e do dano a ela relacionado. Ao réu, em juízo, cabe demonstrar por via de exceção que não exerce atividade perigosa ou deve evidenciar a prova liberatória, o que se assemelhou, na prática, à prova do caso fortuito, no sentido amplo. Não há falar, assim, em aplicação da teoria da culpa[216]. Em sentido contrário, Paolo Gallo, para quem a hipótese do art. 2.050 não é de responsabilidade objetiva, mas sim, de *responsabilidade agravada*, esclarece que compete ao titular da atividade perigosa comprovar que adotou todas as medidas idôneas para evitar o dano — e não à vítima comprovar a culpa[217].

Tal qual visto anteriormente, para Comporti inexistia qualquer lacuna na Lei, antes do advento do art. 2.050. Segundo o autor, o art. 2.050 é menos rigoroso que o art. 1.153, revogado, e o art. 2.051 do novo Código, que estabelece a responsabilidade pelo fato da coisa. Com efeito, o art. 2.051 dispõe sobre o dano causado diretamente pela coisa, sem intervenção humana, enquanto o art. 2.043 dispõe sobre a responsabilidade subjetiva. No caso do art. 2.043, explica Comporti, a coisa é um meio ou instrumento para ação do homem. A questão que se coloca — com o advento do novo Código — é a da disciplina da atividade perigosa e da coisa perigosa. Como proceder: aplicar à primeira o art. 2.050 e à segunda, o art. 2.051 (que trata do fato da coisa)? A solução dada por parte da doutrina foi a de enquadrar a atividade e a coisa perigosa no art. 2.050, ao passo que a coisa não perigosa no art. 2.051, mais rigoroso que aquele. Essa, entretanto, não pareceu a melhor solução do ponto de vista de Comporti, para quem o art. 2.050 somente deve ser aplicado às atividades perigosas. No caso de dano decorrente de *coisa perigosa*, incide o

---

(216) "Posto che dalla lettura delle norme del codice civile non traspare alcun indizio in favore della figura della colpa lievissima, non rimane che accertare la fondatezza dell'orientamento largamente maggioritario secondo il quale il criterio di imputazione in esame conterrebbe una presunzione di colpa iuris tantum a favore del danneggiato. Orbene nella responsabilità per l'esercizio di attività pericolose il rapporto tra fatto e danno si stabilisce a prescindere dalla colpa. In via di eccezione, il danneggiante deve provare na mancanza dei fatti necessaria al prodursi dell'effetto giuridico, dimonstrando che l'attività non è pericolosa, oppure fornendo la prova liberatoria. L'indagne svolta sul contenuto della prova liberatoria ha dimostrato che questa non si apparenta mai con la diligenza, ma si risolve in una prova critica della mancanza del rapporto di causalità, dunque costituisce una prova indireta di caso fortuito inteso in senso ampio. Cio legittima la conclusione che può rispondere del fatto dannoso l'esercente benchè sai minore di età o incapace naturale. Questi soli rilievi sono di per se sufficienti per escudere ogni ricorso al principio della colpa e, quindi, al concetto di capacita quale requisito soggettivo dell'illecito, conseguentemente sono altresì sufficienti per escludere pregio alla teoria della presunzione di colpa." FRANZONI, Massimo. *Trattato della responsabilità civile*: l´illecito. Milano: Giuffrè, 2010. p. 448.
(217) GALLO, Paolo. *Introduzione alla responsabilità civile:* articoli 2043/2059 C.C. Torino: G. Giappichelli, 2000. p. 121-122.

art. 2.051 do CC italiano. Introduziu-se, com o art. 2.050, uma modalidade de responsabilidade presumida[218].

Comentando o art. 2.050 do Código Civil italiano, diz Comporti que a prova liberatória corresponde à prova de ausência de culpa, tratando-se de prova rigorosa, porque o réu deverá comprovar a "[...] adoção preventiva de uma certa organização técnica" para evitar o dano[219]. A prova da adoção de todas as medidas preventivas para evitar o dano opera no limite do caso fortuito e, portanto, da responsabilidade objetiva[220]. Com efeito, a norma citada aproxima-se muito mais do sistema da responsabilidade objetiva que da responsabilidade subjetiva[221]. Para Comporti, a responsabilidade prevista no art. 2.050 possui duas dimensões. Na primeira, positiva, relaciona-se com o exercício da atividade perigosa e não com a ausência de adoção das medidas preventivas. Na segunda, negativa, relaciona-se à prova liberatória[222].

Giovanna Visintini alude aos trabalhos preparatórios em torno do art. 2.050. A autora afirma que o legislador quis inovar: manteve a culpa, porém, invertendo o ônus da prova. Além disso, o legislador teve por intenção "[...] ampliar o conteúdo de dever de diligência" a cargo do exercente da atividade perigosa. Nos trabalhos preparatórios, vê-se que o legislador entendeu que o perigo existe *in re ipsa*, "[...] os deveres inerentes à diligência normal seriam, neste caso, insuficientes, porque a periculosidade está ínsita na ação". Tão logo publicado o Código, a doutrina entendeu que era caso de responsabilidade com culpa levíssima. Esta, contudo, não é a posição da doutrina mais recente[223]. Conforme alguns, como Comporti, a responsabilidade se relaciona com o exercício da atividade perigosa e não com o dever de diligência. De outra parte, não basta, para Comporti, tomar as medidas preventivas: é necessário que a própria organização da empresa tenha se efetuado de maneira a prevenir acidentes[224]. Trimarchi, por sua vez, sustenta que se trata de responsabilidade objetiva[225]. De resto, verifica-se na prática que os juízes levam

---

(218) COMPORTI, Marco. *Fatti illeciti:* le responsabilità oggettive. Milano: Giuffrè, 2009. p. 166-171.
(219) *Ibidem*, p. 160.
(220) "In tal modo la causa di esonero dell'art. 2050 c.c., mentre ricomprende l'assenza di colpa, presenta un grado di maggior rigore e del tutto particolare, in quanto, attraverso la prova del fatto obiettivo dell'organizzazione preventiva (prova di um 'fatto tecnico') perviene al limite della prova del caso fortuito, e cosi al limite della responsabilità oggettiva." *Ibidem*, p. 161.
(221) "Ed infatti, dal momento che Il fatto dannoso si ricollega all'esercizio di un'attività pericolosa, e dal momento che la causa di esonero va al di là dell'assenza di colpa e fino al c.d. fatto tecnico, sembra lógica la conclusione che anche la fattispecie di cui all'art. 2.050 c.c., sul criterio della colpa, debba esse ugualmente sistemata nel sistema di responsabilità oggettiva (inteso in senso lato)." *Ibidem*, p. 161.
(222) *Idem*.
(223) VISINTINI, Giovanna. *Tratado de la responsabilidad civil*. Buenos Aires: Depalma, 1999. p. 415-416.
(224) COMPORTI. *Esposizione al pericolo e responsabilità civile*, p. 260 e ss. *Apud* VISINTINI, Giovanna. *Tratado de la responsabilidad civil*. Buenos Aires: Depalma, 1999. p. 416.
(225) "Otros han sostenido que el art. 2.050 del Cód. Civil da lugar a una responsabilidad de naturaleza objetiva, porque, a los fines de la norma, es irrelevante el hecho subjetivo de que quien ejerce la actividad peligrosa y sus colaboradores hayan hecho todo cuanto se esperaba que hicieran, o que se podia pretender

em conta, para declarar a responsabilidade, o exercício da atividade perigosa, mais do que a culpa do agente⁽²²⁶⁾.

Alpa e Ruffolo, a propósito do art. 2.050 do Código Civil, ressaltam que a responsabilidade ali prevista abrange toda a cadeia que envolve a atividade perigosa. Assim, no caso de botijões de gás, não só é responsável o produtor do botijão, como aquele que faz a distribuição. Os autores citam decisão da Corte de Cassação, que reconhece que o perigo se faz presente tanto na atividade de enchimento dos botijões com gás, quanto na atividade de distribuição e, ainda, quando os botijões são postos em circulação no comércio⁽²²⁷⁾. Alpa e Ruffolo citam decisão da Corte de Cassação, que, ao julgar pedido de indenização com fundamento no art. 2.050 do Código Civil italiano, declarou que "[...] o pressuposto da aplicação do art. 2.050 do CC é que o dano seja causado por exercente de uma atividade perigosa no desenvolvimento de tal atividade"⁽²²⁸⁾. A Corte de Cassação entendeu que a responsabilidade do produtor é excluída, quando o terceiro que exerce as tarefas de distribuição é autônomo e assume o risco da atividade. Mesmo nesse caso, provado o defeito do fabricante, este responde pelo dano⁽²²⁹⁾.

Galgano esclarece que, antes que entrasse em vigor norma comunitária dispondo sobre responsabilidade por danos de produtos defeituosos, os juízes aplicavam o art. 2.050 a esses casos, ou seja, aos casos de reclamação de consumidores por danos decorrentes de produtos defeituosos. A norma comunitária protege o consumidor e relaciona o produto ao desenvolvimento da atividade perigosa, o que está correto, segundo Galgano, como se verifica de produtos perigosos como arma de fogo, produtos inflamáveis, gás de botijão etc.⁽²³⁰⁾.

---

que hicieran; interesa, en cambio, el hecho objetivo de que se hayan adoptado las medidas técnicas más funcionales para la reducción del peligro en ese sector." TRIMARCHI. *Rischio e responsabilità oggetiva*, p. 48 e ss. p. 275 e ss. *Apud* VISINTINI, Giovanna. *Op. cit.*, p. 416.
(226) VISINTINI, Giovanna. *Op. cit.*, p. 417.
(227) ALPA, G.; U. RUFFOLO. Esercizio di attività pericolose. In: BESSONE, Mario. *Casi e questioni di diritto privato*. Milano: Giuffrè, 1994. p. 302.
(228) Corte de Cassazione, 9 de maio de 1969, p.1595. *Ibidem*, p. 302-303.
(229) Corte de Cassazione de 9 de maio de 1969, 1595. "Il pericolo delle esplosioni, infatti, non è attuale soltanto nel caso dell'operazione di riempimento delle bombole, ma perdura anche quando queste son poste in distribuizione agli utenti: e l'attività dell'imprenditore che provvede oeprazione di riempimento, na continua e perdura — con la sua caratteristica di pericolosità — anche nelle sucessive operazioni con le quali le bombole, che rimango sempre di proprietà dell'imprenditore, vengono messe in commercio, distribuite e consegnate per essere usate dalla clientela. La responsabilità conessa ex art. 2.050 c.c. a tale atività pericolosa, può essere esclusa, per essere assunta da altro soggetto, solo se risulti che le operazioni di rifornimento e distribuzione siano state affidate ad altri, non dipendenti, i quali svolgono attività imprenditoriale autonoma ed abbiano, peranto, assunto Il rischio dell'attività. Anche in quest'ultima ipotesi, tuttavia, potrebbe esse configurata una responsabilità per danni causati a terzi dall'esplosione di una bombola di gas, a cariaco del produttore o del confezionatore delle bombole di gas, sulti che l'esplosione è collegabile a difetti di montaggio [...]." *Ibidem*, p. 302-303.
(230) GALGANO, Francesco. *I fatti illeciti*. Padova: Antonio Milani, 2008. p. 114.

Em Portugal, o Supremo Tribunal de Justiça pronunciou-se afirmando que o art. 493.2 do Código Civil se aplica a todas as atividades que comportem risco ao meio ambiente, e que a norma em questão estabeleceu uma presunção de culpa do agente, podendo este comprovar que utilizou todas as medidas para evitar o dano[231].

Comentando o art. 2.050 do CC italiano, observa Cláudio Luiz Bueno de Godoy que a exceção nele prevista, quando o autor do dano tenha adotado todas as medidas idôneas cabíveis, não estava prevista no projeto original do Código. Segundo Godoy, nos termos em que redigido o artigo, a discussão se desloca para a prova da exceção, a conduta negligente etc.[232].

Nosso Direito, ao contrário do Direito italiano e português, não exige prova da conduta diligente, no caso de responsabilidade decorrente de desenvolvimento de atividade de risco. Ueda enfatiza que a primeira versão do Projeto do nosso Código Civil era semelhante ao Código Civil italiano, pois permitia que o autor do dano fosse exonerado, desde que comprovasse "o emprego de medida de prevenção tecnicamente adequada". Tal versão, entretanto, não foi aceita. Essa questão foi debatida em mais de um projeto, mas foi suprimida no Projeto n. 634-B, de 1975. Encaminhado à Câmara, recebeu o n. 118/84, tendo sido feitas 331 emendas. Prevaleceu a versão que não exclui a responsabilidade do agente, no caso em que este tenha tomado todas as medidas preventivas[233].

O legislador brasileiro, a nosso ver, adotou a melhor posição. Primeiro, porque não haveria falar em responsabilidade objetiva, se a lei admitisse que o autor do dano estaria absolvido, no caso de provar que tomara todas as medidas preventivas. Quando muito, poder-se-ia falar em responsabilidade subjetiva mitigada. Sim, porque, ao provar que tomou todas as medidas preventivas, o agente estaria provando, em última análise, que agiu sem culpa. Ao depois, entendemos que cumpre àquele que desenvolve atividade que coloca em risco terceiros arcar com as consequências de seu ato, pois essa atividade cria o risco. Assim, andou bem o legislador brasileiro, ao redigir o art. 927 do Código Civil.

2. ANÁLISE DO PARÁGRAFO ÚNICO DO ART. 927 DO CÓDIGO CIVIL

Segundo Giselda Hironaka, o Código Civil de 1916 agasalhou a teoria da responsabilidade subjetiva, admitindo a responsabilidade objetiva excep-

---

(231) Acórdão do Supremo Tribunal de Justiça n. 97ª711, de 2.6.1998, Magistrado Garcia Marques. Disponível em: <http//jurisprudência.vlex.pt> Acesso em: 20.4.2010.
(232) GODOY, Cláudio José Bueno de. *Op. cit.*, p. 74-75.
(233) UEDA, Andréa Silva Rasga. *Op. cit.*, p. 70-73.

cionalmente, em alguns de seus artigos. Com o advento do Código Civil de 2002, a responsabilidade objetiva passou a ser uma regra geral, inserta no parágrafo único do art. 927[234][235][236]. Não podemos concordar com a autora. A despeito do disposto no parágrafo único do art. 927, é certo que a regra geral no Código de 2002 continua a ser a culpa. Não é demais recordar que o próprio *caput* do art. 927 dispõe que "[...] aquele que, por ato ilícito (arts. 186 e 187), causar dano a outrem, fica obrigado a repará-lo", acolhendo regra de responsabilidade subjetiva. Mas não só. Também os arts. 186 e 187 tratam da responsabilidade por ato ilícito ("Art. 186. Aquele que, por ação ou omissão voluntária, negligência ou imprudência, violar direito e causar dano a outrem, ainda que exclusivamente moral, comete ato ilícito"; "Art. 187. Também comete ato ilícito o titular de um direito que, ao exercê-lo, excede manifestamente os limites impostos pelo seu fim econômico ou social, pela boa-fé ou pelos bons costumes"). Coisa diversa, entretanto, é afirmar — no que concordamos — que o parágrafo único do art. 927 encerra uma cláusula aberta. Sem dúvida alguma, trata-se de uma cláusula "de conteúdo conceitual com elevado grau de indeterminação"[237]. Ou, pode-se dizer, é uma cláusula que depende de interpretação e mesmo da evolução dos fatos, que possui conteúdo vago e impreciso. E, como será demonstrado adiante, diversos autores denominam o parágrafo único do art. 927 de cláusula aberta.

Cláudio Luiz Bueno de Godoy vislumbra no parágrafo único do art. 927 do Código Civil brasileiro uma *cláusula geral*, que "[...] encerra um preceito normativo cujos termos são propositadamente vagos"[238]. Os termos são abertos, e não existe indicação de casos legais aos quais se aplica a norma. Essa técnica dá *mobilidade ao sistema*[239]. É bem verdade, diz Godoy, que essa técni-

---

(234) "O Código Civil de 2002, e no cerne da estruturação legislativa da responsabilidade civil, introduziu uma regra geral bem distinta daquela que se continha na legislação anterior. Vale dizer, introduziu a imputação do dever de indenizar por atribuição meramente objetiva, sendo que não o fez pontualmente, em situações individualizadas, delimitadas, mas o fez como sistema geral, transmudando o caráter da responsabilidade objetiva — até então meramente excepcional — em regra, isto é, em preceito de caráter geral." HIRONAKA, Giselda Maria Fernandes Novaes. Responsabilidade pressuposta: evolução de fundamentos e de paradigmas da responsabilidade civil na contemporaneidade. In: DELGADO, Mário Luiz; ALVES, Jones Figueiredo. *Novo código civil:* questões controvertidas. São Paulo: Método, 2006. p. 201.
(235) No mesmo sentido, Maria Celina Bodin de Moraes: "O Código Civil de 2002 alterou substancialmente o sistema ao adotar a regra geral de responsabilidade objetiva para as atividades de risco." MORAES, Maria Celina Bodin de. Risco, solidariedade e responsabilidade objetiva. *Revista dos Tribunais*, ano 95, v. 854, p. 15, dez. 2006.
(236) Em sentido contrário: STOCCO, Rui. *Tratado de responsabilidade civil.* São Paulo: Revista dos Tribunais, 2004. p. 133.
(237) STJ — AGRAVO REGIMENTAL NO AGRAVO DE INSTRUMENTO: AgRg no Ag 559359 SP 2003/0189464-0. Agravo de Instrumento. Recurso Especial Inadmitido. Suspensão de Segurança. Art. 4º da Lei n. 4.348/64. Relator(a): Ministro Teori Albino Zavascki. Julgamento: 5.4.2004. Órgão Julgador: T1 — Primeira Turma. Publicação: DJ 19.4.2004. p. 163. Disponível em: <http://www.jusbrasil.com.br/jurisprudencia/196699/agravo-regimental-no-agravo-de-instrumento-agrg-no-ag-559359-sp-2003-0189464-0-stj> Acesso em: 19.7.2010.
(238) GODOY, Cláudio José Bueno de. *Op. cit.*, p. 84.
(239) *Ibidem*, p. 84.

ca pode ser criticada por aqueles que defendem a segurança jurídica ou que a lei contenha critérios interpretativos. Existe, todavia, doutrina que defende o uso do sistema de cláusula aberta, considerando que vivemos situações muito complexas, hoje, que reclamam normas que deem conta das constantes mudanças[240]. E, se o legislador optou por inserir no parágrafo único do art. 927 do CC brasileiro uma cláusula geral, esta deve ser integrada pelos textos doutrinários e jurisprudenciais[241]. Essa técnica da cláusula geral já era usada no Código Civil de 1916, no seu art. 159, que dispunha sobre a responsabilidade aquiliana, vez que não havia uma definição caso a caso, nem uma descrição da conduta imprudente ou negligente[242]. Godoy esclarece que o objetivo do Código foi justamente fugir do casuísmo, utilizando termos que devem ser interpretados pelos juízes e pela doutrina. Esse o caso dos termos *atividade* e *risco*. De qualquer forma, essa interpretação não pode ser rígida ou fixa, pois essa não foi a intenção do legislador[243].

Alguns autores entendem que o legislador conferiu muita abertura aos termos do parágrafo único do art. 927, de modo que "[...] qualquer atividade pode implicar riscos para os direitos de outrem"[244]. Não concordamos com

---

(240) "Por outro lado, todavia, doutrina oposta sustenta de todo atuais as cláusulas gerais, sobretudo em um tempo de proliferação de legislações específicas, cuidando de matéria pontual, isso sim a gerar grande insegurança, de toda maneira reconhecendo-se que a hipercomplexidade das relações, na pós--modernidade, ainda está a reclamar uma técnica legislativa que abra espaço precisamente para essas constantes mutações, enfim que as absorvam sem necessidade de modificação ou prodigalização de normatizações especiais." *Ibidem*, p. 85.
(241) "De um lado, porque essa é mesmo a tônica da cláusula geral. Por se utilizar de linguajar deliberadamente vago, a cláusula geral, no dizer de Judith Martins-Costa, implica na concessão pelo legislador, como que de um mandato ou de uma competência ao juiz para que, diante do caso concreto, desenvolva a norma, preencha seu conteúdo." *Ibidem*, p. 87.
(242) "A culpa encerrava, já, um conceito fluido, aliás para alguns mais impreciso do que o do risco, foco, como se viu, de acesa crítica ao modelo do novo Código Civil, contido no parágrafo único do art. 927." *Ibidem*, p. 88.
(243) "Ao contrário, tem-se mesmo que o novo Código Civil procurou justamente trilhar o caminho de fixação de um critério geral fundante da responsabilidade sem culpa, assim, para além das soluções casuísticas, das previsões pontuais e específicas. Por outra, um fundamento geral de responsabilidade objetiva, mesmo que constante de dispositivo vazado em termos indeterminados, a reclamar a construção de um conteúdo, posto que apriorístico, mas não imutável, fixo ou rígido — porquanto mesmo de quebra da utilidade do mecanismo da cláusula geral, do proveito que elas traduzem — do que se deve entender por *atividade*, que *normalmente* implique risco aos direitos de outrem. Nada diferente, vale sempre a repetição, como exemplo, do que ocorreu com a boa-fé objetiva, princípio vindo à legislação positiva em inúmeros dispositivos, quando em sua função supletiva no art. 422 do Código Civil de 2002, mas a respeito de cujo apriorístico conteúdo a doutrina de há muito deu cabo. Apenas não se pode e não se deve esperar, tal como sucede em relação ao exemplo da boa-fé objetiva, que a construção desse conteúdo se ostente afinal fixo, imutável e insensível justamente à mobilidade a que a cláusula geral se presta. De novo uma reiteração que parece fundamental." *Ibidem*, p. 90.
(244) "Diversamente de outras normas que preveem a responsabilidade objetiva, a redação da cláusula geral do parágrafo único do art. 927 não se mostra rigorosa, uma vez que toda e qualquer atividade pode implicar 'riscos para os direitos de outrem'. A excessiva abertura da cláusula tem sido criticada por deixar ao arbítrio do julgador a definição da natureza da responsabilidade, permitindo a fluidez da noção de atividade de risco a instituição de regimes de responsabilidade sem culpa que não estejam caracterizados na lei." MORAES, Maria Celina Bodin de. *Op. cit.*, p. 15.

tal afirmativa. Conforme será visto no decorrer deste trabalho, doutrina e jurisprudência têm-se encarregado de interpretar os termos do art. 927, de forma a lhe dar contornos próprios. De resto, confia-se no prudente arbítrio dos juízes, os quais não deverão interpretar a norma nem de forma restrita nem de modo muito extensivo. Assim têm sido interpretadas inúmeras cláusulas abertas do nosso sistema jurídico.

Isto posto, passamos à análise dos termos empregados pelo legislador no parágrafo único do art. 927 do Código Civil.

2.1. ATIVIDADE NORMALMENTE DESENVOLVIDA PELO AUTOR DO DANO

Antes de investigarmos o significado de *atividade normalmente desenvolvida pelo autor do dano*, cumpre examinar qual o conceito da palavra *atividade*, no contexto legal. Recano, analisando o art. 2.050 do Código Civil italiano — que serviu de inspiração ao legislador brasileiro, na redação do art. 927 —, refere-se a um julgamento da Suprema Corte daquele país, a qual definiu *atividade* como "[...] uma sucessão contínua e repetida de atos que se desenvolvem no tempo"[245]. Essa foi a única ocasião em que a Suprema Corte se pronunciou sobre o conceito[246]. O conceito doutrinário, contudo, contraria aquele utilizado pela Suprema Corte, visto que muitas vezes doutrinadores reconhecem como atividade, no senso do art. 2.050 do CC italiano, a atividade singular, ou o ato isolado, desde que *perigoso*. Nesse sentido, Recano remete a Comporti, Geri e Delconte, autores que falam em atividade *de empresa*, excluindo a atividade *biológica*. Para Recano, entretanto, não se deve limitar a aplicação do art. 2.050 à atividade de empresa, acrescentando que um ato isolado, mesmo que perigoso, não pode ser enquadrado no art. 2.050, sendo esse também o entendimento de Gentile e Paraglia[247].

O termo *atividade*, diz Recano, deve ser entendido tal qual interpretado pelo Supremo Tribunal Federal, isto é, como "[...] uma sucessão contínua e repetida de atos que se desenvolvem no tempo"[248]. O autor sustenta que, conquanto tenha sido debatido na doutrina se o ato isolado pode gerar efeitos para os fins do art. 2.050 do CC italiano, há que se entender que atividade implica o desenvolvimento de uma série de atos no tempo. O ato isolado perigoso, portanto, não se encontra ao abrigo do art. 2.050.

---

(245) "[...] una sucessione continua e ripetuta di atti che si svolge nel tempo." Cass. 24.2.83, n. 1425, *RCP*, 1983, 774.
(246) RECANO, Paolo. *La responsabilità civile da attività pericolose*. Milano: Antonio Milani, 2001. p. 9.
(247) *Ibidem*, p. 9-10.
(248) Cass. 24.2.83, n. 1425, RCP, 1983,774. *Apud* CENDON, Paolo. *La responsabilità civile:* responsabilità extracontrattuale. Torino: Torinese, 1998. p. 197.

Recano afirma que o art. 2.050 do CC italiano pode, em tese, ser aplicado a qualquer atividade⁽²⁴⁹⁾. E esclarece: a atividade deve corresponder a uma série de atividades que perseguem um fim *objetivamente* perigoso, ficando excluído do enquadramento legal o ato isolado. A atividade deve ser potencialmente mais prejudicial que a média de outras atividades, no sentido de que eventual dano causado será maior[250].

Alpa analisa o termo *atividade perigosa*, sem descartar uma palavra da outra. Para ele, *atividade perigosa* é aquela de alto risco, com capacidade de prejudicar terceiros. O autor explica que, inicialmente, a jurisprudência italiana interpretou o art. 2.050 de forma restritiva, considerando como atividade perigosa somente aquela qualificada como tal pelo Texto Único de Segurança Pública, n. 773/1932. Hoje, aquela norma contempla outras atividades, abarcando as que são perigosas intrinsecamente ou pelos meios adotados para seu exercício[251].

Annunziata investiga a natureza da atividade referida no art. 2.050 do CC italiano, sublinhando que essa não é necessariamente uma atividade empresarial: pode ser recreativa, esportiva ou mesmo atividade sem fins lucrativos. A atividade, contudo, deve ser continuada e organizada: esse entendimento se extrai do termo *exercício*, utilizado pelo legislador. O dano causado por ato isolado não está ao abrigo do art. 2.050. O autor cita como exemplo a caça, entendimento esse acolhido também por Pogliani[252]. Annunziata justifica sua tese, enfatizando que o art. 2.050 fala em *desenvolvimento*, além de não existir qualquer referência expressa ao ato do indivíduo. O art. 2.050 enfatiza a "atividade e sua organização"[253].

Comporti refere-se à atividade como "[...] uma sucessão continuada e repetida de atos que se desenvolvem no tempo e se coordenam a um fim"[254]. A fim de diferenciar atividade humana que causa o dano e dano causado pela coisa, Comporti cita o exemplo do condutor elétrico inserido numa rede

---

(249) Recano também faz referência à incidência do art. 2.050, no caso de atividade suspensa. Segundo decisão do Tribunal de Grosseto, o art. 2.050 incide tanto no caso de atividade em curso quanto no caso de atividade suspensa, desde que presente a periculosidade intrínseca, nesse período. Em sentido contrário, decidiu a Corte de Cassação em 1976, tendo mudado sua orientação em 1995, quando entendeu aplicável o art. 2.050 ao caso de um rapaz que ingressou num canteiro de obras, à noite, enquanto a atividade estava paralisada, sob o argumento de que a atividade de construção civil é perigosa. Cass.3.11.95, n. 11.452, CorG, 1995, 1348. RECANO, P. *La r.c. per esercizio de attività pericolose. Ibidem*, p. 201.
(250) *Ibidem*, p. 1753.
(251) ALPA, Guido. *Diritto della responsabilità civile*. Bari: Laterza, 2003.
(252) POGLIANI. Responsabilità e risarcimento da illecito civile. Milano, 1969. p. 139. *Apud* ANNUNZIATA, Gaetano. *La responsabilità e le fattispecie di responsabilità presunta*. Padova: Antonio Milani, 2008. p. 283.
(253) ANNUNZIATA, Gaetano. *La responsabilità e le fattispecie di responsabilità presunta*. Padova: Antonio Milani, 2008. p. 283.
(254) COMPORTI, Marco. *Fatti illeciti:* le responsabilità oggettive. Milano: Giuffrè, 2009. p. 173.

elétrica. Poder-se-ia argumentar, diz o autor, que o dano causado por este decorre da atividade empresarial perigosa. No entanto, se o dano decorrer da ruptura de um condutor, somente será possível falar em dano causado pela coisa, aplicando-se o art. 2.051 do CC italiano. Contrariamente, haverá atividade humana, e incidência do art. 2.050 do CC italiano, se o dano for causado por coisa "guiada, acionada, manipulada" ou sob controle do homem[255]. Mesmo compreendendo a palavra *desenvolvimento* como a "imanência de um contínuo renovar-se", Comporti sustenta que não se deve dar uma interpretação restritiva ao art. 2.050, aplicando-o tão somente ao âmbito da empresa. O termo *atividade*, empregado pela Lei, abrange a atividade de empresa e atos isolados[256], eis que ambos são capazes de colocar terceiros em situação de risco[257]. No que tange à responsabilidade derivada de atividades coligadas ou complementares, afirma Comporti que é necessário distinguir entre as diversas atividades, identificando apenas aquelas que são perigosas. É preciso igualmente verificar se o dano adveio da conduta humana ou da máquina ou instalação "em seu momento estático". Neste último caso, aplica-se o art. 2.051 do CC[258].

Geri discorre sobre as atividades acessórias, colaterais e sucessivas. Esclarece o autor que, em atividades consideradas perigosas — tais como produção de gás, de explosivos, de substâncias tóxicas, de energia elétrica e outras —, existem aquelas consideradas acessórias e colaterais, ligadas à atividade principal. Tais atividades podem consistir em transporte, manipulação, preparação de material (antes de sua transformação), distribuição de produtos etc. Cumpre verificar se a essas atividades acessórias e colaterais se aplica o art. 2.050 do CC italiano. Em princípio, entende-se que tanto à atividade principal, tida por perigosa, quanto às acessórias, aplica-se o art. 2.050, sob o argumento de que o princípio aplicável à atividade principal se estende às atividades que são parte do desenvolvimento da mesma atividade. Para Geri, porém, a periculosidade das tarefas acessórias e colaterais corresponde exatamente ao perigo ínsito a qualquer outra atividade não enquadrada no art. 2.050 do CC italiano. Não existe uma transmissão do caráter perigoso, da atividade principal para a acessória. Dessa forma, não se justifica a aplicação do art. 2.050 às atividades acessórias e colaterais, mas somente à atividade

---

(255) *Ibidem*, p. 172.
(256) "Anche ammessa l'esistenza di una leggera diversità fra la parola 'esercizio' e l'altra 'svolgimento', com cio non si riesce assolutamente a spiegare la necessita di ricorrere solo alla previsione dell'impresa, perché la parola 'attività' è talmente lata da comprendere sia l'azione cooordinata e organizzata in impresa, che quella isolata e sporadica; ed anche l'espressione 'esercizio' può, in difinitiva, essere usata per designare Il compimento di un atto occasionale." *Ibidem*, p. 173-174.
(257) "Il vero è che, como si ebbe occasione di rilevare, il legislatore si preoccupa della difesa dei terzi dal pericolo derivante dall'esercizio di certe attività: e non interessa se tali attività siano esercitate nell'ambito dell'organizzazione imprenditizia, o da un soggetto qualsiasi, una tantum: Il pericolo è identico: ed anzi è maggiore quello derivante da atto rischioso isolato [...]." *Ibidem*, p. 174.
(258) *Ibidem*, p. 175.

principal, vez que essa norma deve ser interpretada *restritivamente*. O juiz deve averiguar, no caso concreto, se há uma transmissão de periculosidade, da atividade principal para a acessória.

Recano também alude às atividades colaterais. O autor indaga se o caráter perigoso da atividade principal se transmite às outras atividades desenvolvidas dentro da mesma empresa. Segundo o Tribunal de Bologna, essa transferência é de rigor: a empresa tem que ser considerada um complexo[259]. Venditi critica a decisão do Tribunal de Bologna, para quem, ainda que haja um nexo de interdependência econômica entre as atividades da mesma empresa, não há falar em responsabilidade objetiva quanto às atividades colaterais, quando estas não sejam perigosas quando consideradas em si mesmas[260].

A jurisprudência dos tribunais, todavia, indica que atividade é o ato praticado por uma empresa, com fim produtivo, ou ainda, ligado à fabricação e ao comércio. Nesse sentido, decisão da Suprema Corte que entendeu que o art. 2.050 do CC se aplica ao exercício de uma empresa com um fim perigoso[261]; outra, em que essa mesma Corte reconheceu como atividade, no sentido do art. 2.050, a atividade de fabricação e comércio[262], e, por fim, uma decisão da Suprema Corte, em que os julgadores afirmam que se deve entender por atividade a organização, direção e preparação dos meios por uma atividade, que, para fins do art. 2.050 do CC, deve ser sempre perigosa[263]. Recano cita uma decisão do Tribunal de Torino, relativa à atividade perigosa como aquela que tem finalidade produtiva[264].

Importa investigar, de outra parte, sobre a responsabilidade do empresário no caso de empresa que possui diversas atividades, sendo tão somente a principal perigosa. Nesse caso, Recano observa que um único julgado enfrentou a questão. O Tribunal de Bologna julgou que "[...] o exercício de uma atividade perigosa se estende a todas as várias atividades que se desenvolvem no âmbito da empresa (que exerce atividade perigosa), considerada no

---

(259) "L'obbligo della particolare diligenza inerente all'esercizio di un'attività che si svolgono nell'ambito dell'impresa pericolosa, considerata nel suo complesso; non si può distinguire tra una attività e l'altra, nono essendo concepibili condotte diverse in relazione a singole parti di un medesimo esercizio [...]" Trib. Bologna 1.4.52, *T*, 1952, 486. RECANO, P. *La r.c. per esercizio de attività pericolose*. CENDON, Paolo. *La responsabilità civile*: responsabilità extracontrattuale. Torino: Torinese, 1998. p. 209.
(260) VENDITTI, 1957. p. 745. RECANO, P. *La r.c. per esercizio de attività pericolose*. CENDON, Paolo. *Op. cit.*, p. 210.
(261) "A livello di affermazione di principio di giurisprudenza della Suprema Corte si è pronunciata sul punto facendo propria l'interpretazione estensiva del concetto di attività, allorché ha affermato l'applicabilità dell'art. 2050 c.c. anche quando gli atti 'se coordinino non già, come di norma, all'esercizio di una impresa, bensì semplicemente ad un fine tipico oggetivamente pericoloso' (Cass. 24.2.83, n. 1425, 1983, 774)." *Ibidem*, p. 12.
(262) Cass. 11.7.69, n. 2555, RGCT, 1970, 232. *Idem*.
(263) *Idem*.
(264) Trib. Torino 15.2.59, ARC, 1961, 74. *Idem*.

seu complexo, não sendo possível distinguir entre uma atividade e outra"[265]. A decisão proferida pelo Tribunal de Bologna foi criticada por Venditti, para quem não se pode aplicar o art. 2.050 do CC italiano, se a atividade preparatória não é considerada perigosa em si mesma, ainda que o produto dessa atividade preparatória seja usado para a atividade final, de caráter perigoso[266].

Também Franzoni se preocupou em analisar o conceito de *atividade perigosa*, não sem antes, entretanto, esclarecer que o que revela a intensidade ou probabilidade elevada de potencialidade danosa da atividade são os dados estatísticos, sejam estes técnicos, sejam advindos da experiência humana. Assim, o primeiro critério que qualifica a periculosidade é quantitativo. A esse critério deve somar-se o de ordem qualitativa, correspondente à gravidade dos danos causados. Segundo Franzoni, uma determinada atividade pode ser considerada perigosa, porque produz inúmeros acidentes, da mesma maneira que outra atividade, que produza poucos acidentes, pode igualmente ser perigosa, devido à gravidade dos acidentes. Neste último caso, enquadram-se atividades nucleares e ligadas a resíduos tóxicos. Franzoni faz referência a uma decisão da Corte de Cassação, que qualifica como perigosa a atividade cujo objeto é a *potencialidade lesiva* ou que resulta perigosa, em razão dos meios adotados[267]. Também Cendon enfatizou a questão do grau do risco. Citando decisão da Suprema Corte, destaca que é necessário "[...] que a atividade apresente uma notável potencialidade de dano, superior ao normal"[268]. Cendon reporta-se a Di Martino, quando afirma que a notável potencialidade de dano pode ser averiguada quantitativa e qualitativamente. No primeiro caso, verificando-se a frequência do dano. No segundo, por meio da gravidade do dano[269].

---

(265) "L'obbligo della particolare diligenza inerente all'esercizio di una attività pericolosa si estende a tutte le varie attività che si svolgono nell'ambito dell'impresa pericolosa, considerata nel suo complesso; non si può distinguere tra un'attività e l'altra, no essendo concepibili condotte diverse in relazione a singole parti de un medesimo esercizio (Trib. Bologna 1.4.52, T. 1952, 486)." *Ibidem*, p. 32.

(266) "Alla dinamica del processo produttivo, in cui l'attività del soggetto si svolge malgrado la netta previsione della possibilita del danno, la legge ricollega la presunzione di colpa. E non pure a quelle attività collaterali o sucessive, anorché avvinte all'attività principale da un nesso di interdipendenza economica. È stato ritenuto che l'esercizio di uma segheria elettrica constituisce attività pericolosa; ma nell'ambito di essa non può farsi rientrare il danno prodotto dall'accatastamento della legna che di quell'attività è parte preparatoria, appunto perché un'attività che di per se stessa non è pericolosa unicamente perché la cosa che ne è oggetto (la legna) è destinata all'esercizio di un'attività pericolosa." VENDITI, 1957, 745. *Apud* RECANO, Paolo. *La responsabilità civile da attività pericolose*. Milano: Antonio Milani, 2001. p. 32.

(267) FRANZONI, Massimo. *La responsabilità oggettiva*. Milano: Antonio Milani, 1995. p. 142-143.

(268) Cass. 24.2.83, n. 1425, *RCP, I 1983, 774*. *Apud* CENDON, Paolo. *La responsabilità civile:* responsabilità extracontrattuale. Torino: Torinese, 1998. p. 202.

(269) DE MARTINI, 1973, 981. *Apud* CENDON, Paolo. *Op. cit.*, p. 202.

Quanto ao uso do vocábulo *normalmente*, temos a dizer que, nos Princípios de Direito Europeu de Responsabilidade Civil, a atividade *anormalmente perigosa* é definida como aquela que: "a) cria um risco previsível e significativo de dano, ainda que se empregue todo cuidado devido em seu exercício e b) não é uma atividade comum". O texto prossegue, salientando que "o risco de dano pode ser significativo de acordo com a gravidade ou probabilidade", não se aplicando a norma às atividades sujeitas a normas específicas[270]. Analisando o art. 5º dos Princípios do Direito Europeu de Responsabilidade Civil, diz Koch que o que importa é que exista uma relação entre o responsável e a coisa que cria o risco — e foi isso que o art. 5º alcançou, com o uso da palavra *atividade*[271]. Koch preocupa-se ainda em distinguir entre atividade de uso comum e outras atividades. Citando a Restatement (Third) of Torts, Koch argumenta que "[...] uma atividade é claramente de uso comum se levada a cabo por grande parte da população". O autor exemplifica: dirigir um carro é uma atividade perigosa, mas de uso comum e, por isso, não alcançada pelo artigo. Soltar alguns fogos de artifício no Ano Novo é uma tradição, também não se enquadrando no artigo. Já transportar explosivo é atividade anormalmente perigosa. Para que não seja enquadrada no artigo, a atividade deve ser efetuada por muitas pessoas. Pode ocorrer, no entanto, que a atividade beneficie muitas pessoas, mas seja realizada por poucas. Por exemplo, a transmissão de eletricidade, enquadrável no art. 5º. Conclui o autor que, se uma atividade cria risco previsível e significativo, sobre ela não haverá falar em responsabilidade objetiva, nos termos do art. 5º dos Princípios Europeus, se essa atividade for "considerada objeto de uso comum"[272].

No Brasil, dispõe o parágrafo único do art. 927 que "[...] haverá obrigação de reparar o dano, independentemente de culpa, nos casos especificados em lei, ou quando a atividade normalmente desenvolvida pelo autor do dano implicar, por sua natureza, risco para os direitos de outrem".

Indaga Kirchner se o termo *atividade* se refere somente a atividades profissionais ou se abrange atividades comuns dos indivíduos, concluindo, após análise da palavra, que o legislador usou a expressão no sentido mais amplo. Sequer há necessidade de que o autor do dano obtenha lucro com sua atividade[273]. Diz o doutrinador que, para saber se a expressão *atividade normalmente*

---

(270) MARTÍN-CASALS, Miquel (coord.). *Principios de derecho europeo de la responsabilidad civil.* Sevilla: Editorial Aranzadi, 2008. p. 30-31.
(271) KOCH, B. A. *Responsabilidade objetiva. Apud* MARTÍN-CASALS, Miquel (coord.). *Principios de derecho europeo de la responsabilidad civil.* Sevilla: Aranzadi, 2008. p. 149.
(272) *Ibidem*, p. 150-151.
(273) "Analisando a literalidade do texto legal, há de se salientar que a norma não condicionou, expressamente, sua aplicação apenas aos casos de exploração de atividade econômica ou à finalidade da obtenção de lucro por parte do agente causador do dano. Nessa primeira hipótese estariam abarcadas todas as atividades que, de qualquer modo, compreendessem perigo, ainda que meramente potencial, englobando atividades rotineiras, tais como dirigir veículos automotores no âmbito privado. Assim, a

desenvolvida pelo autor do dano abrange atividades não profissionais, torna-se necessário investigar se o legislador adotou a teoria do risco-criado ou do risco-proveito. Segundo o autor, entendido que o legislador adotou a teoria do risco-proveito, tem-se que cumpre à vítima comprovar que o autor do dano tira proveito da atividade. Essa, entretanto, parece não ter sido a intenção do legislador[274].

Cláudio Luiz Bueno de Godoy parece contrapor o conceito de *atividade* ao conceito de *ato*. Para o autor, nos termos do parágrafo único do art. 927, "[...] é preciso que a causa do dano havido esteja no exercício de uma atividade". Distinguindo *ato* de *atividade*, Godoy cita como exemplo o ato de conceder carona, que se distingue de uma atividade *coordenada* e *organizada,* ainda que sujeito a risco. Isso se evidencia ainda mais, quando se verifica que a norma alude a atividade *normalmente* desenvolvida pelo autor do dano[275]. Trata-se, a atividade, de "atos seriados", dirigidos a um fim[276]. Segundo Godoy, existem autores que entendem o termo *atividade* como a prestação de um serviço. Contudo, destaca o autor, não se pode limitar o termo *atividade* utilizado no art. 927, parágrafo único, à prestação de serviço. Com efeito, o exercício de uma atividade extrapola em muito esse ato, além do que o ato de fabricar, por exemplo — típico de determinados empregadores — não importa em prestação de serviços. O termo usado pelo legislador nem pode ser interpretado em termos reducionistas, nem em termos muito amplos, de modo a abranger o próprio produto, objeto da atividade empresarial. E justifica Godoy: não fosse assim, não teria o legislador instituído uma responsabilidade pelo *fato da atividade* no parágrafo único do art. 927 do Código Civil, e outra, pelo *fato do produto* no art. 931[277]. Por fim, afirma Godoy, cumpre verificar se a atividade referida no parágrafo único do art. 927 diz respeito unicamente à atividade produtiva ou não.

Miguel Reale aborda a "estrutura social" que põe em risco a coletividade, por sua própria natureza, e cita, como exemplo típico, o acidente do trabalho, decorrente da "estrutura de trabalho"[278].

---

discussão hermenêutica deve buscar elementos no plano teórico." KIRCHNER, Felipe. A responsabilidade civil objetiva no art. 927, parágrafo único, do CC/2002. *Revista dos Tribunais*, São Paulo, ano 97, v. 871, p. 49, maio 2008.
(274) "Esta 'eleição interpretativa' detém grande importância técnica e prática, pois a 'opção' pela teoria do risco-criado implicaria na ausência de instrumentos lógicos para delimitar a incidência da norma apenas aos indivíduos que estivessem desempenhando atividade profissional. Sob outro prisma, a 'escolha' pela teoria do risco-proveito, implicaria em instituir o ônus probatório à vítima de provar a obtenção do proveito, lucro ou vantagem pelo autor do dano, o que não parece estar contemplado no sentido literal possível da norma." *Ibidem*, p. 49.
(275) GODOY, Cláudio José Bueno de. *Op. cit.*, p. 91-94.
(276) *Ibidem*, p. 97.
(277) *Ibidem*, p. 98.
(278) REALE, Miguel. *O projeto de código civil.* São Paulo: Saraiva, 1986. p. 8. *Ibidem*, p. 96.

Ueda entende que o significado da palavra *atividade* deve ser buscado no Código de Defesa do Consumidor. O CDC, quando define o que seja serviços e fornecedor, reporta-se à atividade. O § 2º do art. 3º daquele Estatuto enfatiza: "Serviço é qualquer atividade fornecida no mercado de consumo, mediante remuneração, inclusive as de natureza bancária, financeira, de crédito e securitária, salvo as decorrentes das relações de caráter trabalhista". O *caput* do art. 3º, por sua vez, assim dispõe:

> Fornecedor é toda pessoa física ou jurídica, pública ou privada, nacional ou estrangeira, bem como os entes despersonalizados, que desenvolvem atividade de produção, montagem, criação, construção, transformação, importação, exportação, distribuição ou comercialização de produtos ou prestação de serviços.

Isso leva Ueda a afirmar que *atividade* nos dá a ideia de criar, construir, montar, transformar, distribuir, comercializar e gerar produtos. A autora conclui que atividade deve ser entendida como estrutura, tal qual Miguel Reale concebeu o conceito[279][280]. De acordo com Ueda, há que se perceber que a estrutura é posta em funcionamento e como tal gera riscos a terceiros. Basta tratar-se de estrutura negocial, não havendo necessidade de busca de lucro. A atividade referida pelo art. 927, parágrafo único, corresponde à "estrutura organizada", que tem como fim "[...] produção, industrialização, comercialização, prestação de serviço, lucrativo ou não"[281].

Em diversos casos, a jurisprudência tem dado ênfase à *atividade desenvolvida pelo empregado* — e não à atividade desenvolvida pela empresa, como prevê a letra da lei. Em acórdão relatado por Sebastião Geraldo de Oliveira, por exemplo, foi deferido ao reclamante, *motorista de testes especializado*, o direito à indenização com base no art. 927, parágrafo único, do CC, sob o argumento de que o empregado executava atividade de risco. Transcreve-se aqui o teor da ementa:

> RESPONSABILIDADE CIVIL DO EMPREGADOR POR ACIDENTE DO TRABALHO. RISCO DA ATIVIDADE. RESPONSABILIDADE OBJETIVA OU CULPA PRESUMIDA. Embora em sede de responsabilidade civil por acidente do trabalho a teoria da culpa tenha ampla aplicação, facilitando até mesmo o arbitramento da indenização, conforme seja grave, leve ou levíssima, em determinadas atividades que impliquem riscos para os trabalhadores tão só pelo seu desenvolvimento normal, devem ser aplicadas as teorias da responsabilidade objetiva, com base

---

(279) UEDA, Andréa Silva Rasga. *Responsabilidade civil nas atividades de risco:* um panorama atual a partir do código civil de 2002. São Paulo, Dissertação (Mestrado), 2008. p. 94.
(280) REALE, Miguel. História do novo código civil. In: REALE, Miguel; MARTINS-COSTA, Judith (coord.). *Biblioteca de direito civil.* Estudos em homenagem ao professor Miguel Reale. São Paulo: Revista dos Tribunais, 2005. v. 1, p. 234-235.
(281) UEDA, Andréa Silva Rasga. *Op. cit.*, p. 95.

no parágrafo único do art. 927 do CCB, abstraindo-se do fator culpa cuja prova muitas vezes se mostra difícil ou quase impossível para o Autor. Ainda que se resista à aplicação da responsabilidade objetiva com base no dispositivo mencionado, deve-se pelo menos presumir a culpa do empregador em face da atividade desenvolvida, invertendo-se o encargo probatório sem abandonar o intérprete, neste caso, a literalidade do inciso XXVIII da Constituição da República. Na hipótese dos autos, a atividade do reclamante, como "motorista de testes especializado", conduzindo veículos recém-fabricados em rodovias para verificação de possíveis defeitos, punha-o em risco, clamando pela responsabilidade objetiva da reclamada, ou, sucessivamente, pela presunção da sua culpa.[282]

Entendemos que a incidência do art. 927, parágrafo único, decorre da periculosidade da atividade desenvolvida pelo autor do dano, e não da atividade exercida pelo trabalhador, vez que esse é o comando da norma. Nada impede, entretanto, que apenas a atividade de um setor da empresa seja de risco, caso em que deverá ser aplicado o parágrafo único do art. 927 do CC. De outra parte, defendemos que não se deve restringir a incidência do art. 927 às atividades de caráter econômico, muito menos àquelas de caráter lucrativo, já que a lei não fez essa distinção. O Código do Consumidor faz referência ao fornecedor de bens e serviços (o art. 8º menciona produtos e serviços) e à responsabilidade do fabricante, produtor, construtor ("Art. 12. O fabricante, o produtor, o construtor, nacional ou estrangeiro, e o importador respondem, independentemente da existência de culpa, pela reparação dos danos causados aos consumidores por defeitos decorrentes de projeto, fabricação, construção, montagem, fórmulas, manipulação, apresentação ou acondicionamento de seus produtos, bem como por informações insuficientes ou inadequadas sobre sua utilização e riscos"), do comerciante ("Art. 13. O comerciante é igualmente responsável, nos termos do artigo anterior, quando: I — o fabricante, o construtor, o produtor ou o importador não puderem ser identificados; II — o produto for fornecido sem identificação clara do seu fabricante, produtor, construtor ou importador; III — não conservar adequadamente os produtos perecíveis") e do fornecedor ("Art. 14. O fornecedor de serviços responde, independentemente da existência de culpa, pela reparação dos danos causados aos consumidores por defeitos relativos à prestação dos serviços, bem como por informações insuficientes ou inadequadas sobre sua fruição e riscos"). O Código Civil, contudo, não alude a nenhuma dessas figuras, a significar que a responsabilidade nele prevista é mais abrangente.

---

(282) TRIBUNAL: 3ª Região DECISÃO: 28 08 2007 TIPO: RONUM: 00623 ANO: 2006 NÚMERO ÚNICO PROC: RO — 00623-2006-087-03-00-2 Segunda Turma *FONTE* DJMG DATA: 5.9.2007 PG: 8 *PARTES* RECORRENTE(S): Darci Jose do Bonfim RECORRIDO(S): Fiat Automoveis S.A. — Filial Mecanica Fire — Filial Mecanica Fire *RELATOR* Sebastião Geraldo de Oliveira. Tribunal Superior do Trabalho. Disponível em: <http://brs02.tst.jus.br/cgi-bin/nph-brs?d=JR03&s1=Fiat+responsabilidade+Sebasti%E3o+Oliveira&u=http://www.tst.gov.br/brs/juni.html&p=1&r=1&f=G&l=0> Acesso em: 18.3.2010.

2.2. Periculosidade da conduta e atividade perigosa

Franzoni distingue entre periculosidade da conduta e atividade perigosa. O autor esclarece que todas as atividades possuem certo grau de perigo. Mas, argumenta Franzoni, se o art. 2.050 do Código Civil italiano fosse interpretado num sentido muito amplo, o art. 2.043 do mesmo Código não teria razão de ser. Com efeito, o art. 2.043 dispõe sobre a indenização decorrente de fato ilícito, nos seguintes termos: "Qualquer fato dolo ou culposo que causa dano injusto a outro, obriga aquele que o cometeu a ressarcir o dano"[283]. Assim, conclui Franzoni, o âmbito de aplicação do art. 2.050 deve ser bem mais restrito do que aquele do art. 2.043. O elemento periculosidade não deve ser visto como acidental, mas como a principal característica da atividade referida pelo art. 2.050. A jurisprudência acolhe entendimento de que devem ser excluídas da incidência do art. 2.050 as atividades que não são perigosas em si mesmas, ou seja, aquelas em que a periculosidade resultou do mau uso dos meios adotados/operados. Em decisão publicada na *Rivista di Diritto Sportivo*, 1990, p. 67, encontra-se decisão do Tribunal de Aosta, na qual se verifica que os juízes entenderam que o jogo de golfe não pode ser considerado em si mesmo perigoso. Segundo o Tribunal, há que se distinguir entre periculosidade da conduta e periculosidade da atividade em si considerada, isto é, entre atividade normalmente inócua que, isso não obstante, pode tornar-se perigosa por conduta imprudente ou negligente, e atividade em si mesma perigosa, por sua natureza ou meios adotados[284]. Explica Franzoni que, enquanto no primeiro caso a atividade é inócua — salvo conduta imprudente ou negligente —, no segundo caso a atividade é potencialmente danosa e já se conhece seu alto índice de sinistralidade. É preciso, assim, verificar qual o *grau* de periculosidade ou sinistralidade de determinada atividade. A periculosidade da conduta, por sua vez, concerne a outro campo, qual seja, o da culpa[285]. A fim de esclarecer suas ideias, Franzoni cita dois exemplos. O primeiro, o de um visitante em um canteiro de obras, que vem a ser ferido por um tijolo lançado deliberadamente por um operário. O segundo, o de um soldado em treinamento com fogo, que sofre um golpe de um colega seu. Nos dois casos, defende Franzoni, deve ser aplicado o art. 2.043, e não o art. 2.050[286]. E resume seu pensamento: é necessário distinguir entre desenvolvi-

---

(283) "Qualunque fatto doloso o colposo che cagiona ad altri un danno ingiusto, obbliga colui che ha commesso il fatto a risarcire il danno."
(284) Trib. Aosta, 16 de novembro 1989, *Riv. Dir. Sport.* p. 67, 1990. FRANZONI, Massimo. *La responsabilità oggettiva*. Milano: Antonio Milani, 1995. p. 137.
(285) "La pericolosità della condotta rientra in una fattispecie costitutiva nella quale domina la colpa. Viceversa l'attività pericolosa rientra in altra fattispecie nella quale il nucleo è determinato dall'elemento oggettivo dell'attività stessa che è per l'appunto pericolosa in se e per se o per la natura dei mezzi adoperati." *Ibidem*, p. 138.
(286) *Ibidem*, p. 138.

mento de atividade perigosa — nos termos do art. 2.050 do CC —, em que se verifica uma *notável* potencialidade de dano a terceiros, de conduta perigosa, de quando uma atividade normalmente inócua se torna perigosa por força da conduta adotada[287]. Entre nós, a distinção é importante, vez que levará à aplicação das normas de responsabilidade subjetiva, baseada na culpa, ou objetiva, baseada no risco.

Annunciata, abordando essa mesma questão, salienta que o art. 2.050 do CC italiano fez referência ao desenvolvimento de uma atividade, e não ao ato individualizado do sujeito. Nesse sentido, "[...] o que interessa para o fim da disciplina em exame não é o comportamento pessoal, mas sim a atividade e predisposição objetiva da medida idônea a evitar o dano segundo um parâmetro de congruência". E conclui: "A norma em exame tem como objetivo a periculosidade da atividade, não a periculosidade da conduta"[288]. Conforme Annunciata, dessa premissa derivam dois corolários: 1) se o titular da atividade tomou todas as medidas cabíveis para evitar o fato danoso e este decorre de culpa de um terceiro, não pode o titular ser responsabilizado pelo dano: 2) *contrario sensu*, se o titular não tomou todas as medidas cabíveis para evitar o dano, torna-se o responsável por este.

Também Visintini é de opinião que importa distinguir entre periculosidade da conduta e atividade perigosa. No primeiro caso, há uma referência implícita à culpa; no segundo, o critério é objetivo, porque centrado na atividade considerada em si mesma[289].

Recano comenta decisões judiciais que distinguem entre periculosidade da atividade e periculosidade da conduta. O Supremo Tribunal entende que deve ser feita a distinção entre atividade perigosa e conduta perigosa, vez que, no segundo caso, a atividade pode ser inócua. Em uma de suas decisões, o Supremo Tribunal proferiu entendimento no sentido de que atividade perigosa é aquela prevista na legislação de segurança pública, normas especiais ou aquela que assim se caracteriza pela sua natureza ou meios adotados para seu desenvolvimento. Não é perigosa, portanto, "[...] toda atividade na qual eventual periculosidade não se configure *in re ipsa*", em que o perigo decor-

---

(287) *Ibidem*, p. 138-139.
(288) ANNUNZIATA, Gaetano. *La responsabilità e le fattispecie di responsabilità presunta*. Padova: Antonio Milani, 2008. p. 284.
(289) "A los fines de las relaciones entre los arts. 2.043 e 2.050 del Cód. Civil, deve distinguirse entre la peligrosidad de la conducta y de la actividad en si misma. En el primer caso, el criterio de imputación de la responsabilidad está siempre ínsito en la culpa, o sea, en la imprudencia y la negligencia de quien se comporta de modo de crear un peligro; en el segundo caso (peligrosidad de la actividad), el criterio de imputación de la responsabilidad implica la determinación del grado de peligrosidad ínsito en la actividad misma y, por lo tanto, tiene base en un criterio objetivo." VISINTINI, Giovanna. *Tratado de la responsabilidad civil*. Buenos Aires: Depalma, 1999.

reu da conduta culposa de alguém[290]. Outros Tribunais defendem que a conduta perigosa e culposa de quem exercita certa atividade não pode ser enquadrada no art. 2.050 do CC italiano, mas no art. 2.043 do mesmo Estatuto, que dispõe sobre a responsabilidade civil em caso de culpa.

A Suprema Corte afirma que a responsabilidade do art. 2.050 do CC italiano decorre do exercício de atividade perigosa, e não de *conduta* perigosa[291]. Também esclarece Recano, reportando-se a decisões da Suprema Corte italiana, que não pode ser aplicado o art. 2.050 quando o dano resultar de comportamento de terceiro, usuário dos meios empregados para a execução da atividade. Segundo decisão da Suprema Corte, "[...] devem ser excluídos da noção [de atividade perigosa] [...] todas as atividades na qual eventual periculosidade não se configura *in re ipsa* ou quando resultar de erro ou culpa de terceiro usuário dos meios adotados"[292]. A título de exemplo, cita Recano decisão do Tribunal de Roma, de acordo com o qual uma piscina para natação não poderia causar danos, no senso do art. 2.050 do CC italiano, pois eventual perigo resulta, sempre, da imprudência ou incapacidade dos frequentadores[293]. O Tribunal de Napoli, por sua vez, proferiu decisão no sentido de que o art. 2.050 é aplicável às atividades perigosas em si mesmas ou pelos meios adotados, "[...] devendo ser excluídas do art. 2.050 as situações de perigo que não dependem objetivamente do exercício da atividade, mas da conduta de quem a exercita ou da eventual vítima"[294]. Por outro lado, os Tribunais italianos sublinham que não basta o dano e o exercício de uma atividade perigosa. Aquele deve estar diretamente relacionado com esta, sob pena de não submeter-se ao disposto no art. 2.050 do CC italiano, mas ao art. 2.043 do mesmo Código, que dispõe sobre a responsabilidade subjetiva[295][296].

---

(290) Cass. 8.4.78, n. 1629, *RGI*, 1978, *Responsabilità civile*, 100. RECANO, P. *La r.c. per esercizio de attività pericolose*. CENDON, Paolo. *La responsabilità civile:* responsabilità extracontrattuale. Torino: Torinese, 1998. p. 208.
(291) "È necessario tenere distinta la nozione di attività pericolosa prevista dall'art. 2050 c.c. da quela di condotta pericolosa, essendo necessario perché si verifichi la prima che l'attività presenti una notevole potenzialità di danno a terzi, mentre non rileva se un'attività normalment einnocua diventi pericolosa per la condota di chi la esercita" (Cass. 21.12.92, n. 13530, RCP, 1983, 821). Diz Recano: "Alla stregua dei criteri elaborati dalla dottrina e dalla giurisprudenza circa la distinzione tra pericolosità della condotta e 'pericolosità dell'attività in se considerata', vale a dire fra attività normalmente innocua che può assumere caratteri di pericolosità per la condotta imprudente o negligente di chi la esercita ed attività in se stessa pericolosa per la sua natura o per quella dei mezzi adoperatio..." *Ibidem,* Milani, 2001, p. 28-29.
(292) Cass. 8.4.78, n. 1629, RGI 1978, Rep. Civ. 100. *Ibidem,* p. 30.
(293) App. Roma 23.6.62, GI, 1964, I, 2, p. 152. *Idem.*
(294) Prt. Napoli 12.10.68, GM, 1970, I, p. 454. *Ibidem,* p. 31.
(295) Art. 2043. Risarcimento per fatto illecito. Qualunque fatto doloso o colposo che cagiona ad altri un danno ingiusto, obbliga colui che ha commesso il fatto a risarcire il danno.
(296) Recano cita Deconte: "Non basta ad integrar ela presunzione di colpa dell'art. 2050 c.c. che un danno derivi da un'attività pericolosa, ocorre altresì che l'evento sai in relazione al pericolo che l'attività presenta, altrimenti del danno causado si risponde unicamente secondo l'ordinario principio di responsabilità previsto dall'art. 2043, Il più stretto nesso causale richiesto esiterà solo nel caso in cui il danno si sai

Geri, investigando o conceito de periculosidade, enfatiza que este é objetivo, uma vez que a lei italiana referiu-se à atividade perigosa por sua natureza ou meios adotados. Tal exclui, portanto, o comportamento negligente ou imprudente do homem[297]. Assim, importa distinguir entre periculosidade da conduta e periculosidade da atividade em si[298]. Para Geri, conquanto seja possível tachar todas as atividades de perigosas — visto que toda atividade é, em algum grau, perigosa —, existem aquelas em que a periculosidade é *imanente e imediatamente perceptível*. Nesses casos, ainda que se possa dizer que a avaliação seja subjetiva, existe o senso comum, que as identifica. Por exemplo, é possível dizer que a manipulação de explosivo constitui atividade perigosa[299]. Geri cita uma série de atividades que podem ser consideradas perigosas: mistura de cal; colocação de tubo (de água, por exemplo, ou colocado no solo da estrada); manipulação de metal incandescente; distribuição e produção de gás metano[300].

Geri discorre ainda sobre a imprudência, sustentando que, conquanto a atividade de manutenção de corrente elétrica possa ser considerada perigosa, nos termos do art. 2.050 do CC italiano, pode ocorrer que determinada pessoa seja vítima de descarga elétrica, não em decorrência da atividade em si, porém, porque agiu com imprudência. Nesse caso, para Geri, exclui-se o nexo causal, não podendo ser aplicada a regra de presunção de culpa do art. 2.050.

2.3. ATIVIDADE PERIGOSA PELA NATUREZA DOS MEIOS ADOTADOS

De acordo com a Lei italiana, a atividade deve ser considerada perigosa segundo sua natureza ou pela natureza dos meios adotados[301][302]. Franzoni exemplifica, mostrando que a atividade do ferreiro é perigosa, pela natureza dos meios empregados, quando este se utiliza de tesoura e martelo, para trans-

---

verificato nella circonstanza o nelle circonstanze nelle quali l'attività assume un caratere pericoloso; diversamente, soccorrerà una responsabilità fondata sul principio generale già detto". DELCONTE, 1957, 569. Apud RECANO, P. Op. cit., p. 31.
(297) GERI, Vinício. *Responsabilità civile per danni da cose ed animali:* nesso causale, attività pericolose, cose in custodia, animali, rovina di edificio, vizi del veicolo. Milano: Giuffrè, 1962. p. 161.
(298) *Ibidem*, p. 161.
(299) *Ibidem*, p. 162.
(300) *Ibidem*, p. 163.
(301) Diz Franzoni que o conceito de atividade perigosa é um conceito *relativo*. Com efeito, o conceito "depende do estágio alcançado pela ciência e técnica de um dado setor". FRANZONI, Massimo. *La responsabilità oggettiva*. Milano: Antonio Milani, 1995. p 140.
(302) "Dessa forma, com base em elementos naturais, consideramos perigosa a atividade que, por sua condição ou pelos meios empregados (substâncias, aparelhos, máquinas e instrumentos perigosos), apresenta-se carregada de perigo." BITTAR, Carlos Alberto. *Responsabilidade civil nas atividades nucleares.* São Paulo: RT, 1985. p. 88.

formar o ferro incandescente. Se por um acaso o ferro vier a se destacar e atingir alguém, verificar-se-á o dano[303][304]. Mesmo quando se fala em atividade perigosa em razão dos meios utilizados, deve-se ter em conta a periculosidade da atividade em si. Caso contrário, adverte Franzoni, aplica-se a regra do art. 2.043 do CC. De outro lado, não se deve considerar a periculosidade da coisa em si, isolada de qualquer atividade, mas sim considerar a coisa no contexto de uma atividade organizada. O Tribunal de Cassação já entendeu que há que se verificar uma "[...] sucessão contínua e repetida de atos que se desenvolvem no tempo e que revelam uma notável potencialidade de dano", superior ao normal[305]. O art. 2.050 do CC italiano distingue-se do art. 2.051, que prevê a responsabilidade em caso de dano provocado pela coisa em custódia. Neste último caso, o perigo decorre do "dinamismo intrínseco das coisas, pela sua consistência objetiva ou por efeito do agente" que as opera. A título de exemplo, Franzoni cita decisão da Suprema Corte, num caso em que a Prefeitura colocou à disposição dos comerciantes um guindaste móvel, para estes dividirem seu uso. O dano causado pelo guindaste a um dos operadores foi enquadrado no art. 2.051 do CC[306].

2.4. Exercício e desenvolvimento

De outra parte, ao utilizar o temo *esercizio*, o legislador italiano parece reportar-se à atividade contínua e organizada. Da mesma forma, o uso da palavra *svolgimento* de atividade perigosa autoriza Recano a afirmar que a atividade desenvolvida pelo causador do dano pode não ser econômica[307]. Recano cita Comporti, para quem o art. 2.050 tanto pode ser aplicado à empresa como a um sujeito, visto que "o perigo é idêntico". De qualquer modo, deve tratar-se de ação dirigida a um fim[308]. Também Franzoni se preocupa em distinguir *exercício* de *desenvolvimento*, pois a rubrica do art. 2.050 refere-se à "responsabilidade pelo exercício de atividade perigosa" e, no texto da norma, lê-se "desenvolvimento de uma atividade perigosa". Diante dessa situação, alguns doutrinadores entenderam que o conceito de exercício está ligado a uma atividade coordenada, de empresa. Dessa maneira, consideraram que o artigo é aplicável tão somente à atividade empresarial. Nesse

---

(303) Trib. Potenza, 12 novembro 1954. *Apud* FRANZONI, Massimo. *Op. cit.*, p. 188.
(304) Em sentido oposto, decisão que entendeu que o uso de máquina agrícola para arar o solo não é atividade perigosa, seja porque se trata de atividade ao ar livre, seja porque a máquina opera em velocidade reduzida. App. Catania, 30 julho 1969. *Ibidem*, p. 189.
(305) Cassa, 24 fevereiro 1983, n. 1425, *in Mass. Foro it.*, 1983. *Apud* FRANZONI, Massimo. *Op. cit.*, p. 189-190.
(306) Cass. 27 junho 1984, n. 3774. *Apud* FRANZONI, Massimo. *Op. cit.*, p. 190.
(307) RECANO, Paolo. *La responsabilità civile da attività pericolose*. Milano: Antonio Milani, 2001. p. 11.
(308) COMPORTI, 1965. p. 280. *Apud* RECANO, P. *Op. cit.*, p. 11.

sentido, agiram Gentile[309] e Trimarchi[310]. Outros autores deram um sentido oposto à norma, entendendo que a lei, ao falar de desenvolvimento, refere-se a um sujeito individualizado. Franzoni é de opinião que essa última corrente deve ser acolhida, pois a lei não exige uma qualificação específica do agente. Não se deve igualmente esquecer, alerta o autor, que "exercício" não exclui o ato ocasional. Finalmente, a jurisprudência acolhe essa segunda corrente, a significar que também o sujeito pode ser responsabilizado.

Recano analisa o termo *desenvolvimento*, no art. 2.050. Para o autor, *desenvolvimento* significa no curso da atividade, ou no andamento desta. Cendon cita jurisprudência que acolhe entendimento de que, cessada a atividade, não há falar em responsabilidade. Para a Suprema Corte, a incidência do art. 2.050 ocorre quando a atividade esteja em andamento e que esta seja ligada ao dano por um nexo causal. Excepcionalmente, entende a Corte que, cessada a atividade, pode ser reconhecida a responsabilidade *ex* art. 2.050: quando a periculosidade seja transferida para o produto resultante da atividade, que resulta imperfeito ou com defeito. A título de exemplo, cita o julgado o caso de dano provocado por material inflamável e projétil de arma de fogo[311]. Ante os termos da decisão do Supremo, Recano conclui que o agente responde pelos danos decorrentes da atividade *em andamento*, podendo, no entanto, ser chamado a responder por eventuais danos causados pelo produto, ainda que a produção tenha cessado. A doutrina — Comporti, por exemplo — enfatiza que é importante distinguir o momento dinâmico da atividade do momento subsequente, estático, já que, no primeiro caso, incidirá o art. 2.050 e, no segundo, o art. 2.051, que dispõe sobre a responsabilidade por danos causados por coisas, máquinas, instalações[312]. A jurisprudência, todavia, diverge de Comporti. Em diversas ocasiões, os Tribunais têm preferido deci-

---

(309) GENTILE. *Responsablità per l'esercizio di attività pericolose*, Resp. civ., 1950. p. 97 e ss. *Apud* FRANZONI, Massimo. *Trattato della responsabilità civile:* l´illecito. Milano: Giuffrè, 2010. p. 430.
(310) TRIMARCHI. *Rischio e responsabilità oggettiva*, p. 280. *Apud* FRANZONI, Massimo. *Op. cit.*, p. 430.
(311) "La responsabilità extracontrattuale posta dall'art. 2.050 c.c. a carico dell'esercente di un'attività pericolosa presuppone, in via generale, che questa attività sai ancora in atto e che la stessa sai collegata con l'evento dannoso da un rapporto causale diretto e necessario. Soltanto in via eccezionale, infati, la suddeta attività può produrre effetti lesivi anche dopo la sua cessazione: Il che si verifica quando Il pericolo insito nel suo svolgimento si sai materalizzato e trasfuso in determinati oggetti (come ad esempio, materie infiammabili, proiettili da arma da fuoco, ecc.) i quali per un'imperfetta costruzione o confezione conservino in se un'intrinseca potenzialità lesiva, collegata allo svolgimento dell'attività pericolosa di cui essi costituiscono Il risultato [...]" Cass. 15.12.75, n. 4131, RGI, 1975, *Responsabilità civile*. RECANO, P. *La r.c. per esercizio de attività pericolose*. CENDON, Paolo. *La responsabilità civile:* responsabilità extracontrattuale. Torino: Torinese, 1998. p. 199.
(312) "È opportuno [...] limitare l'applicazione dell'art. 2.050 al momento dinamico dell'esercizio effettivo dell'attività pericolosa, applicando invece l'art. 2.051 alle ipotesi dei danni causati direttamente da coisa, macchine, installazioni, ecc., nel loro momento statico, quando non siano condotte, guidate e azionate dall'uomo: e cio anche se dette cose siano comprese nell'ambito di un più vasto processo produttivo o legate da nesso di interdipendenza per l'esercizio dell'attività." COMPORTI, 1965, p. 283. *Apud* RECANO, P. *Op. cit.*, p. 200.

dir que se aplica o art. 2.050 do CC italiano, não obstante o perigo decorrer de objeto perigoso. A título de exemplo, Recano cita decisão do Tribunal de Firenze, o qual reconheceu aplicável o art. 2.050 ao caso de menina que morrera em decorrência de bomba deixada pelo exército, num campo de exercício militar, sob o argumento de que o exercício de tiro e lançamento de bomba em manobras militares constitui atividade perigosa[313]. Cendon critica a decisão, sustentando que o dano adveio da coisa perigosa, e não de atividade perigosa[314].

No que tange ao termo *desenvolvimento*, Recano esclarece que, à primeira vista, pode parecer que somente no caso de atividades *em curso* de execução pode haver responsabilidade. Esse, entretanto, não é o entendimento da jurisprudência da Suprema Corte italiana, citada pelo autor, para quem o art. 2.050 incide quando verificar-se um *nexo de causalidade* entre a atividade desenvolvida e o dano[315]. Se tal atividade não for perigosa, não haverá falar em incidência do art. 2.050, conforme a mesma jurisprudência, o que leva Recano a afirmar que "[...] cessada a periculosidade não deverá ser aplicado o art. 2.050 do CC"[316]. Os princípios adotados pela Suprema Corte italiana levam seus julgadores a afirmar que não há falar em responsabilidade, no senso do art. 2.050 do CC, quando a atividade perigosa tenha cessado antes do evento danoso, e que a atividade seja ligada ao evento por uma relação causal direta e necessária. Excepcionalmente, porém, pode a atividade produzir dano mesmo após sua cessação: a Corte considera perigo transferido para o objeto produzido, como, por exemplo, material inflamável ou arma de fogo, que "[...] conservam em si uma intrínseca potencialidade lesiva", ligada à atividade perigosa[317].

Importantes as anotações de Recano, no sentido de que a aplicação do art. 2.050 do CC não se confunde com a do art. 2.051 do mesmo Estatuto, relativo à responsabilidade pelo dano causado pela coisa em custódia[318]. Recano cita Comporti, para quem o art. 2.050 se aplica aos casos de danos provocados pelo "exercício efetivo da atividade perigosa", enquanto o art. 2.051 incide nas hipóteses de danos causados diretamente pela coisa, máquina ou instalação, quando estas não sejam "conduzidas ou acionadas pelo

---

(313) RECANO. *Op. cit.*
(314) CENDON. *Op. cit.*
(315) RECANO, Paolo. *La responsabilità civile da attività pericolose*. Milano: Antonio Milani, 2001. p. 13
(316) "[...] quando l'evento dannoso verificatosi non sai riferibile ad un'attività in atto nella quale sai obiettivamente riscontrabile una pericolosità intrinseca, per sua natura o per i mezzi di lavoro usati, non può trovare applicazione l'art. 2.050 c.c." (App. Milano 18.10.68, t, 1969, 411). O que leva Recano a afirmar: "Accogliendo il principio, conclusione logica vorrebbe che, cessata, l'attività pericolosa, no dovrebbe più trovare applicazione l'art. 2.050 CC." *Idem.*
(317) Cass. 15.12.75, n. 4131, RGI, 1975, Resp. civ., 75. *Ibidem*, p. 13-15.
(318) "Art. 2.051. Danno cagionato da cosa in custodia: Ciascuno e responsabile del danno cagionato dalle cose che ha in custodia, salvo che provi il caso fortuito (1218, 1256)."

homem", ou seja, quando não sejam resultados de um processo produtivo[319]. Esse, contudo, parece não ser o entendimento da jurisprudência, que tem aplicado o art. 2.050 ao dano causado por coisa perigosa. O Tribunal de Firenze, por exemplo, entendeu que constitui exercício de atividade perigosa o disparo de tiro e arremesso de bombas (Trib. Firenze, 3.1.52, RCP, 1952, 365), decidindo no mesmo sentido que o Tribunal de L'Aquila, para o qual o exercício de atividades militares constitui atividade perigosa. Nesse caso, o dano causado por projétil ou bomba arremessada não se enquadram no art. 2.051, mas, sim, no art. 2.050 do CC italiano.

Franzoni argumenta que existe responsabilidade quando se trata de um simples ato, dentro de algum processo produtivo e mesmo que o processo produtivo já tenha se encerrado. A título de exemplo, o autor cita o canteiro de obras ativo e inativo. Para Franzoni, o conceito de desenvolvimento ou exercício de atividade perigosa não deve ser usado no sentido restritivo. Isso não obstante, Franzoni defende que aquele que auxilia ocasionalmente no descarregamento de material explosivo não deve ser responsabilizado, mas apenas o titular da atividade de descarregamento, pois importa distinguir entre *ato perigoso* e *atividade perigosa*. Por fim, Franzoni sublinha que se deve diferenciar entre quem tem em custódia a coisa perigosa e quem desenvolve atividade perigosa. A este se aplica o art. 2.050 do CC italiano; àquele, o art. 2.051.

É oportuno, ainda, desvendar o que seja desenvolvimento. Franzoni exemplifica com a tarefa ligada à produção e distribuição de gás de botijão. A atividade é perigosa em todas as suas fases, desde o enchimento dos botijões de gás, passando pelo transporte e distribuição, comércio, depósito e entrega. Franzoni, remetendo à jurisprudência da Suprema Corte, destaca que o sujeito é responsável por essa atividade, em qualquer de suas fases, respondendo pelo dano[320].

Paolo Gallo chama igualmente a atenção para o fato de que a Lei utiliza a expressão exercício e desenvolvimento de atividade. Desenvolvimento, para o autor, pressupõe atos preordenados a um fim. No que tange ao exercício, Gallo acha que essa menção exclui o ato isolado e invoca, em seu favor, Trimarchi[321].

Geri ressalta o fato de que o título do art. 2.050 do CC italiano refere-se a "exercício de atividade perigosa" (*esercizio di attività pericolose*), mas o texto

---

(319) COMPORTI, 1965. p. 283. *Apud* RECANO, Paolo. *La responsabilità civile da attività pericolose*. Milano: Antonio Milani, 2001. p. 15.
(320) Cass., 13 janeiro, 1981, n. 294, in *Riv. Giur. Circolaz. e trasp.*, 1982. p. 812 e ss. *Apud* FRANZONI, Massimo. *Trattato della responsabilità civile:* l'illecito. Milano: Giuffrè, 2010. p. 430-431.
(321) GALLO, Paolo. *Introduzione alla responsabilità civile:* articoli 2043/2059 C.C. Torino: G. Giappichelli, 2000. p. 123.

da norma fala em "desenvolvimento de uma atividade perigosa" (*svolgimento di uma attività pericolosa*). Ora, o uso do termo *exercício de atividade perigosa* parece referir-se à empresa, enquanto o uso da palavra *desenvolvimento* remete o intérprete à aplicação da norma ao simples sujeito como aos "atos coordenados e preordenados por um determinado escopo (como numa empresa)"[322]. O texto legal conduz ao desenvolvimento das atividades de indústria e comércio, todavia, não exclui o ato singular ou uma série de atos que podem integrar o desenvolvimento de uma atividade.

2.5. O CONCEITO DE RISCO NAS CIÊNCIAS EXATAS

Para Sanders e McCormik, "[...] risco é a probabilidade ou chance de lesão ou morte" e "[...] perigo é uma condição ou um conjunto de circunstâncias que têm o potencial de causar ou contribuir para uma lesão ou morte"[323]. No conceito de Kolluru, risco "[...] é uma função da natureza do perigo, acessibilidade ou acesso de contato (potencial de exposição), características da população exposta (receptores), a probabilidade de ocorrência e a magnitude da exposição e das consequências", afirmando esse mesmo autor que "[...] um perigo é um agente químico, biológico ou físico (incluindo-se a radiação eletromagnética) ou um conjunto de condições que apresentam uma fonte de risco mas não o risco em si"[324]. Já Shinar, Gurion e Flasher ressaltam que "[...] risco é um resultado medido do efeito potencial do perigo" e perigo é a situação que contém "uma fonte de energia ou de fatores fisiológicos e de comportamento/conduta que, quando não controlados, conduzem a eventos/ocorrências prejudiciais/nocivas"[325].

Niklas Luhmann preocupa-se em distinguir *risco* de *perigo*. Para o autor, a ideia de risco relaciona-se com a ideia de futuro ou de perdas futuras. Uma vez ocorridas as perdas, diz-se que essas foram decorrentes de uma decisão, decisão de risco. Se as perdas, entretanto, não forem atribuídas à decisão, mas sim ao meio ambiente, fala-se em perigo. Luhmann reconhece que essa

---

(322) GERI, Vinício. *Op. cit.*, p. 164.
(323) SANDER, M. S.; MCCORMICK, E. J. Human error, accidents and safety. In: SANDER, M.S.; MCCORMICK, E. J. *Human factors in engineering and design*. New York: McGraw-Hill, 1993. p. 655-595. Apud FISCHER, Daniela. Percepção de risco e perigo: um estudo qualitativo no setor de energia elétrica. ENCONTRO NACIONAL DE ENGENHARIA DE PRODUÇÃO, XXII. Curitiba, 23 a 25 de outubro de 2002. *Anais*... Disponível em: <http://www.abepro.org.br/biblioteca/ENEGEP2002_TR47_1314.pdf> Acesso em: 26.6.2010.
(324) KOLLURU, R. Risk assesment and management: a unified approach. In: KOLLURU *et al*. *Risk assessment and management handbook:* for environmental, health and safety professionals. Boston: Massachusetts, McGraw Hill, 1996. p. 1.3-1.41. *Apud* FISCHER, Daniela. *Op. cit.*
(325) SHINAR, D.; GURION, B.; FLASCHER, O. M.The perceptual determinants of workplace hazards. PROCEEDINGS OF HUMAN FACTORS SOCIETY: 35TH ANNUAL MEETING. São Francisco, California, v. 2, p. 1095-1099. *Apud* FISCHER, Daniela. *Op. cit.*

distinção entre risco e perigo não tem papel importante, na literatura. As palavras chegam mesmo a ser tratadas como sinônimos[326].

O Ministério do Trabalho do Brasil classifica os riscos em cinco tipos. A Portaria n. 3.214/78, do Ministério do Trabalho, contém normas regulamentadoras, que dispõem sobre a segurança e medicina do trabalho. A classificação dos riscos se dá na Norma Regulamentadora n. 5 (NR-5): 1) Riscos de acidentes. São fatores que podem colocar em risco o trabalhador, sua integridade, bem-estar físico e psíquico; 2) Riscos ergonômicos: são aqueles que interferem nas características psicofisiológicas do trabalhador; 3) Riscos físicos: ruído, calor, frio, pressão, umidade, radiações, vibração etc.; 4) Riscos químicos: substâncias ou produtos como poeira, gases etc.; 5) Riscos biológicos: agentes de risco biológico, como bactérias, vírus, fungos etc.

Segundo Ken Kress, atividades anormalmente perigosas são definidas pela magnitude do dano e pela probabilidade do dano que podem criar, no caso do controle do perigo vir a se perder[327]. Para Kress, as análises sobre atividades anormalmente perigosas tendem a focar dois aspectos: 1) se a atividade é daquelas que criam um risco além do normal (além do que atividades normais) e 2) se esse risco é grande. Esses indicativos, contudo, não são confiáveis para o autor, que cita julgados em que se reconhece a incidência das regras da responsabilidade objetiva, apesar da atividade ser uma atividade "normal".

Kress ressalta que *risco* significa *desvalia*, para as empresas, e propõe a fórmula probabilidade de dano, "P" (*probability*), multiplicada por perdas, "L" (*loss*). A norma relativa à responsabilidade objetiva, entretanto, tem em conta que o autor não é negligente. A responsabilidade tem lugar, ainda quando aquele tenha tomado todas as precauções. Parece que empresários se engajam em determinadas atividades de risco anormal, porque, para eles, a probabilidade de dano ("P") é tão pequena que a desvalia esperada ("P" x "L") compensa. Nesses casos, o empresário toma suficiente precaução, que não se confunde com negligência. Kress exemplifica com o caso de uma empresa de transporte de lixo nuclear, que emprega o melhor material para armazenar o resíduo, em camadas de grande proteção, utilizando uma estrada de pouco movimento para transportar o material etc. Nesse caso, a probabilidade de dano é tão pequena que pode chegar a ser a mesma que a comunidade impõe àquele empresário. Nessas hipóteses, salienta Kress, em que "P" x "L" não importa em um grande valor, não se justifica que a atividade esteja sujeita ao regime da responsabilidade objetiva[328].

---

(326) LUHMANN, Niklas. *Risk:* a sociological theory. Berlin/New York: Walter de Gruuyter, 1993. p. 21-22.
(327) KRESS, Ken. The seriouness of harm thesis for abnormally dangerous activities.In: OWEN, David G. *Philosophical foundations of tort law*. Oxford: Oxford University, 1997. p. 272-278.
(328) *Ibidem*, p. 280-281.

O que explica, então, a aplicação da regra da responsabilidade objetiva a esses casos? Exemplificando, Kress afirma que a água que está guardada no reservatório pode fazer estrago, se este se arrebenta. Dessa maneira, tem-se que é o prejuízo ("P") que aquela atividade pode causar que justifica o fato do empreendedor responder, mesmo quando ausente a culpa. Em outras palavras, não é a *probabilidade* do dano que faz incidir as normas da responsabilidade objetiva, mas o *dano* (ou estrago) que aquela atividade pode causar: "O que caracteriza a atividade anormalmente perigosa é a magnitude da perda quando o prejuízo ocorre, não o risco ou a expectativa de desvalia imposta"[329].

Essa afirmativa, porém, levanta outra questão, qual seja, a de saber o tamanho do dano. Novamente Kress propõe uma fórmula: "P.1" é a probabilidade do dique romper-se, "P.2" é a probabilidade *condicional* que o prejuízo "L" (*loss*) vai ocorrer se "P.1" ocorre; sendo "P.1" x "P.2" = "P". A título de exemplo, o gás usado em eventual pulverização pode não ser muito prejudicial. Todavia, o fato de ele esparramar-se rapidamente com o vento altera essa situação e faz com que incida, no caso, a regra da responsabilidade objetiva, vez que "P" é significativo[330].

A tese que defende a qualificação da atividade anormalmente perigosa de acordo com o *dano* que esta pode causar é objeto de críticas, sendo acusada de ser *over-inclusive*, visto que, aplicada ao pé da letra, haveria que se entender que as atividades caseiras, tais como uso do gás ou alta-voltagem elétrica, também estariam abarcadas pela responsabilidade objetiva, o que não acontece. Kress responde à crítica, afirmando que a lei *erra* ao não incluir essas atividades no campo da responsabilidade objetiva, pois "P.2" e "L" são igualmente significativos, nesses casos.

Enquanto Kress defende que é a magnitude da perda (*L*) que fundamentalmente justifica a incidência de regras de responsabilidade objetiva, a Lei americana (*Tort Law*) indica seis casos de responsabilidade objetiva. Para determinar se uma atividade é anormalmente perigosa, os seguintes fatores devem ser considerados: (1) existência de alto grau de risco de dano à pessoa, terra ou propriedade; (2) probabilidade de que acarrete grande dano; (3) impossibilidade de eliminar o risco com cuidado razoável; (4) que a atividade não seja de uso generalizado; (5) não adequação da atividade no lugar onde é desenvolvida; e (6) atividade cujo valor para a comunidade excede o perigo que ela gera[331].

---

(329) "What makes an activity abnormally dangerous is the magnitude of the loss when harm does occur, not the risk (P) or the expected disvalue (P x L) imposed." *Ibidem*, p. 282.
(330) *Ibidem*, p. 282-284.
(331) *Ibidem*, p. 285.

Conquanto o tamanho do dano justifique e explique a aplicação das regras de responsabilidade objetiva, Kerr indaga se *moralmente* se justifica a aplicação dessas regras. O autor questiona se (1) deve a classe de atividades perigosas ser definida e (2) que regra de responsabilidade deve ser aplicada a elas e o que justifica a resposta a essas duas perguntas. Tanto razões científicas quanto utilitárias defendem que deve ser avaliado o *custo-benefício* ("P" x "L"), para ser feito um enquadramento da atividade. Kerr afirma que a análise do custo-benefício das atividades perigosas só pode ser realizada a longo prazo e, durante esse período, as perdas — número de mortes — serão tão grandes que não será possível avaliar o que é mais importante. A probabilidade, aqui, é calculada sobre dados *incertos*, não conhecidos. A teoria bayesiana tem como pressuposto o conhecimento da probabilidade e das perdas[332][333]. Sua aplicação é problemática, quando os números são desco-

---

(332) "A Teoria de Decisão **Bayesiana** está intimamente ligada à tomada de decisão em clima de incerteza. [...] Para uma melhor sistematização do presente trabalho, faz-se mister uma perfeita compreensão dos elementos que compõem a Teoria de Decisão Bayesiana. Estes elementos são: **1. ANÁLISE *A PRIORI.*** [...] Neste caso, o administrador deve decidir tendo como base somente sua experiência passada. Este segmento da teoria Bayesiana é conhecido como *análise a priori*. **2. ANÁLISE A POSTERIORI.** A experiência empresarial é passível de constante mutação à medida em que o administrador obtém informações com relação a ações administrativas passadas. A revisão destes julgamentos *a priori* pela incorporação de novas informações é tratada de uma maneira muito especial pela Teoria Bayesiana. Este segmento da **Teoria** é conhecido como *análise a posteriori.* **2.3. ANÁLISE PREPOSTERIORI.** Algumas vezes o administrador terá a opção de adiar sua decisão em função do recebimento de maiores informações relacionadas ao problema. No entanto, para obter estas informações, o administrador incorrerá em custos que podem, também, ocorrer pelo adiamento de sua escolha original. Raramente a informação adicional será perfeitamente confiável, devendo, portanto, avaliar a prudência de adiar sua escolha final (que é chamada decisão terminal) e usar este adiamento na obtenção de informações adicionais, relacionadas aos estados da natureza desconhecidos comparando-a com a ação imediata, sem a informação adicional. Este segmento da Teoria Bayesiana é chamado de *análise preposteriori* **2.4. DECISÕES SEQUENCIAIS.** As decisões envolvem, frequentemente, uma sequência de ações (incluindo a coleta e análise de informações) a serem realizadas no decorrer do tempo. Isto significa que muitas ações, tal como aumento de capacidade de produção, devem ser realizadas sequencialmente, e alguns cursos de ação atuais podem permitir uma maior flexibilidade na obtenção de escolhas com maiores informações no futuro. Um segmento especial da **Teoria Bayesiana**, que aplica a análise preposteriori aos processos de decisão em etapas múltiplas, é conhecido como decisões sequenciais em clima de incerteza." GOLDSCHMIDT, Paulo Clarindo. A teoria da decisão bayesiana na estratégia mercadológica. *Revista de Administração de Empresa*, Rio de Janeiro, v. 10, p. 65/77, jan./mar. 1970. Disponível em: <http://www16.fgv.br/rae/artigos/2605.pdf> Acesso em: 23.3.2010.

(333) "Fundamentos da Teoria Bayesiana. A Teoria da Decisão relaciona-se, primordialmente, com a tomada de decisões em condições de risco e incerteza. A condição de risco está presente quando não há disponibilidade de informação perfeita, mas existe a possibilidade de estimar as probabilidades de ocorrência de determinados eventos. Assim, para a resolução de problemas sob condições de risco utiliza-se a teoria das probabilidades. Por outro lado, um estado de incerteza refere-se a uma condição em que não são conhecidas as probabilidades de ocorrência de determinado evento em dada situação de decisão. Em uma situação de incerteza o agente decisório conhece os diversos cursos de ação alternativos, em função dos diferentes eventos ou estados da natureza, da mesma forma em que numa decisão sob condições de risco. No entanto, não dispõe da informação necessária para associar probabilidades de ocorrência aos diversos eventos ou estados da natureza. [...] Quando o agente decisório necessita selecionar uma decisão alternativa, baseando-se em informaçõeslimitadas, pode estabelecer *a priori* estimativas subjetivas de probabilidade sobre os diversos estados da natureza ou eventos possíveis. Entretanto, com o intuito de

nhecidos. Mas não só. A teoria bayesiana é indiferente ao resultado, ou seja, não distingue entre *quem* ganha e *quem* perde. Essa teoria privilegia uma elite e sobrecarrega os menos favorecidos, ainda mais quando se considera que: (1) as probabilidades são incertas; (2) no pior cenário, é inaceitável; e (3) melhoras no padrão não são valorizadas[334]. Além dessas, surge uma outra questão: as decisões tomadas com base na teoria bayesiana são aceitáveis, quando os riscos são consentidos, mas não quando são impostos. Inúmeras outras críticas, ainda, são apresentadas à teoria bayesiana.

Kress refere-se também ao critério *maximin*. A estratégia *maximin* consiste em minimizar suas perdas. Quer dizer, você analisa tudo que você pode perder, e escolhe a melhor dessas hipóteses. O critério *maximin* se baseia em uma visão pessimista do problema, isto é, na suposição de que uma vez escolhido um modelo, ocorrerá o pior evento possível. A melhor alternativa, entre as piores, será aquela escolhida[335][336]. Conquanto preferível à teoria bayesiana, essa também é criticada, por não responder a todas as questões[337].

Kress indica três razões pelas quais a adoção do critério *maximin* é preferível ao bayesiano: 1) existe significativa incerteza sobre a atualização de uma possível circunstância; 2) o pior cenário, em alternativas outras que não o *maximin*, é inaceitável; 3) melhoras sobre o mínimo garantido — pelo critério *maximin* — não são valorizadas. Mas, indaga Kress, esses critérios justificam a adoção do *maximin*? Kress reconhece que os três critérios, em regra, se aplicam às atividades anormalmente perigosas. Isso não obstante, surgem alguns

---

chegar à melhor decisão, o tomador de decisões pode obter informações adicionais acerca das probabilidades de si dos vários eventos. E possível, então, utilizar essas novas informações para revisar as probabilidades *a priori* e, assim, melhorar a qualidade da decisão final. Este procedimento sintetizado é denominado de Estatística Bayesiana, em homenagem a Bayes, estatístico do século passado, pela interpretação dada ao teorema que leva seu nome. CORTAR, Luiz João. O modelo custo-volume-lucro e a teoria bayesiana. *Revista de Administração*, São Paulo v. 28, n. 4, p. 27-28, out./dez. 1993. Disponível em: <http://www.rausp.usp.br/download.asp?file=2804027.pdf>.

(334) KRESS, Ken. *Op. cit.*, p. 285-286.

(335) Maximin criterion: "In decision theory, the pessimistic (conservative) decision makingrule under conditions of uncertainty. It states that the decisionmaker should select the course of action whose worst (maximum) loss is better than the least (minimum) loss of all other courses of action possible in given circumstances. Also called maximin regrete or minimax criterion". *Business Dictionary*. Disponível em: <http://www.businessdictionary.com/definition/maximin-criterion.html> Acesso em: 23.3.2010.

(336) "O critério Minimax ou Maximin supõe que em determinado modelo ocorrerá o pior evento possível, contudo o Minimin ou Maximax dita o oposto, sempre ocorre o melhor resultado. Para equilibrar esta balança é que surgiu o critério de Hurwicz, este procura delimitar um meio termo entre os dois extremos anteriores. O critério de Savage procura determinar os arrependimentos máximos que poderão ocorrer, para cada um dos eventos, quando é feita uma escolha (ANDRADE, 1990)". FREITAS, Marcos Airton de Souza. *Análise de risco e incerteza na tomada de decisão na gestão hidroambiental*. Agência Nacional de Águas — ANA. Disponível em: <http://www.ana.gov.br/AcoesAdministrativas/CDOC/ProducaoAcademica/Marcos%20Airton%20de%20S.%20Freitas/An%E1lise%20de%20risco%20e%20incerteza.pdf> Acesso em: 23.3.2010.

(337) Para demonstrar que a teoria é inaceitável, Kress exemplifica com o pior cenário, no caso de dano provocado por energia nuclear ou estoque de munição. KRESS, Ken. *Op. cit.*, p. 292-295.

problemas. Primeiro, devido a erros humanos, uso de material indevido, imprevisíveis condições ambientais etc., existe uma dificuldade em determinar *a priori* se o autor da ação vai perder controle sobre uma atividade anormalmente perigosa. Nas palavras de Kress: "[...] a dificuldade de prever P1 leva à dificuldade de fixar P (isto é: P1 x P2)", e, portanto, à probabilidade de que aquela atividade vai causar dano. Mesmo quando se sabe que a probabilidade do dano pode diminuir, dentro de determinadas condições, a magnitude da perda é incerta. Depois, em se tratando de atividade anormalmente perigosa, o dano pode ser grande. No pior cenário, um desastre nuclear pode levar à morte de 150 mil pessoas[338].

Kress apresenta diversas críticas à utilização do critério *maximin*, todavia, a mais importante é a de que a teoria *maximin* não pode ser usada, vez que, no limite, não recomenda a aplicação da responsabilidade objetiva, mas a proibição das atividades anormalmente perigosas[339]. Ora, isso é inaceitável, seja porque existe liberdade para as pessoas executarem suas atividades, seja porque certas atividades anormalmente perigosas são importantes para a sociedade. De resto, seria necessário que o dano causado fosse constante e não razoável, o que não ocorre. A solução plausível, por conseguinte, é a adoção da responsabilidade objetiva para as atividades anormalmente perigosas.

Perry investiga o conceito de risco. Para o autor, uma conduta é tida como arriscada quando ela pode acarretar um dano a alguém. A partir dessa formulação, o autor identifica dois elementos no conceito de risco: o de probabilidade e o de dano. Perry afirma que "[...] o risco é a expectativa matemática de dano", ou seja, "[...] o produto da probabilidade de ocorrer um dano e a magnitude desse dano ocorrer". O autor apresenta a fórmula P x H, onde "P" corresponde a *probability* (ou probabilidade) e "H" corresponde a *harm* (ou dano).

Para Perry, importa discutir o que seja probabilidade, já que o conceito de dano não traz dúvidas (este pode ser maior ou menor, mas as pessoas não têm questionamentos quanto a esse elemento). No que tange à probabilidade, verifica-se que esta pode ser enfocada sob dois ângulos: um objetivo, outro subjetivo. Sob o ponto de vista objetivo, a probabilidade é concebida, primeiramente, como frequência com que determinado evento ocorre. A segunda ideia que permeia a compreensão objetiva é a de imprevisibilidade. Perry exemplifica, demonstrando que é possível, por meio da física/matemática, prever, no jogo de bilhar, se a bolinha amarela vai acertar a bolinha azul ou não. Entretanto, não é possível predizer quando o átomo de urânio decai. Isso não pode ser determinado. É uma casualidade. Após discorrer sobre determinismo ou indeterminismo de certas situações, Perry conclui que é

---

(338) *Ibidem*, p. 292-295.
(339) *Ibidem*, p. 295.

mais importante centrar-se na questão da frequência com que determinado fenômeno acontece, para efeito do estudo da probabilidade *objetiva*. Já do ponto de vista subjetivo, a probabilidade pode ser entendida de acordo com o nosso conhecimento ou crença (de que determinado evento irá ocorrer).

No Direito norte-americano, a *Tort Law* indica, na Seção 520, os fatores de avaliação que determinam se uma atividade é anormalmente perigosa, e inclui (1) o grau de risco de dano; (2) a magnitude desse dano; (3) a inevitabilidade de alguns riscos, independentemente da precaução por medidas que possam ser tomadas; (4) a natureza comum ou incomum da atividade, e (5) atividade de valor para a comunidade em relação ao risco de dano criado por sua presença[340].

2.6. Conceito de risco e atividade perigosa na doutrina, na jurisprudência e na lei

Primeiramente, cumpre sublinhar que os conceitos de risco e perigo estão intrinsecamente relacionados, na teoria do risco, razão pela qual importa conceituar tanto um quanto outro. De acordo com Esser, citado por Briz, a "responsabilidade por risco é [...] responder pelo perigo posto por si mesmo"[341].

Conforme lição de Caio Mário, "[...] risco é o perigo a que está sujeito o objeto de uma relação jurídica de perecer ou deteriorar-se" e, dentro da teoria da responsabilidade civil, o risco é fundamento para o dever de reparar[342].

Sebastião Geraldo de Oliveira sustenta que nossa legislação faz distinção entre risco e perigo. O art. 193 da CLT trata de *atividades ou operações perigosas*, referindo-se ainda ao trabalho *em condições de risco acentuado*. Mas não só. Oliveira cita ainda a NR-26 da Portaria n. 3.214/78 do Ministério do Trabalho e Emprego, que dispõe sobre a sinalização de segurança, estabelecendo os seguintes parâmetros: *Perigo: alto risco; Cuidado: risco médio; Atenção: risco leve*. Com base nessas premissas, o juiz mineiro formula seu conceito de risco e perigo. Risco é a "[...] probabilidade de ocorrência de um evento que cause ou possa causar dano", enquanto perigo é a "[...] situação ou condição em

---

(340) ESTADOS UNIDOS DA AMÉRICA. *Tort law*. Disponível em: <http://www.lexisnexis.com/lawschool/study/outlines/html/torts/torts16.htm> Acesso em: 1.4.2010.
(341) BRIZ, Jaime Santos. *La responsabilidad civil*: derecho sustantivo y derecho procesal. Madrid: Montecorvo, 1989. p. 513.
(342) "[...] em termos de responsabilidade civil, risco tem sentido especial, e sobre ele a doutrina civilista, desde o século passado vem-se projetando, com o objetivo de erigi-lo em fundamento do dever de reparar, com visos de exclusividade, ou como extremação da teoria própria, oposta à culpa". PEREIRA, Caio Mário da Silva. *Responsabilidade civil*. Rio de Janeiro: Forense, 1999. p. 279.

que o risco seja acentuado"[343]. Questionando sobre o risco que a responsabilidade objetiva gera, Oliveira remete ao Enunciado n. 38, aprovado pelo Centro de Estudos Judiciários do Conselho da Justiça Federal, que alude à atividade que causa um *ônus maior do que aos demais membros da coletividade*[344].

Kirchner pondera que não se deve confundir *atividade de risco* com *risco da atividade*, e acrescenta:

> Para efeitos do art. 927, parágrafo único, do CC/2002, o risco deve ser atributo da atividade, ou seja, deve ser inseparável e estar presente permanentemente no desenvolvimento do exercício profissional, e não apenas acidentalmente.

Essa distinção é necessária, vez que somente onde o risco é uma constante há de ser reconhecida a responsabilidade objetiva. Nem se alegue, diz Kirchner, que o risco ocorre em toda atividade: o parágrafo único do art. 927 do CC refere-se ao risco que é inerente à atividade[345][346].

---

(343) OLIVEIRA, Sebastião Geraldo. SEMINÁRIO NACIONAL SOBRE ACIDENTE DO TRABALHO & SAÚDE OCUPACIONAL. Tema: teoria do risco e acidente. Disponível em: <http://64.233.163.132/search?q=cache:r4afwamjw1qj:ww1.anamatra.org.br/sites/1200/1223/00000399.ppt+haver%c3%a1+a+obriga%c3%a7%c3%a3o+de+reparar+o+dano,+independentemente+de+culpa,+nos+casos+especificados+em+lei,+ou+quanto+a+atividade+normalmente+desenvolvida+pelo+autor+do+dano+implicar,+por+sua+natureza,+grande+ris co+para+os+direitos+de+outrem,+salvo+se+comprovado+o+emprego+de+medidas+preventivas+tecnicamente+adequadas&cd=7&hl=pt-br&ct=clnk> Acesso em: 15.3.2010.

(344) *Idem.*

(345) "Por mais simples que seja, toda atividade é capaz de implicar em risco a terceiros, mas certamente não foi toda a atividade que o legislador pretendeu alcançar com a dicção do art. 927, parágrafo único, do CC/2002, que, como visto, diz tão somente com aquelas cujo risco é inerente e intrínseco a sua essência." KIRCHNER, Felipe. A responsabilidade civil objetiva no art. 927, parágrafo único, do CC/2002. *Revista dos Tribunais*, São Paulo, ano 97, v. 871, p. 51, maio 2008.

(346) O entendimento de Kirchner não é compartilhado por Elizabeth Veiga (Procuradora do Trabalho), que, ao manifestar-se nos autos do Processo 01219-2005-009-06-00-3(RO), em andamento no Tribunal Regional do Trabalho da 6ª Região, declarou que a responsabilidade objetiva de uma empresa de coleta de resíduos urbanos sólidos e outros serviços derivou do fato de esta lucrar com a atividade, mas também em razão da empresa não ter adotado as medidas necessárias à proteção do trabalhador. No seu parecer, a Procuradora invoca o art. 2º da CLT "Questionar-se-á: a atividade da QUALIX, empregadora, seria atividade de risco? Em tese não, mas ao não tomar a empresa as medidas necessárias à proteção dos empregados, a atividade, para o empregado, se tornou atividade de risco, atividade perigosa. Cabe à empresa zelar pelas condições adequadas de trabalho. Se a empresa se propõe a executar determinada atividade com objetivo de com ela lucrar e se esta atividade causa risco ao trabalhador, este risco não pode ser transferido para o trabalhador. Este é conceito por demais conhecido e expresso no art. 2º da CLT (todos os riscos do negócio pertencem ao seu proprietário). Não é diferente com relação à segurança do trabalhador, sua saúde, sua vida. É inaceitável que seja permitido, pela empresa, que trabalhador tenha olho atingido por detritos oriundos da compactação do lixo." Ministério Público do Trabalho. Processo 01219-2005-009-06-00-3(RO) — Procuradora do Trabalho. Elizabeth Veiga, Recife, setembro/2007. Disponível em: <http://74.125.93.132/search?q=cache%3ACUeMsLlJ5hoJ%3Awww.prt6.mpt.gov.br%2Fprt6%2Forgao-interveniente%2Fpareceres%2F2008-1%2F01219-2005-009-06-00-3%28RO%29.pdf%2Fat_download%2Ffile+atividade+de+risco+tribunal&hl=pt-BR> Acesso em: 21.3.2010.

Kirchner procura fazer uma análise quantitativa "[...] acerca dos critérios de diferenciação do que sejam as atividades perigosas dentro do contexto de mercado", enumerando-as: "(1) análise empírica, direta, positiva ou natural: quando os meios empregados no desempenho da atividade são facilmente identificados como perigosos pelo senso comum (*v. g.* explosivos, venenos, redes de alta tensão, etc.); (2) análise indireta, negativa ou por exclusão: quando é perceptível pelo senso comum que determinada atividade não se enquadra como 'não perigosa', através de uma simples comparação (ex. indústria de explosivos em contraponto com serviço de consultoria); (3) análise estatística: quando o risco da atividade é mensurado através de comparações com outras atividades por intermédio de critérios estatísticos; (4) análise econômica: centrada nos estudos da Law and Economics, utiliza diversos critérios de avaliação de risco, sendo o mais difundido a chamada Fórmula de Hand, para qual 'o risco é o produto da probabilidade do dano por sua magnitude'"[347]. No que tange à qualidade do risco, o legislador não diferenciou entre atividades de baixo ou alto risco, vez que não foi mantida a redação original da norma, que continha a expressão "grande" (risco)[348].

O Código do Consumidor refere-se ao risco e ao perigo. O art. 8º dispõe que "[...] os produtos e serviços colocados no mercado de consumo não acarretarão risco à saúde ou segurança dos consumidores, exceto os considerados normais e previsíveis em decorrência de sua natureza e fruição". O art. 9º, por sua vez, alude a "[...] produtos e serviços potencialmente nocivos ou perigosos à saúde ou segurança", obrigando o fornecedor a informar o consumidor "[...] a respeito da nocividade ou periculosidade". Por fim, o art. 10 dispõe que "[...] o fornecedor não poderá colocar no mercado de consumo produto ou serviço que sabe ou deveria saber apresentar alto grau de nocividade ou periculosidade à saúde ou segurança". Andréa Silva Rasga Ueda, referindo-se aos artigos do Código do Consumidor, assevera que o legislador diferencia risco de perigo e periculosidade. Para essa autora "[...] o perigo seria um risco materializado e agravado", porque tem uma "potencialidade a mais... de agredir a saúde ou segurança do consumidor". Conforme Ueda, o risco está ínsito em qualquer atividade, vez que significa a probabilidade do dano vir a ocorrer, enquanto "o perigo seria o risco materializado"[349].

---

(347) KIRCHNER, Felipe. *Op. cit.*, p. 53.
(348) "Induvidoso que, dentre as atividades desempenhadas pelo homem, umas podem ser consideradas mais perigosas para a vida, saúde, personalidade e patrimônio dos indivíduos do que outras, o que importa em um segundo problema, de ordem qualitativa. A supressão do termo 'grande', que adjetivava o 'risco' no Anteprojeto do Código Civil, demonstra que a simples existência deste basta para a aplicação do sistema objetivo, independentemente do grau de periculosidade, não sendo necessário que a atividade apresente grande potencial lesivo". KIRCHNER, Felipe. A responsabilidade civil objetiva no art. 927, parágrafo único, do CC/2002. *Revista dos Tribunais*, São Paulo, ano 97, v. 871, p. 53, maio 2008.
(349) "Risco, portanto, seria algo inerente, da própria índole ou natureza da atividade, em que o dano pode ou não vir a ocorrer. Nesse sentido, todas as atividades humanas o teriam por elemento. O risco é

Ueda justifica sua posição, sustentando que Caio Mário, no Projeto de Código Civil, distinguiu perigo de risco, equiparando o perigo ao risco concretizado. Parece-nos, entretanto, que Caio Mário não fez essa distinção. No Anteprojeto de Código das Obrigações, o art. 935 rezava: "[...] aquele que cria um perigo, em razão de sua atividade ou profissão, pela natureza delas, ou dos meios empregados, está sujeito à reparação do dano que causar, salvo se provar que adotou todas as medidas idôneas a evitá-lo"[350], tendo o autor justificado sua posição, afirmando que o texto instituía a responsabilidade pelo risco[351]. Assim, tudo indica que Caio Mário utilizou essas palavras como sinônimas.

Na Itália, diversos autores examinam o conceito de risco e perigo, partindo da leitura do art. 2.050 do CC.

Comporti destaca que todas as atividades são, em certa medida, perigosas. Assim, importa distinguir aquelas que são perigosas para efeito de aplicação do art. 2.050 do CC. Para Comporti, não basta que essas atividades tenham uma potencialidade de dano. É necessário que elas impliquem uma *probabilidade* de dano, uma *notável potencialidade danosa*, o que pode ser verificado por dados estatísticos. Interpretando o art. 2.050, segundo o qual a atividade pode ser perigosa em razão de sua natureza ou dos meios adotados, entende Comporti que pode ocorrer de uma atividade não ser por sua natureza perigosa, mas sê-la em razão dos meios adotados. Da mesma forma, os instrumentos podem não ser perigosos, mas a atividade, em razão de sua natureza, pode ser perigosa.

Recano, examinando o conceito de periculosidade, reporta-se à decisão da Suprema Corte italiana, de acordo com a qual o art. 2.050 tem aplicação quando a atividade apresente "uma notável potencialidade de dano, superior ao normal"[352]; esse entendimento foi repetido em julgados posteriores. O autor cita decisão da Suprema Corte italiana que faz referência expressa ao TULPS, ou seja, ao Regio Decreto de 18 de junho de 1931, n. 773, ou Testo Unico delle Leggi di Pubblica Sicurezza, arts. 46 e 58, bem como art. 81 e seguintes desse Estatuto. O art. 46, inserido no capítulo da prevenção de in-

---

mais amplo. Já o perigo seria um risco materializado, pois em virtude das circunstâncias da atividade desempenhada, o risco de dano é real, verossímil." UEDA, Andréa Silva Rasga. *Op. cit.*, p. 97-98.

(350) *Ibidem*, p. 98.

(351) Declara Caio Mário: "Mas onde fixei o clímax da responsabilidade sem culpa foi ao aceitar o ressarcimento pelo risco. Com efeito, a complexidade da vida moderna proporciona muitos meios de tirar proveito, alargando a zona de risco alheio. Então deve responder na medida do perigo que criar. É justo que se veja compelido a indenizar, por ter instituído um empreendimento capaz de proporcionar-lhe vantagens. Somente o fortuito o exonerará dos efeitos". *Código civil:* anteprojetos, v. 3, p. 136. *Ibidem*, p. 98.

(352) Cass. 24.2.83, n. 1425, RCP, 1983, 774. *Apud* RECANO, Paolo. *La responsabilità civile da attività pericolose*. Milano: Antonio Milani, 2001. p. 19.

fortúnios e desastres, dispõe que não é permitido, sem licença do Ministro do Interior, fabricar, ter em depósito, vender ou transportar produto explosivo, ou similar, ou elementos destinados à fabricação do explosivo. Da mesma forma, é vedado fabricar sem licença nitrocelulose ou nitroglicerina. O art. 58, por sua vez, veda o emprego de gás tóxico sem autorização prévia. Os arts. 81 e seguintes foram, na sua maior parte, derrogados. Referindo-se ao TULPS, enfatizou a Suprema Corte italiana que as atividades perigosas mencionadas pelo art. 2.050 não são exclusivamente as mesmas citadas pelo Regio Decreto, mas todas aquelas atividades que sejam intrinsecamente perigosas, seja em relação ao seu exercício, seja em relação aos meios de trabalho adotados[353]. Diante dessas decisões da Corte Suprema, Recano afirma que existe uma *estrutura aberta* do art. 2.050 do CC italiano, vez que atividades perigosas são não só aquelas consideradas como tal pela legislação, mas também aquelas que, não previstas em lei, "[...] revelam uma concreta e notável periculosidade, intrinsecamente ou em relação aos meios de trabalho adotados"[354][355]. No mesmo sentido, colocam-se Cendon[356], Franzoni[357] e Geri[358].

---

(353) Cass. 31.3.67, n. 746, RFI, 1967, Resp. civ., 260. Ibidem, p. 20.
(354) Cass. 5341/98. Ibidem, p. 21.
(355) Cendon reporta-se à decisão do Tribunal de Firenze para esclarecer o que seja tipicidade da periculosidade. Segundo Cendon, o art. 2.050 tem aplicação quando o dano decorre da periculosidade típica da atividade, o que significa dizer que a atividade em si deve ser perigosa, e não podendo se tratar de um perigo ocasional, ao qual todas as empresas ou entidades estão sujeitas. O dano deve ter sido causado pela atividade perigosa, sob pena de sujeitar-se à aplicação do art. 2.043. Segundo o Tribunal de Firenze, o art. 2.050 tem aplicação no caso de dano relacionado diretamente à atividade perigosa da empresa e não ao dano ocorrido no ambiente da empresa que desenvolve atividade perigosa, mas é comum a todas as outras empresas. App. Firenze 24.7.63, *GIT*, 1964, 419. CENDON, Paolo. *La responsabilità civile:* responsabilità extracontrattuale. Torino: Torinese, 1998. p. 209.
(356) "Per giurisprudenza consolidata, posta la 'struttura aperta' (cosi Trib. Siena 23.8.89, Gm, 1991, 305) dell'art. 2.050 c.c., sono dunque da considerare pericolose non solo le attività espressamente qualificate tali da specifiche norme di legge, bensí anche quelle altre che, indipendentemente da qualsiasi previsione normativa, rivelino in concreto una (notevole) pericolosità, intrinsecamente o in relazione ai mezzi di lavoro adoperati. Di qui la individuazione di fattispecie tipiche ed atipiche di attività pericolose." Considerando que existem atividades perigosas previstas em lei e outras não previstas na lei, Cendon menciona atividade típica e atípica. São consideradas atividades perigosas típicas aquelas constantes do Texto Único de Segurança Pública, lei de acidente de trabalho e tutela da incolumidade pública. Cendon cita como exemplos a produção de explosivos e emprego de gás tóxico. A doutrina, diz Cendon, critica a aplicação automática do critério da tipicidade. A Suprema Corte, em 1987, sustentou que atividade perigosa era aquela constante do Texto Único de Segurança Pública e das normas especiais. Com efeito, ao julgar um recurso versando pedido de indenização decorrente de dano provocado por guindaste, o Tribunal referiu-se expressamente ao art. 1º do D.P.R. 1124/1965, afirmando que a atividade era perigosa por inserir-se naquela norma. Posteriormente, em 1991, a Suprema Corte decidiu de modo diverso, afirmando que atividade perigosa é aquela prevista como tal na lei de segurança pública, nas normas especiais e aquelas que são intrinsecamente perigosas, por sua natureza ou meios utilizados. As atividades previstas na lei de segurança pública, frisou o Tribunal, não trazem, necessariamente, ínsita a periculosidade. De outra parte, diz Cendon, pacífica a jurisprudência hoje que atividade perigosa é aquela que tem uma periculosidade intrínseca, relativa aos meios de trabalho empregados ou sua natureza. Ibidem, p. 203-205.
(357) Segundo Franzoni, antes do Código Civil de 1942, a responsabilidade por exercício de atividade perigosa era aplicada a casos restritos, onde se evidenciava uma alta periculosidade, mas uma baixa

A Suprema Corte italiana pacificou a matéria, pronunciando-se no sentido de que tanto são atividades perigosas aquelas indicadas na legislação infortunística, quanto aquelas atividades que revelam uma periculosidade intrínseca, seja em si mesmas, seja nos meios de trabalho empregados. Não estando a atividade enquadrada na legislação infortunística ou especial como atividade perigosa, deve o juiz analisar, caso a caso, se o dano causado por ela está ao abrigo do art. 2.050 do CC italiano[359][360]. Para Comporti, a partir do momento em que restou superada aquela jurisprudência, o juiz teve que decidir o que é atividade perigosa com base na experiência comum[361].

---

relevância socioeconômica da atividade. A aplicação da regra decorria do reconhecimento das atividades indicadas no Testo Unico delle Leggi di Pubblica Sicurezza n. 773 e regulamento n. 635. Dentre outras, a lei mencionava a indústria de explosivos, indústria de caldeira a vapor, indústrias insalubres, moinhos etc. Esse entendimento modificou-se posteriormente, tendo a jurisprudência se pacificado no sentido de que se deve entender por atividade perigosa, nos termos do art. 2.050 do CC italiano, aquelas previstas nas leis de Segurança Pública e respectivo regulamento, aquelas insertas em leis especiais e todas as demais que sejam intrinsecamente perigosas ou perigosas em relação aos meios de trabalho empregados. Nesse sentido, observem-se as diversas decisões da Corte de Cassação citadas pelo autor. Os Tribunais também entendem que compete àquele que desenvolve a atividade perigosa comprovar que adotou todos os meios idôneos para evitar o dano. No entender da Corte de Cassação, não basta a prova negativa de não haver cometido qualquer violação à lei, porém, é necessário fazer uma prova positiva, de haver empregado todos os meios para evitar o dano. Para parte da jurisprudência, atividades perigosas típicas são aquelas indicadas no Texto Único de Segurança Pública, que tutelam a incolumidade pública. Franzoni cita ainda o DRP n. 164, de 1956, que dispõe sobre a prevenção de acidente do trabalho na construção. Segundo essa norma, os acidentes do trabalho na construção são regulados por ela, aplicando-se aos trabalhadores subordinados, em trabalhos de construção, manutenção, reparação, demolição etc., bem como implemento de eletricidade, obras em estrada, ferrovias, hidráulicas, marítimas, hidroelétricas etc. Decisão do Tribunal de Apelação de Brescia entendeu aplicável o art. 2.050 à atividade descrita no Decreto n. 164, no caso concreto, trabalho com transferência de energia elétrica. Essa foi considerada atividade perigosa típica. FRANZONI, Massimo. *La responsabilità oggettiva*. Milano: Antonio Milani, 1995. p. 144-147.
(358) Explica Geri que a jurisprudência, buscando critérios para identificar a atividade perigosa, recorre às atividades consideradas perigosas pela lei de segurança pública, que menciona, por exemplo, material explosivo e gás tóxico. A jurisprudência também recorre à lista de atividades perigosas previstas na lei de acidente de trabalho. GERI, Vinício. *Responsabilità civile per danni da cose ed animali:* nesso causale, attività pericolose, cose in custodia, animali, rovina di edificio, vizi del veicolo. Milano: Giuffrè, 1962. p. 165.
(359) "Fuori delle ipotesi nelle quali la pericolosità dell'attività è considerata e dichiarata dalle leggi di pubblica sicurezza o dalle leggi speciali, perché trovi applicazione la presunzione di responsabilità di ciu all'art. 2050 c.c. ocorre che l'estremo della pericolosità sai accertato caso per caso" (Cass. 3.3.69, n. 687, RFI, Resp. civ., 226) e "Lo stabilire [...] se una determinata attività sai o meno pericolosa è affidato al prudente criterio del giudice di merito, il quale, avvalendosi anche delle nozioni che rientrano nella comune esperienza, deve accertare caso per caso se l'attività di ciu si discute abbia o non una pericolosità intrinseca, o comporti l'uso di mezzi pericolosi". (Cass. 11.7.69, n. 2555, RGCT, 1970, 232, análoga conclusão em Cass. 4710/91, Cass. 5960/~84 e Cass. 3678/84). RECANO, Paolo. *Op. cit.*, p. 25.
(360) Outrossim, conforme jurisprudência pacífica da Suprema Corte italiana, a avaliação da periculosidade deve ser "apreciada no momento anterior ao dano". Cass. 24.2.83, n. 1425, RCP, 1983, 774. *Ibidem*, p. 27.
(361) De acordo com Comporti, foi adotado inicialmente um conceito restritivo de atividade perigosa. Consideravam-se perigosas as atividades previstas no Texto Único da Tutela da Segurança Pública, nos arts. 46-76, Decreto n. 773/31. Essa tese logo foi superada pela jurisprudência, que acolheu a tese de que não somente as atividades descritas no Decreto deveriam ser assim consideradas aquelas que, por sua natureza ou pelos meios empregados, são perigosas. Compete, pois, ao juiz decidir se a atividade é perigosa ou não, segundo as regras da experiência comum. Para Comporti, existem atividades perigosas atípicas: nesse caso, o juízo deve ser feito *ex ante*, verificando-se se antes de o dano ser produzido aquela

Di Martino, entretanto, sublinha que o texto único sobre seguro obrigatório contra acidente e doença do trabalho, Decreto n. 1.124, de 30.6.1965, dispõe em seu art. 10 que o empregador fica exonerado da responsabilidade civil, nos casos em que a doença esteja prevista na Lei[362]. Assim, diz Di Martino, somente no caso de doença que não esteja contemplada no Decreto n. 1.124 é que pode o empregado deduzir ação contra o empregador, com base no art. 2.050 do CC italiano, ou seja, em casos excepcionais, visto que a maioria das atividades perigosas está prevista no art. 1º do Decreto n. 1.124. O art. 1º menciona atividades de construção civil; reparação de estradas, escavação; construção, manutenção e reparação de ferrovia, metrovia, linha de *trolley*, teleférica ou exercício desses; distribuição, transformação, extração, aproveitamento de gás, energia elétrica, inclusive relativo a telegrafia e radiotelegrafia, telefone e radiotelefone, televisão, construção, reparação e remoção de linha de condução; transporte terrestre, por meio mecânico ou animal; depósito de mercadorias; navegação marítima, lacustre, fluvial ou aérea; exercício da pesca; fabricação, tratamento, emprego ou transporte de produto explosivo, inflamável tóxico, corrosivo, cáustico, radioativo, ainda que destinado a depósito ou venda desses produtos; corte de plantas, transporte ou plantação; estabelecimentos metalúrgicos e mecânicos, incluindo a fundição; tratamento de couro; vidraçaria e fábrica de cerâmica, mineração, escavação; turfeira[363], salinas; produção de cimento, cálcio, gesso, ladrilho; construção, demolição e reparação de naves ou embarcações; açougues públicos; extinção de incêndio, exceto pessoal do Corpo Nacional de Vigilância; serviço de salvamento; serviço de vigilância privada, incluindo vigilância de reserva de caça e pesca; serviço de limpeza urbana; cuidado, reprodução e custódia de animais, incluindo serviço nos jardins zoológicos e aquários; preparação, prova ou execução de espetáculo público, preparação ou exercício de parques de diversão, incluindo pessoal de sala de local cinematográfico ou teatral[364].

---

atividade tinha potencial para isso. A periculosidade resta caracterizada por dois requisitos: número de dano causado com certa frequência de tempo e gravidade do dano. Dessa forma, diz Comporti, ainda que se utilizem máquinas na fábrica de couro, e que haja danos frequentes, essa atividade não pode ser considerada perigosa. Contrariamente, a atividade numa fábrica de explosivo é perigosa, vez que um acidente pode causar danos gravíssimos a muitas pessoas. COMPORTI, Marco. *Fatti illeciti*: le responsabilità oggettive. Milano: Giuffrè, 2009. p. 191-194.

(362) Art. 10. "L'assicurazione a norma del presente decreto esonera il datore di lavoro dalla responsabilità civile per gli infortuni sul lavoro (1) (2) (3). Nonostante l'assicurazione predetta permane la responsabilità civile a carico di coloro che abbiano riportato condanna penale per il fatto dal quale l'infortunio è derivato (1) (3)." ITÁLIA. Decreto n. 1.124, de 30.6.1965. Disponível em: <http://normativo.inail.it/bdninternet/docs/dpr112465.htm> Acesso em: 20.5.2010.

(363) *Turfa*: material de origem vegetal parcialmente decomposto. *Wikipédia*. <pt.wikipedia.org/wiki/Turfa> Acesso em: 21.5.2010.

(364) Art. 1º "[...] L'assicurazione è inoltre obbligatoria anche quanto non ricorrano le ipotesi di cui ai commi precedenti per le persne che, nelle condizioni previste dal presente titolo, siano addetti ai lavori (3); 1) di costruzione, manutenzione, riparazione, demolizione di opere edili, comprese le stradali, le

Como esclarece Di Martino, nada impede que, por força do progresso tecnológico, surjam outras atividades não contempladas na Lei. Além disso,

idrauliche e le opere pubbliche in genere; di rifinitura, pulitura, ornamento, riassetto delle opere stesse, di formazione di elementi prefabbricati per la realizzazione di opere edili, nonché ai lavori, sul le strade, di innaffiatura, spalatura della neve, potatura degli alberi e diserbo;
2) di messa in opera, manutenzione, riparazione, modificazione, rimozione degli impianti all'interno o all'esterno di edifici, di smontaggio, montaggio, manutenzione, riparazione, collaudo delle macchine, degli apparecchi, degli impianti di cui al primo comma;
3) di esecuzione, manutenzione o esercizio di opere o impianti per la bonifica o il miglioramento fondiario, per la sistemazione delle frane e dei bacini montani, per la regolazione e la derivazione di sorgenti, corsi e deflussi d'acqua, compresi, nei lavori di manutenzione, il diserbo dei canali e il drenaggio in galleria; 4) di scavo a cielo aperto o in sotterraneo; a lavori di qualsiasi genere eseguiti con uso di mine; 5) di costruzione, manutenzione, riparazioni di ferrovie, tramvie, filovie, teleferiche e funivie o al loro esercizio; 6) di produzione o estrazione, di trasformazione, di approvvigionamento, di distribuzione del gas, dell'acqua, dell'energia elettrica, compresi quelli relativi alle aziende telegrafiche e radiotelegrafiche, telefoniche e radiotelefoniche e di televisione; di costruzione, riparazione, manutenzione e rimozione di linee e condotte; di collocamento, riparazione e rimozione di parafulmini;
7) di trasporto per via terrestre, quando si faccia uso di mezzi meccanici o animali;
8) per l'esercizio di magazzini di deposito di merci o materiali;
9) per l'esercizio di rimesse per la custodia di veicoli terrestri, nautici o aerei, nonché di posteggio anche all'aperto di mezzi meccanici;
10) di carico o scarico;
11) della navigazione marittima, lagunare, lacuale, fluviale ed aerea, eccettuato il personale di cui all'art. 34 del regio decreteo-legge 20 agosto 1923, n. 2207, concernente norme per la navigazione aerea, convertito nella legge 31 gennaio 1926, n. 753;
12) della pesca esercitata con navi o con galleggianti, compresa la pesca comunque esercitata delle spugne, dei coralli, delle perle e del tonno; della vallicoltura, della mitilicoltura, della ostricoltura (4);
13) di produzione, trattamento, impiego o trasporto di sostanze o di prodotti esplosivi, esplodenti, infiammabili, tossici, corrosivi, caustici, radioattivi, nonché ai lavori relativi all'esercizio di aziende destinate a deposito e vendita di dette sostanze o prodotti; sono considerate materie infiammabili quelle sostanze che hanno un punto di infiammabilità inferiore a 125°C e, in ogni caso, i petroli greggi, gli olii minerali bianchi e gli olii minerali lubrificanti;
14) di taglio, riduzione di piante, di trasporto o getto di esse;
15) degli stabilimenti metallurgici e meccanici, comprese le fonderie;
16) delle concerie;
17) delle vetrerie e delle fabbriche di ceramiche;
18) delle miniere, cave e torbiere e saline, compresi il trattamento e la lavorazione delle materie estratte, anche se effettuati in luogo di deposito;
19) di produzione del cemento, della calce, del gesso e dei laterizi;
20) di costruzione, demolizione, riparazione di navi o natanti, nonché ad operazioni di recupero di essi o del loro carico;
21) dei pubblici macelli o delle macellerie;
22) per l'estinzione di incendi, eccettuato il personale dei Corpo nazionale dei vigili del fuoco (5);
23) per il servizio di salvataggio;
24) per il servizio di vigilanza privata, comprese le guardie giurate addette alla sorveglianza delle riserve di caccia e pesca (6);
25) per il servizio di nettezza urbana;
26) per l'allevamento, riproduzione e custodia degli animali, compresi i lavori nei giardini zoologici negli acquari;
27) per l'allestimento, la prova o l'esecuzione di pubblici spettacoli, per l'allestimento o l'esercizio dei parchi di divertimento, escluse le persone addette ai servizi di sala dei locali cinematografici o teatrali (7);
28) *per lo svolgimento di esperienze ed esercitazioni pratiche nei casi di cui al al n. 5 dell'art. 4."* ITÁLIA. Decreto n. 1.124, de 30.6.1965. Disponível em: <http://normativo.inail.it/bdninternet/docs/dpr112465.htm> Acesso em: 20.5.2010.

deve-se ter em mente que o art. 10 do Decreto n. 1.124 admite o ajuizamento de ação trabalhista, nos casos em que o empregador seja condenado pelo dano causado ao empregado. Nesses casos, no entanto, deve ser comprovada a culpa do causador do dano, bem como deve haver condenação criminal[365]. Segundo Recano, é sob essa óptica que devemos entender aplicável o art. 2.050 do CC italiano aos empregados[366].

Barone investiga a relação entre risco e perigo. Para o autor, o empresário faz sempre uma escolha — o que envolve risco —, escolha esta que pode pôr em perigo terceiros[367]. A doutrina, por vezes, relaciona a origem do risco à tecnologia e a origem do perigo à natureza[368].

Segundo Barone, não se pode relacionar o risco da produção empresarial apenas ao produto final. O processo produtivo já traz riscos em si: às pessoas e ao meio ambiente. Hoje, existem normas comunitárias que tratam da poluição do ar, da tutela da água, do lixo, de autorização ambiental integrada, de atividade de risco, organismo geneticamente modificado, microrganismos geneticamente modificados, segurança alimentar, segurança geral do produto, medicamentos e radiologia. Tais normas incidem sobre as relações entre a Administração Pública e o particular, bem como entre entes privados[369].

Koch analisa o conceito de perigo anormal, utilizado no art. 5º do texto dos Princípios de Direito Europeu de Responsabilidade Civil. Para o autor, a atividade referida pelo artigo não deve ser comum, mas deve "[...] criar um risco previsível e significativo de dano, ainda que se empregue toda a diligência devida no seu exercício". Koch vislumbra dois fatores que caracterizam esse risco: "[...] a frequência e a gravidade do dano que podem produzir". Nesse passo, salienta Koch, a definição se aproxima do American Restatement 3rd

---

(365) DI MARTINO, V. *La responsabilità civile nelle attività pericolose e nucleari*. Milano: Giuffrè, stampa 1979. — XI, 576. p. 63. *Apud* RECANO, Paolo. *Op. cit.*, p. 43.

(366) "Si osserva, però (Di Martino, 1979, 63), che al riguardo occorre tenere debitamente conto del fatto che l'art. 10 del t.u. in materia di assicurazione obligatoria controle gil infortuni sul lavoro e le malattie professionali (d.p.r. 30.6.1965, n. 1124) esonera il datore di lavor dalla responsabilità civile per tutti gli infortuni accorsi ai dipendente che risultino coperti dall'assicurazione resa obbligatoria dalla norma. Di conseguenza, la responsabilità di cui all'art. 2050 c.c. potrà essere invocata solo dal lavoratore adetto ad attività per cui non è prevista l'assicurazione obbligatoria ai sensi del combinato disposto degli artt. 1 e 4 de t.u. citato [...] Se dunque, è entro questi limite che l'art. 2050 c.c. può operare in favore dei lavoratori subordinati [...]". *Ibidem*, p. 43.

(367) "A fronte della teorizzazione della 'società del rischio', che non distingue in modo netto i due concetti, la 'sociologia del rischio' sottoliena Il 'paradosso sociale' tra rischio d'impresa, in cui entra in gioco Il decidere, e pericolo, al quale si è esposti. Così, i rischi che un decisore assume diventano pericolo per Il soggetto (o i soggetti) che da quelle scelte è coinvolto." BARONE, Antonio. *Il diritto del rischio*. Milano: Giuffrè, 2006. p. 17.

(368) *Ibidem*, p. 17-18.

(369) *Ibidem*, p. 20-23.

of Torts. A frequência do dano pode ser medida por estatísticas[370]. Já a extensão do dano se mede pelo valor da indenização e pelas normas jurídicas[371].

Nos Estados Unidos, Christie e Meeks discorrem sobre o conceito de atividade *ultraperigosa* (*ultrahazardous activity*). Tradicionalmente, é considerada atividade ultraperigosa aquela que (a) envolve risco para coisas, animais ou pessoas e não pode ser eliminada por cuidado externo; e (b) não é comum. Comentando decisões judiciais, Christie e Meeks esclarecem que "ultra" não significa "extra" ou mesmo excessivo. De acordo com entendimento dominante, ultraperigoso significa o perigo que ultrapassa, supera, que vai além de qualquer risco[372][373]. Kress indica em que situações a jurisprudência norte-americana entendeu aplicável a responsabilidade objetiva: explosão, construção ou uso de reservatório de água, teste em pedreirais, vazamento de gás, contato com animal feroz, indústria de armas e de energia nuclear, perfuração de petróleo, escavação[374].

Christie e Meeks comentam que atividades comuns não podem ser consideradas perigosas ou ultraperigosas. Nesse sentido, dirigir um carro não pode ser tida como atividade perigosa, sujeita às regras da responsabilidade objetiva. Os autores citam alguns exemplos de atividades perigosas. O primeiro deles, relativo a um trabalhador que se acidentou com gás ácido hidrociânico usado para fumigar[375] o subsolo de um restaurante. O réu alegou que fumigar era uma atividade comum. O Tribunal, contudo, entendeu que o gás usado era incomum e o serviço era especializado. No segundo exemplo, Christie e Meeks abordam a atividade de fazer, estocar e transportar explosivos, afirmando que essa atividade é feita por um pequeno número de

---

(370) Godoy indaga qual o critério a ser utilizado para apuração da atividade que contém um risco anormal, concluindo que o melhor critério é o estatístico. GODOY, Cláudio José Bueno de. *A responsabilidade civil pelo risco da atividade:* uma cláusula geral no código civil de 2002. Tese (Livre-docência) — Faculdade de Direito da Universidade de São Paulo. São Paulo: Universidade de São Paulo, 2007. p. 158.
(371) KOCH, B. A. Responsabilidade objetiva. MARTÍN-CASALS, Miquel (coord.). *Principios de derecho europeo de la responsabilidad civil.* Sevilla: Aranzadi, 2008. p. 149.
(372) CHRISTIE, George C.; MEEKS, James E. *Cases and materials on the law of torts.* St. Paul, Minn., 1990. p. 547.
(373) O conceito tradicional é criticado por alguns, que afirmam que, salvo nas atividades que envolvem energia atômica, o extremo cuidado — sendo o local onde desenvolvida a atividade apropriado — previne perigo de qualquer atividade. Os que defendem essa posição exemplificam argumentando que: a) atividade de explosão é segura, se utilizados os explosivos corretos; b) uso de aviões supersônicos é atividade segura, mas pode não ser, se o sobrevoo é feito na Antártica etc. *Ibidem*, p. 547.
(374) KRESS, Ken. *Op. cit.*, p. 278.
(375) Fumigar: "ato de realizar em um ambiente completamente fechado, isolado, hermético como um galpão, um *container*, uma caixa, uma barraca, ou seja, uma câmara onde poderão ser introduzidos ou produzidos gases que farão o tratamento fitoterápico de eliminação de substâncias vivas presentes no ambiente em que se produziram ou comercializaram os produtos que serão entregues em outros países. Este procedimento minimiza a proliferação de pragas, insetos etc." Disponível em: <http://www.dicionarioinformal.com.br> Acesso em: 5.6.2010.

pessoas, tratando-se de atividade incomum, à qual se aplica a regra da responsabilidade objetiva. No terceiro exemplo, os autores afirmam que, em processo no qual a vítima pleiteou indenização em decorrência de ter sido atingida pelos produtos químicos que eram empregados na prevenção de pragas, no cultivo da maçã, disseminados por via aérea, o Tribunal rejeitou o argumento de que a disseminação de produtos químicos por aviões, para proteger as plantações, é atividade comum, sustentando que se tratava de atividade perigosa, por conta dos produtos químicos utilizados[376].

Analisando os casos jurisprudenciais, Christie e Meeks buscam identificar quais os critérios que caracterizam a atividade anormalmente (*abnormally*) perigosa: a) grande probabilidade de risco à pessoa, terra ou animal de outrem; b) probabilidade de o dano ser grande; c) impossibilidade de eliminar o risco com cuidado normal; d) atividade que não é usual; e) impropriedade da atividade para o local onde é desenvolvida e f) valorização da atividade pela comunidade, tornando seu desenvolvimento importante, apesar de perigosa[377][378].

Ken Kress esclarece que dois fatores são levados em conta, em regra, para identificação da atividade perigosa (no caso americano, anormalmente perigosa). O primeiro, se a atividade é comum, praticada pela maior parte dos membros da comunidade e, assim, se cria riscos comuns, que não são recíprocos dentro da sociedade. O segundo fator, se o risco é grande. Para Kress, é um erro basear-se nesses dois fatores como determinantes da existência de uma atividade perigosa. Kress frisa que, em diversos casos nos quais o risco é recíproco, a jurisprudência entendeu aplicável a regra de responsabilidade objetiva[379].

No Brasil, diversos autores debatem a questão, procurando investigar o sentido do vocábulo *risco*, no contexto do parágrafo único do art. 927 do Código Civil brasileiro. Nessa senda, Raimundo Simão de Melo, para quem esse é um "conceito aberto", pois o nosso ordenamento não regulamentou o que seja atividade de risco, deixando essa tarefa para a jurisprudência e doutrina[380][381]. De acordo com Melo, a atividade perigosa já contém em si um risco,

---

(376) CHRISTIE, George C.; MEEKS, James E. *Op. cit.*, p. 546-547.
(377) *Ibidem*, p. 550.
(378) Ken Kress menciona decisão judicial em que a Corte entendeu que a responsabilidade objetiva tem lugar onde grande é a probabilidade de o dano vir a ocorrer e a magnitude da lesão. KRESS, K. *Op. cit.*, p. 277.
(379) *Ibidem*, p. 280.
(380) MELO, Raimundo Simão de. Responsabilidade objetiva e inversão da prova nos acidentes de trabalho. *Revista do Tribunal Regional do Trabalho da 15ª Região*, n. 30, p. 87. Disponível em: <http://bdjur.stj.gov.br/xmlui/bitstream/handle/2011/18378/Responsabilidade_Objetiva_e_invers%C3%A3o.pdf?sequence=2> Acesso em: 22.2.2010.
(381) "O sistema aberto é retratado pela opção do legislador em adotar as denominadas cláusulas gerais ou abertas, as quais cabe ao juiz a responsabilidade de complementá-las e torná-las mensagens definidas

de sorte que as estatísticas revelam a probabilidade de este vir a ocorrer. Assim, já se sabe, desde o princípio, que o risco é provável, conquanto não se saiba o momento em que ocorrerá, ou mesmo se ocorrerá. Esse risco não é um risco qualquer, mas de determinadas atividades em que já se sabe, por experiência, que acontecem com determinada frequência. Nesse caso, o autor da atividade desenvolvida com regularidade deve responder pelo dano[382].

Segundo Melo, a atividade referida pelo art. 927 do CC é aquela que possui potencialmente um risco. O risco decorrente da atividade perigosa, diz Melo, é previsível e prevenível, vez que é possível identificar suas causas e neutralizá-las. Somente a causa que não pode ser identificada deve ser tachada de imprevisível[383].

No mesmo sentido de Melo, aparece Kirchner, para quem o art. 927 do CC corresponde a uma cláusula aberta[384]. Com efeito, nos casos em que a Lei não traz ao juiz parâmetros precisos, mas termos vagos, amplos ou conceitos jurídicos indeterminados, estes devem ser preenchidos pelo juiz, que se utiliza dos princípios legais. No que tange às cláusulas abertas, sustenta Kirchner

---

em face de situações fáticas concretas. Exemplo dessa técnica adotada pelo Novo Código Civil pode ser encontrado no teor dos arts. 12, 21, 187, 927 e seu parágrafo único e 944." DELGADO, José Augusto. *Ética no novo código civil*. Superior Tribunal de Justiça. Disponível em: <http://bdjur.stj.jus.br/xmlui/bitstream/handle/2011/9281/A_%C9tica_no_Novo_C%F3digo_Civil.pdf.txt;jsessionid=535A8F3FC7E78DFCC967AC218511E9A5?sequence=3> Acesso em: 21.3.2010.

(382) "A atividade de risco pressupõe a possibilidade de um perigo incerto, inesperado, mas, em face de probabilidades já reconhecidas por estatísticas, é esperado. A natureza da atividade é a peculiaridade que vai caracterizar o risco capaz de ocasionar acidentes e provocar prejuízos. A atividade de risco é aquela que tem, pela sua característica, uma peculiaridade que desde já pressupõe a ocorrência de acidentes. Tem ela intrinsecamente ao seu conteúdo um perigo potencialmente causador de dano a alguém. O exercício de atividade que possa oferecer perigo representa um risco, que o agente assume, de ser obrigado a ressarcir os danos que resultarem para terceiros. O que configura a responsabilidade objetiva pelo risco da atividade não é um risco qualquer, normal e inerente à atividade humana e/ou produtiva normais, mas aquela cujo risco inerente é excepcional e incomum, embora previsível, é um risco que dá praticamente como certa a ocorrência de eventos danosos para as pessoas. Este risco deve decorrer da atividade potencialmente perigosa desenvolvida com regularidade por alguém que busca resultado que, pela experiência acumulada, pode prever a ocorrência de acidentes com prejuízos para as pessoas." MELO, Raimundo Simão de. Loc. cit.

(383) "[...] grande parte dos acidentes decorre da ausência de cuidados mínimos e especiais na adoção de medidas coletivas e individuais de prevenção dos riscos ambientais. Além disso, há inúmeras atividades caracteristicamente perigosas, cujos acidentes não são considerados meros infortúnios do acaso. São eventos previsíveis e preveníveis. Suas causas são identificáveis e podem ser neutralizadas ou eliminadas. Não se confunde evento imprevisto com evento imprevisível. O evento imprevisível é desconhecido da comunidade humana que o observa; o evento imprevisto é indesejado tão somente." *Idem*.

(384) "A redação do dispositivo em exame utilizou uma série de termos vagos, tais como a expressão 'atividade de risco'. Nesse contexto, inequívoca a utilização da técnica de legislar através de normas abertas, que possui como espécies os conceitos jurídicos indeterminados e as cláusulas gerais. Contudo, a doutrina majoritária não faz a devida diferenciação entre as espécies, optando por enquadrar a norma analisada como sendo uma cláusula geral, hipótese que não condiz com a melhor técnica." KIRCHNER, Felipe. *Op. cit.*, p. 43-44.

que "[...] cabe ao operador definir os efeitos da aplicação, concorrendo para a formulação da própria norma"[385].

Somente o risco excepcional e incomum dá lugar à responsabilidade prevista no parágrafo único do art. 927. Nesses casos, o dano, com grande probabilidade, deve ocorrer, já que a empresa executa atividade perigosa, fazendo-o com regularidade[386].

Quanto a essa questão, pronunciou-se o Superior Tribunal de Justiça, por uma de suas Turmas, declarando:

> Admitida a possibilidade de ampliação dos direitos contidos no art. 7º da CF, é possível estender o alcance do art. 927, parágrafo único, do CC/2002 — que prevê a responsabilidade objetiva quando a atividade normalmente desenvolvida pelo autor do dano implicar, por sua natureza, risco para terceiros — aos acidentes de trabalho. A natureza da atividade é que irá determinar sua maior propensão à ocorrência de acidentes. O risco que dá margem à responsabilidade objetiva não é aquele habitual, inerente a qualquer atividade. Exige-se a exposição a um risco excepcional, próprio de atividades com elevado potencial ofensivo.[387]

No que diz respeito à responsabilidade do empregador derivada do exercício da atividade de risco, afirma Melo: "[...] não se pode esquecer que o art. 2º da CLT consagra que o empregador que busca resultados com a sua atividade, assume os riscos da mesma em face daquele que lhe presta serviços"[388].

Ele conclui, sublinhando que, nos casos de acidentes e doenças profissionais decorrentes dos danos ao ambiente do trabalho, incidem o §§ 3º do art. 225 da Constituição e 1º do art. 14 da Lei n. 6.938/81, aplicando-se a regra da responsabilidade objetiva[389].

Schiavi assevera que a lei não especificou quais são as atividades de risco, de forma que cabe à doutrina e jurisprudência a tarefa de identificá-

---

(385) *Ibidem*, p. 44.
(386) MELO, Raimundo Simão de. *Loc. cit.*
(387) RECURSO ESPECIAL 2008/0136412-7 Relator Ministro SIDNEI BENETI (1137) Relator(a) p/ Acórdão Ministra NANCY ANDRIGHI (1118) Órgão Julgador T3 — Terceira Turma. Data do Julgamento: 26.5.2009. Data da Publicação/Fonte DJe 25.6.2009. Disponível em: <http://www.stj.jus.br/SCON/jurisprudencia/doc.jsp?livre=927+e+atividade+e+normalmente+e+desenvolvida&&b=ACOR&p=true&t=&l=10&i=1> Acesso em: 16.3.2010.
(388) MELO, Raimundo Simão de. Responsabilidade objetiva e inversão da prova nos acidentes de trabalho. *Loc. cit.*
(389) "Desse modo, forçoso é concluir que nas hipóteses de doenças ocupacionais decorrentes dos danos ao meio ambiente do trabalho, a responsabilidade pelos prejuízos à saúde do trabalhador é objetiva (§§ 3º do art. 225 da Constituição e 1º do art. 14 da Lei n. 6.938/81). Igualmente se aplica este entendimento em relação aos acidentes-tipo decorrentes de danos ambientais gerais. A razão é que, sendo o meio ambiente do trabalho um aspecto integrante do meio ambiente geral (arts. 200, VIII, e 225 da Constituição), toda e qualquer lesão decorrente dos desequilíbrios ambientais atraem a regra da responsabilidade objetiva assegurada nos aludidos dispositivos." *Ibidem*.

-las⁽³⁹⁰⁾. O autor sustenta que o risco referido no parágrafo único do art. 987 do CC não é o mesmo mencionado pelo legislador no art. 2º da CLT. Ao contrário, trata-se de um maior risco à pessoa humana, ao trabalhador[391]. Tem a mesma opinião Pedro Paulo Teixeira Manus, para quem o art. 2º da CLT não tem a menor relação com o parágrafo único do art. 927[392].

De acordo com (proposta para) a Súmula n. 38 do STJ, aprovada na I Jornada de Direito Civil:

> A responsabilidade fundada no risco da atividade, como prevista na segunda parte do CC, art. 927, parágrafo único, configura-se quando a atividade normalmente desenvolvida pelo autor do dano causar a pessoa determinada um ônus maior do que os demais membros da coletividade.

Para Godoy, o Enunciado n. 38 interpretou o art. 927, parágrafo único, do CC, com base na redação original do anteprojeto o Código, a qual dispunha que haveria "[...] obrigação de reparar o dano independentemente de culpa, nos casos especificados por lei, ou quando a atividade normalmente desenvolvida implicar, por sua natureza, grande risco". Ora, a redação final do parágrafo único do art. 927 menciona o risco da atividade, e não "grande risco", como constou do projeto original, a significar que não há necessidade de que a atividade crie um risco anormal. Assim, o Enunciado n. 38 da I Jornada de Direito Civil ficou preso à redação original do Código, que não foi mantida[393]. Para alguns, todavia, o entendimento do STJ nada acrescentou[394].

A nosso ver, eventual Enunciado sobre o parágrafo único do art. 927 pode restringir sua interpretação, o que não é conveniente. Isso, entretanto, não se deu com o Enunciado n. 38, demasiadamente genérico para tanto. Temos que ainda é muito cedo para se fixar uma interpretação ao parágrafo único do art. 927 do CC. Convém aguardar a sedimentação da jurisprudência, para talvez publicar-se um Enunciado. Enquanto isso, é possível recorrer à doutrina e jurisprudência nacional e estrangeira.

---

(390) "Acreditamos que, no caso concreto, caberá ao juiz, pautando-se pela equidade e razoabilidade, aquilatar se a atividade é de risco ou não." SCHIAVI, Mauro. Aspectos polêmicos das exceções de impedimento, suspeição e incompetência no processo do trabalho à luz da CLT, do TST e do CPC. *Revista LTr*, São Paulo, n. 11, p. 578, nov. 2007.
(391) *Idem*.
(392) MANUS, Pedro Paulo Teixeira. A responsabilidade no novo código civil e o direito do trabalho. *Revista do Tribunal Regional do Trabalho da 15ª Região*, n. 22, 2003. Disponível em: <http://trt15.gov.br/escola_da_magistratura/Rev22Art5.pdf> Acesso em: 18.9.2008.
(393) GODOY, Cláudio José Bueno de. *A responsabilidade civil pelo risco da atividade:* uma cláusula geral no código civil de 2002. 2007. Tese (Livre-Docência). Faculdade de Direito da Universidade de São Paulo. São Paulo: Universidade de São Paulo, 2007. p.157.
(394) "O Enunciado n. 38, aprovado na III Jornada [...] Veja-se que esta disposição não nos auxilia, em muito, na conformação dos termos legais." KIRCHNER, Felipe. *Op. cit.*, p. 52.

2.7. Atividades de risco segundo doutrina e jurisprudência: casuística

A lei trabalhista faz menção expressa à atividade insalubre e à atividade penosa. Com efeito, dispõem os arts. 189 e 190 da CLT:

> Art. 189. Serão consideradas atividades ou operações insalubres aquelas que, por sua natureza, condições ou métodos de trabalho, exponham os empregados a agentes nocivos à saúde, acima dos limites de tolerância fixados em razão da natureza e da intensidade do agente e do tempo de exposição aos seus efeitos. (Redação dada pela Lei n. 6.514, de 22.12.1977).

> Art. 190. O Ministério do Trabalho aprovará o quadro das atividades e operações insalubres e adotará normas sobre os critérios de caracterização da insalubridade, os limites de tolerância aos agentes agressivos, meios de proteção e o tempo máximo de exposição do empregado a esses agentes. (Redação dada pela Lei n. 6.514, de 22.12.1977).

O Ministério do Trabalho esclarece que "[...] atividades insalubres são aquelas que expõem os empregados a agentes nocivos à saúde, acima dos limites legais permitidos" e que "juridicamente, a insalubridade somente é reconhecida quando a atividade ou operação passa a ser incluída em relação baixada pelo Ministério do Trabalho". No que concerne às atividades perigosas, "[...] a lei considera atividades ou operações perigosas todas aquelas que, pela natureza ou métodos de trabalho, coloquem o trabalhador em contato permanente com explosivos, eletricidade, materiais ionizantes, substâncias radioativas, ou materiais inflamáveis, em condições de risco acentuado"[395].

A CLT dispõe sobre a prevenção de diversas atividades e das *condições de trabalho*, tal qual se verifica do art. 170 e seguintes. Assim é que a Lei fala das edificações (que deverão obedecer aos requisitos técnicos que garantam perfeita segurança aos que nelas trabalhem); da iluminação do local de trabalho (natural ou artificial, apropriada à natureza da atividade); conforto térmico (os locais de trabalho deverão ter ventilação natural, compatível com o serviço realizado) e ventilação; instalações elétricas (os que trabalharem em serviços de eletricidade ou instalações elétricas devem estar familiarizados com os métodos de socorro a acidentados por choque elétrico), movimentação, armazenagem e manuseio de materiais; transporte de materiais e transporte de pessoas nos locais de trabalho; sobre máquinas e equipamentos (as máquinas e os equipamentos deverão ser dotados de dispositivos de partida e parada e outros que se fizerem necessários para a prevenção de acidentes do trabalho, especialmente quanto ao risco de acionamento acidental); caldeiras, fornos e recipientes sob pressão (as caldeiras, equipamentos e recipientes em geral

---

(395) BRASIL. *Ministério do Trabalho e Emprego*. Disponível em: <http://www.mte.gov.br/> Acesso em: 9.3.2010.

que operam sob pressão deverão dispor de válvula e outros dispositivos de segurança, e as caldeiras serão periodicamente submetidas a inspeções de segurança).

Acrescente-se a isso o fato de que os agentes insalubres rurais estão classificados na NR-5, Portaria n. 3.067/88, enquanto os agentes insalubres urbanos encontram-se na NR-15, Portaria n. 3.214/78.

Tendo em conta o disposto na Lei (arts. 189 e 103 da CLT, NR-15 do MTE Lei n. 7.369/85), que classifica algumas atividades como perigosas, indaga Flávio Landi: "[...] do ponto de vista do Direito Social, as atividades caracterizadas como insalubres ou perigosas geram responsabilidade objetiva do empregador em responder por dano decorrente de eventual acidente do trabalho?" Sua resposta é afirmativa, entendendo aplicável o parágrafo único do art. 927 do CC. O mesmo entendimento se aplica no caso de doença do trabalho adquirida em condições insalubres[396].

Melo, por sua vez, afirma que o fato de a legislação classificar as atividades em insalubres (art. 189 da CLT e NR-15 da Portaria n. 3.214/77) e perigosas (art. 193 da CLT e NR-16 da Portaria n. 3.214/77) facilita a identificação das atividades de risco. Além das atividades citadas nessas normas, também são tomadas como perigosas as atividades em contato com eletricidade (Lei n. 7.410 e Decreto n. 92.530/86). As atividades de risco do parágrafo único do art. 927 do CC, entretanto, não se limitam às atividades insalubres e perigosas indicadas na lei. Nessa medida, um dos critérios que pode guiar o juiz é o enquadramento da empresa segundo o grau de risco de sua atividade (CLT, art. 162 e Lei n. 8.212/91, art. 22, inciso II, letras *a, b,* e *c*). Melo aponta como exemplos de atividades perigosas — que ensejariam a aplicação das regras da responsabilidade objetiva —, as seguintes: a) transporte ferroviário (conforme o autor, um dos primeiros casos reconhecidos como atividade de risco); b) transporte de passageiros; c) produção e transmissão de energia elétrica; d) exploração de energia nuclear; e) fabricação e transporte de explosivos; f) contato com inflamáveis e explosivos; g) uso de arma de fogo; h) trabalho em

---

(396) "Dito isto, imagine-se *verbi gratia* um trabalhador de posto de combustíveis que venha a sofrer um acidente do trabalho por explosão ou queima de inflamáveis. A atividade está expressamente prevista como perigosa, dado o grau de risco em que se desenvolve. Nesta hipótese, com fundamento no parágrafo único do art. 927 do Novo Código Civil, restaria caracterizada a responsabilidade objetiva do empregador, pois a atividade normalmente desenvolvida pelo autor do dano implica, por sua natureza, risco para os empregados [...] Na mesma esteira, se um trabalhador vem a adquirir uma doença profissional, em decorrência de anos de trabalho exposto a condições insalubres (como a perda da capacidade auditiva por exposição a níveis de ruído acima dos limites de tolerância), denota-se clara a responsabilidade objetiva do empregador em reparar o dano. Relembre-se que a doença ocupacional (adquirida, em regra, paulatinamente) é equiparada ao acidente do trabalho, conforme dispõe o art. 20 da Lei n. 8.213/91." LANDI, Flávio. A responsabilidade objetiva do empregador pelo risco inerente às atividades perigosas ou insalubres e àquelas reputadas como de alto índice de acidentes laborais. ANAMATRA. Disponível em: <http://www.anamatra.org.br/hotsite/conamat06/trab_cientificos/teses/tese%20flavio%20landi.doc> Acesso em: 9.3.2010.

minas; i) trabalho em alturas; j) trabalho de mergulhador subaquático; k) atividades nucleares; e l) atividades insalubres e perigosas[397]. Essa lista foi elaborada com base na doutrina e jurisprudência.

Além das atividades acima indicadas, Melo faz referência ao benzenismo, hidragirismo e saturnismo, que "[...] são também, entre outras, doenças decorrentes da contaminação do meio ambiente do trabalho. Essas doenças decorrem do risco da atividade e são previsíveis como consequência da utilização do benzeno, do mercúrio e do chumbo, respectivamente". Segundo Melo, nesses casos, não haveria falar em dever de o empregado provar a culpa do empregador, já que objetiva a responsabilidade[398].

Oliveira Silva, assim como outros autores, pensa que incumbe à doutrina e jurisprudência delimitar o conceito de atividade de risco, podendo-se utilizar o conceito de atividades insalubres e perigosas, já conhecido no Direito do Trabalho. Esse conceito poderia ser projetado no Direito Civil. Dentre as atividades de risco, cita o doutrinador as seguintes: postos de gasolina, destilarias, fábricas de fogos de artifício, transporte — terrestre, aéreo e marítimo[399].

Ari Possidonio Beltran arrola hipóteses de atividades desenvolvidas de forma "preponderante e não esporádica ou eventual" importarem em risco: transporte marítimo de petróleo; transporte e estocagem de combustível; produção e comercialização de fogos de artifício e empresas de segurança para o transporte de valores[400].

Wolfgang Von Richthofen, da Organização Internacional do Trabalho, aponta as atividades que considera de maior risco. Em primeiro lugar, o autor identifica a agricultura. Esta "[...] cobre uma gama imensa de atividades", que vão do trabalho no latifúndio à criação do gado, incluindo até mesmo a atividade de agricultura de subsistência. Os riscos são manuais, mecânicos, de transporte e até no comércio, verificando-se que não somente estão expostos trabalhadores, mas também as famílias que residem na proximidade e as crianças. De acordo com Richthofen, é na agricultura que se registra o maior

---

(397) MELO, Raimundo Simão de. Responsabilidade objetiva e inversão da prova nos acidentes de trabalho. *Revista do Tribunal Regional do Trabalho da 15ª Região*, Campinas, n. 30, p. 89, 2007. Disponível em: <http://trt15.gov.br/escola_da_magistratura/Rev30_art5.pdf> Acesso em: 22.2.2010.
(398) "Nessas situações de contaminação parece-me descabido exigir do trabalhador com tais doenças a comprovação da culpa do empregador! A responsabilidade nesses casos não pode ser outra senão a objetiva. Nesse sentido também entendem Júlio César de Sá da Rocha e Fábio Aurélio da Silva Alcure." Idem.
(399) SILVA, José Antônio Ribeiro de Oliveira. A responsabilidade civil e o novo código. *Revista do Tribunal Regional do Trabalho da 15ª Região*, n. 21, 2002. Disponível em: <http://trt15.gov.br/escola_da_ magistratura/Rev21Art10.pdf>. e Superior Tribunal de Justiça e <http://bdjur.stj.gov.br/jspui/bitstream/ 2011/18698/2/A_Responsabilidade_Civil_e_o_Novo_C%C3%B3digo.pdf> Acesso em: 9.3.2010.
(400) BELTRAN, Ari Possidonio. Da responsabilidade subjetiva e objetiva do empregador por acidente do trabalho, ante as disposições do novo código civil. *Revista do Departamento de Direito do Trabalho e da Seguridade Social*, São Paulo, v. 1, n. 1, p. 8, jan./jun. 2006.

número de acidentes fatais, inclusive em países desenvolvidos. Além de agricultura, são atividades de alto risco aquelas realizadas no setor de minas e construção. Na União Europeia, as quatro ocupações de maior risco são agricultura, minas, pesca e construção[401]. Richthofen enumera os principais riscos na agricultura. Riscos básicos: incluem manuseamento de carga (inclusive com peso excessivo); ferimento provocado por ferramentas; escorregar, tropeçar e cair, inalação de gases etc. Riscos mecânicos e elétricos: tratores que capotam, uso de veículos etc. Riscos químicos: uso de pesticidas, herbicidas, fungicidas etc. Riscos associados à lide de gado: riscos físicos, zoonoses, alergias, doenças respiratórias etc. Riscos para crianças: quedas, atropelamento por tratores, esmagamento por portas, afogamento, contato com equipamentos móveis, lesões ou doenças por contato com animais[402].

Interessante notar que a Coordenadoria Nacional de Defesa do Meio Ambiente de Trabalho — CODEMAT —, criada pela Portaria n. 410, de 14 de outubro de 2003, e que tem o objetivo de harmonizar as ações desenvolvidas pelo Ministério Público do Trabalho, na área, faz o levantamento dos problemas mais frequentes e indica as áreas de maior gravidade. As atividades e funções elencadas pela CODEMAT são aquelas em que, com maior frequência, a Justiça do Trabalho tem reconhecido a responsabilidade objetiva do empregador, a saber[403]:

— setor agrícola[404][405];

---

(401) RICHTHOFEN, Wolfgang Von. Inspeção do trabalho: um guia da profissão. Coimbra: Coimbra, 2006. p. 319-320.
(402) Ibidem, p. 322-325.
(403) BRASIL. Ministério Público do Trabalho. Garantir o meio ambiente do trabalho adequado. Disponível em: <http://www.pgt.mpt.gov.br/atuacao/meio-ambiente-do-trabalho/> Acesso em: 3.4.2010.
(404) AGÊNCIA EUROPEIA PARA SEGURANÇA E SAÚDE NO TRABALHO. As crianças na agricultura. Disponível em: <http://osha.europa.eu/pt/sector/agriculture/children> Acesso em: 5.4.2010.
(405) "Pesquisadores do IAC realizaram pesquisa com o objetivo de determinar as características dos acidentes rurais ocorridos em propriedades agrícolas do Estado de São Paulo. [...] A amostragem revelou que os acidentes rurais atingem pessoas de todas as idades, independentemente da experiência na função, e ocorrem nas mais diversas situações, sobretudo com envolvimento de máquinas agrícolas. Os fatores de risco são também os mais diversos: falta de conhecimento, de atenção e de consciência do perigo, hábitos e métodos equivocados de trabalho, uso de equipamentos tecnicamente inadequados, estresse, uso de máquinas que não atendem princípios ergonômicos, máquinas fora do padrão de segurança, trabalho em condições insalubres e ausência de equipamentos de proteção individual. Contribuem também para a ocorrência de acidentes operações em terrenos inclinados, velocidade alta durante as operações, imprudência do operador ao trafegar em estradas, uso de máquinas inadequadas, despreparo do operador, além do uso de bebidas alcoólicas.
Concluiu-se que muitos dos acidentes relatados poderiam ser evitados com a aplicação de medidas de segurança e com o uso de máquinas com dispositivos de segurança incorporados, como proteção de partes móveis, estruturas de proteção contra capotagem e outras.
A atividade agrícola compreende uma série de tarefas que expõem o trabalhador rural a condições insalubres, como calor, frio, poeira, ruído e vibração de máquinas. Desde o desmatamento feito para implantação de culturas até a colheita e transporte dos produtos agrícolas, cada uma dessas tarefas têm particularidades potenciais de risco de acidente.

— causadores de LER/DORT;

— construção civil[406][407];

— serviços de guarda[408];

— transporte e segurança de valores;

— empresas que trabalham com radiação ionizante e não ionizante;

— empresas que apresentam risco de infecção com perfurocortantes;

— pedreiras, marmorarias e cerâmicas;

— siderúrgicas e refinarias;

Os principais riscos decorrentes do uso de máquinas agrícolas são: esmagamento por tombamento, aprisionamento por elementos móveis, quedas, ferimentos e projeção de pedras, dentre outros. A prevenção desses riscos pode ser alcançada com medidas genéricas, como uso de máquinas que levem em conta a segurança das condições de trabalho, a utilização de dispositivos de proteção, uso de equipamentos de proteção individual, treinamento de usuários e campanhas de prevenção." GOMES, Carla. *Segurança em máquinas agrícolas é tema de curso no IAC*. São Paulo. IAC — Instituto Agronômico. Disponível em: <http://www.iac.sp.gov.br/conteudo_noticias_pop.asp?id=309> Acesso em: 5.4.2010.

(406) "ACIDENTE DE TRABALHO. INDENIZAÇÃO. INCIDÊNCIA DA TEORIA DO RISCO. Segundo a legislação civil, quando a atividade normalmente desenvolvida pelo empregador implicar, por sua natureza, risco para outrem, a reparação dos danos daí decorrentes deve ser apreciada à luz da responsabilidade objetiva. Nessa seara, como é cediço, não se questiona a existência de culpa, porquanto a demonstração do dano e do nexo causal é suficiente para estabelecer a obrigação de indenizar. Emerge do acervo probatório que a Reclamada atua no ramo de construção civil e que o seu empregado, no desempenho de suas atividades, sofreu acidente ao manusear serra circular, o que lesionou seriamente seu polegar esquerdo. A natureza do empreendimento, indubitavelmente, oferece risco acentuado à integridade física do trabalhador, logo, a situação fática atrai a aplicação da regra prevista no parágrafo único do art. 927 do CC. [...] (TRT23. RO n. 01835.2007.051.23.00-9. Publicado em: 13.6.2008. 1ª Turma. Relator Desembargador Tarcísio Valente). Disponível em: <www.centraljuridica.com/jurisprudencia/t/23/indenização> Acesso em: 20.2.2010.

(407) RECURSO DA PRIMEIRA RECLAMADA. ACIDENTE DE TRABALHO. RESPONSABILIDADE OBJETIVA. DANOS MORAIS E ESTÉTICOS. CONSTRUÇÃO CIVIL. PEDREIRO. ATIVIDADE DE RISCO. Considerando que a atividade da reclamada, neste caso, é considerada de risco no grau 3 (NR-4 do Ministério do Trabalho e Emprego), deve ser aplicada a responsabilidade civil objetiva (art. 927 do CC), independente de culpa. (TRIBUNAL: 23ª Região DECISÃO: 27.2.2008 TIPO: RO N. 00193-2007-071-23-00-5 NÚMERO ÚNICO PROC: RO — 00193-2007-071-23-00 FONTE DJ/MT DATA: 29-02-2008 Relator Desembargador Osmair Couto) BRASIL. TRIBUNAL SUPERIOR DO TRABALHO. Disponível em: <http://www.tst.jus.br/iframe.php?url=http://www.tst.jus.br/jurisprudencia/brs/juni.html> Acesso em: 4.4.2010.

(408) "A teoria do risco da atividade, prevista no art. 927 do Código Civil, serviu de base para julgamento em que a Terceira Turma do Tribunal Superior do Trabalho concedeu indenização por danos morais a um vigia que, em defesa do patrimônio de seu patrão, foi espancado e preso por policiais militares paranaenses. 'A empresa deve responder por não ter observado o dever de proteção à integridade física e moral do empregado', destacou a ministra Maria Cristina Peduzzi, relatora do processo movido contra a Viação Tamandaré Ltda. [...] A ministra Cristina Peduzzi ressaltou em seu voto que as agressões decorreram do exercício da atividade de segurança para as quais foi contratado, encontrando-se dentro do risco assumido pelo empregador. 'O prejuízo sofrido pelo empregado relaciona-se umbilicalmente ao risco assumido pelo empregador ao firmar o contrato de trabalho, sendo a empresa responsável pela indenização'. De acordo com o voto da ministra, é desnecessário o exame da culpa da empresa, sendo aplicável ao caso o disposto no art. 927, parágrafo único, do Código Civil, que prevê a responsabilidade do empregador pelos riscos oriundos do contrato de trabalho (teoria do risco da atividade)." (RR 429/2004-657-09-00.0) (Cláudia Valente). BRASIL. TRIBUNAL SUPERIOR DO TRABALHO. Disponível em: <http//www.tst.gov.br> Acesso em: 4.4.2010.

— minas e subterrâneos[409][410];

— setor eletricitário, telefônico e de TV a cabo;

— limpeza pública.

Segundo informações do Ministério Público do Trabalho, a construção civil tem um dos maiores índices de acidente de trabalho, "especialmente queda de altura, choques elétricos e soterramentos". Soma-se à periculosidade da atividade a falta de segurança no trabalho:

> [...] os autos de infração aplicados pelos auditores fiscais do Trabalho se deveram, entre outras irregularidades, à ausência de

---

(409) "A 4ª Turma do Tribunal Regional do Trabalho da 4ª Região negou provimento ao recurso interposto pela empresa Copelmi Mineração Ltda., que foi condenada ao pagamento de indenização por danos materiais e morais a trabalhador que atuava no subsolo de minas de carvão. Em decorrência da atividade, o empregado adquiriu uma doença profissional pulmonar denominada pneumoconiose — também conhecida como "moléstia do carvão". [...] "A 4ª Turma do TRT-RS ratificou a sentença da origem quanto à imputação de responsabilidade objetiva. Conforme o Relator do acórdão, Desembargador Hugo Carlos Scheuermann, pelo fato de a empresa atuar no ramo da indústria minerária — desenvolvendo, dentre outras atividades, a de pesquisa, lavra, industrialização e comercialização de substâncias minerais — e o autor, por outro lado, trabalhar como mineiro no subsolo de minas de carvão, exposto à situação mais gravosa se comparado aos demais membros da coletividade, a responsabilidade civil que se estabelece é a objetiva, não se cogitando da presença ou não do agir culposo da empresa pelos danos ocasionados. Considerou, assim, ser caso de incidência do *caput* do art. 927 do Código Civil Brasileiro e não de seu parágrafo único". BRASIL. TRIBUNAL REGIONAL DO TRABALHO DA 4ª REGIÃO. Notícias, de 5.2.2010. Disponível em:<http://www.trt4.jus.br> Acesso em: 4.4.2010.

(410) Segundo a OIT: "A atividade mineradora, que sempre foi considerada perigosa para os adultos, compreende riscos ainda mais graves para as crianças e adolescentes, expondo-os, todos os dias, aos perigos de acidentes graves e até de morte. A falta de condições sanitárias e atenção médica adequada, os ferimentos e os problemas de saúde decorrentes do trabalho deixam sequelas permanentes. A OIT estima que cerca de 1 milhão de crianças e adolescentes trabalham em minas e pedreiras de pequena escala, em todo o mundo. No Brasil, segundo a PNAD 2003, as atividades mineradoras atingem cerca de 12 mil crianças e adolescentes com idade entre 5 e 17 anos, que trabalham em garimpos, pedreiras ou em outras atividades de extração e produção mineral. [...] Na maioria dos casos, as crianças e adolescentes trabalham na extração de diversos tipos de pedras e minerais, em particular o ouro, prata, ferro, estanho, esmeraldas, carvão, cromo, mármore e, geralmente, cumprem longas jornadas, em condições difíceis e perigosas. [...] Em sua maioria, minas e pedreiras se encontram em más condições, podendo sofrer desmoronamentos a qualquer momento. Por isso, as mortes por acidentes, nessas atividades, são frequentes, além de muitos casos com ocorrências de ferimentos graves e danos permanentes. As crianças e adolescentes que trabalham em pedreiras e garimpos geralmente suportam longas jornadas sem equipamentos de proteção, roupas e informações adequadas. Com frequência, são expostos a altos níveis de umidade, temperaturas extremas (tanto quentes, quanto frias), ruídos excessivos e vibrações intensas, provenientes das máquinas usadas nos garimpos e pedreiras. Outros perigos provenientes da exploração prolongada são os gases e vapores nocivos que causam dificuldades respiratórias e podem provocar mortes e enfermidades pulmonares. Casos de intoxicação são comuns, como o exemplo de crianças e adolescentes que trabalham em minas de ouro, onde podem sofrer envenenamento por mercúrio, devido ao seu uso e ao processo de extração de ouro. Além disso, as crianças e adolescentes que trabalham em garimpos e pedreiras sofrem grande tensão física, por serem obrigadas a transportar cargas muito acima de suas capacidades físicas. Isso lhes acarreta cansaço constante, problemas musculares e ósseos, assim como rupturas e lesões graves, que comprometem não apenas sua saúde, mas também seu desenvolvimento. ORGANIZAÇÃO INTERNACIONAL DO TRABALHO. As crianças mineradoras. Disponível em: <http://www.oitbrasil.org.br/ipec/hotsite/12_junho/criancas.php> Acesso em: 4.4.2010.

plataforma secundária que evitaria risco de queda em altura, falta de dispositivo de segurança em torre de elevador de passageiros (que impediria abertura da barreira quando o elevador não estiver no nível do pavimento), ausência ou insuficiência de Equipamentos de Proteção Individual — EPIs (luvas, botas, máscaras, óculos), instalações elétricas baixas e sem proteção.[411]

Para apuração das atividades de risco, Abud sugere a utilização do mesmo critério já usado (pelo Judiciário) na Itália, qual seja, o índice de sinistralidade das seguradoras. A autora argumenta que, com base nesse critério, são consideradas atividades de risco, dentre outras, as relacionadas à construção civil e ao transporte[412].

Comporti lista — a partir da jurisprudência — as atividades que são consideradas perigosas e as que não são consideradas perigosas. Assim, são entendidas como perigosas: a) indústria de produção, distribuição e exercício de implantação de aparelho de gás e botijão de gás de uso doméstico; b) indústria de produção e manipulação de substâncias passíveis de incêndio ou explosão, ou cujo produto que exala é nocivo à saúde; c) indústria de produção, transporte e distribuição de energia elétrica; d) atividade de construção (*lato sensu*), incluindo execução de trabalho público e escavação; e) atividade militar ou privada que emprega tiro ou projétil, incluindo a caça; f) produção e uso de fogos de artifício; g) navegação aérea e gestão aeroportuária, quando não enquadrada na legislação especial; h) serviço ferroviário; i) carregamento e movimentação com pá escavadeira; j) exercício de atividades que se tornam de risco, pela natureza dos meios empregados; l) atividades de jogos, se arriscadas; m) produção de lixo tóxico[413].

Por sua vez, na perspectiva de Comporti, não são tidas como atividades perigosas: a) atividade bancária; b) execução de trabalho (normal) agrícola;

---

(411) Inspeções flagram irregularidades em canteiros de obras de Fortaleza. BRASIL. MINISTÉRIO PÚBLICO DO TRABALHO. Disponível em: <www.pgt.mpt.gov.br/.../inspecoes-flagram-irregularidades-em-canteiros-de-obras-de-fortaleza.html> Acesso em: 3.4.2010.

(412) "A possível interpretação extensiva do parágrafo único do art. 927 com certeza representa um perigo. Dirigir veículos ou transportar produtos químicos constitui atividade de risco? Referido artigo seria também aplicável aos danos morais? Estas e outras dúvidas podem surgir dado ao conceito aberto expresso no Novo Código Civil. O Código Civil Italiano prevê norma com redação semelhante, sendo que os Tribunais daquele país utilizam como parâmetro os índices de sinistralidade das seguradoras. A distribuição de gás, atividades pirotécnicas, transporte e estocagem de combustíveis e construção civil são alguns exemplos de atividades que estariam englobadas como atividades consideradas "de risco", de acordo com a jurisprudência italiana. Para alguns, este artigo seria baseado na teoria do "risco-proveito", já que, ao utilizar o advérbio "normalmente", pretendeu o legislador referir-se a agentes que, em troca de determinado proveito, exerçam atividade potencialmente nociva ou danosa aos direitos de terceiros. Somente estas atividades e agentes estariam englobadas pela responsabilidade objetiva." ABUD, Regina. *A Responsabilidade civil extracontratual de acordo com o novo código civil*. Disponível em: <http://www.manhaesmoreira.com.br/default.aspx?menu=busca&opcao=viewartigo&id_artigo=31> Acesso em: 30.3.2010.

(413) COMPORTI, Marco. *Fatti illeciti*: le responsabilità oggettive. Milano: Giuffrè, 2009. p. 194-200.

c) trabalho de acabamento com cimento; d) trabalho de carpintaria; e) serviço com carrinho (tromba-tromba) no parque de diversão; f) organização de manifestação histórica ou folclórica; g) locação de veículo a terceiros; h) produção de cigarros etc.

Galgano cita poucos exemplos: empresas químicas que poluem, gestão de linha elétrica de alta tensão, empresas portuárias de carregamento e descarregamento de navios; e empresas de produção de botijão de gás[414].

Kirchner enumera uma série de atividades nas quais se reconhece a responsabilidade do empregador. Para o autor, os estabelecimentos de saúde — tais como hospitais, clínicas e outros — respondem objetivamente pelo dano que causarem, "[...] nos termos do art. 927, parágrafo único do CC/2002; art. 14 do CDC; e art. 37, § 6º, da CF/1988 (no que tange aos estabelecimentos públicos)"[415]. O TRT de Minas Gerais, em processo que figurou como parte hospital, reconheceu a responsabilidade deste, sob o argumento de que "[...] a atividade econômica do empregador gera o risco do acidente do trabalho e a responsabilidade objetiva na indenização do acidentado"[416]. Também defende Kirchner que, nos empreendimentos que exploram o transporte de passageiros, a responsabilidade do dono do negócio é objetiva, pois se trata de atividade perigosa. Incide, nesses casos, o art. 927, parágrafo único, do CC.

Kirchner discorre ainda sobre a atividade bancária. O risco do negócio verifica-se — nos estabelecimentos financeiros, agências ou caixas — nos assaltos, nas fraudes, clonagens, cheques adulterados etc. Nesses casos, incidiria a regra do parágrafo único do art. 927 do CC[417]. Entendimento diverso adota Sebastião Geraldo de Oliveira, que, ao relatar processo versando pedido de indenização decorrente de acidente do trabalho, sustenta que, no caso de assalto a banco, o empregado encontra-se na mesma situação de risco do particular, razão pela qual não incide a regra do art. 927, parágrafo único, do CC:

> ACIDENTE DO TRABALHO. CULPA PRESUMIDA NÃO CARACTERIZADA — A responsabilidade fundada no risco da atividade, como prevista na segunda parte do parágrafo único do art. 927 do novo Código Civil, configura-se quando a atividade normalmente desenvolvida pelo autor do dano causar a

---

(414) GALGANO, Francesco. *I fatti illeciti*. Padova: Antonio Milani, 2008. p.113.
(415) KIRCHNER, Felipe. *Op. cit.*, p. 58.
(416) TRIBUNAL: 3ª Região DECISÃO: 29 11 2005 TIPO: RONUM: 00956 ANO: 2004 N. ÚNICO PROC: RO — 00956-2004-017-03-00-9 TURMA: Quinta FONTE DJMG DATA: 3.12.2005 PG: 20 *PARTES* RECORRENTE(S):Neide Aparecida de Oliveira Hospital Mater Dei S.A. RECORRIDO(S): os mesmos RELATOR Eduardo Augusto Lobato REDATOR DESIGNADO José Murilo de Morais. BRASIL. TRIBUNAL SUPERIOR DO TRABALHO. Disponível em: <http://brs02.tst.jus.br/cgi-bin/nph-brs?d=JR03&s1=responsabilidade+hospital+objetiva&u=http://www.tst.gov> Acesso em: 4.4.2010.
(417) KIRCHNER, Felipe. *Op. cit.*, p. 59-60.

pessoa determinada um ônus maior do que aos demais membros da coletividade (Enunciado n. 38, aprovado na Jornada de Direito Civil, promovida pelo Centro de Estudos Judiciários do Conselho da Justiça Federal em 2002). Sendo assim, se o risco a que o empregado está sujeito ao realizar suas atividades laborativas é o mesmo risco normalmente enfrentado pelos demais membros da coletividade, não agravado pelo trabalho, não se vislumbra a possibilidade de se considerar presumida a culpa patronal.[418]

Annunziata, comentando o art. 2.050 do CC italiano, afirma que a atividade bancária não pode ser nele enquadrada, vez que, não obstante os diversos assaltos que se verificam, a atividade não é *intrinsecamente* perigosa. O autor cita decisão da Suprema Corte, em que o Tribunal entendeu que atividades perigosas, no senso do art. 2.050, são aquelas indicadas na Lei de Previdência Social e outras normas especiais, sobre acidente de trabalho etc., enfim, aquelas que são intrinsecamente perigosas, o que não acontece com a atividade bancária, porque "[...] o risco ao qual são expostos os clientes nas instituições de crédito em relação às ações de criminosos não derivam da natureza da atividade bancária, podendo a mesma constituir apenas uma ocasião para tais riscos"[419]. O próprio Annunziata, com base na jurisprudência, enumera alguns casos de atividade perigosa: atividade de produção, fornecimento, distribuição, custódia de gás em botijão; venda de fogos de artifício (responde o particular e a Administração Pública); serviço ferroviário; aluguel de cavalo; trabalho na via pública; e transfusão de sangue[420].

No direito estrangeiro, Recano arrola algumas das atividades tidas como perigosas: circulação veicular terrestre, aérea e marítima; circulação de bonde e ônibus elétrico; tráfico ferroviário; navegação aérea; produção e distribuição de energia elétrica[421]. Recano faz referência a autores como Geri, Comporti, Paraglia, D'Antino, Di Martino, Franchi e Moretti[422]. Recano cita, no que tange à circulação de veículo, o art. 2.054 do CC italiano[423]. Para Geri,

---

(418) TRIBUNAL: 3ª Região DECISÃO: 17.10.2006 TIPO: RO NUM: 01363 ANO: 2004 NÚMERO ÚNICO PROC: RO — 01363-2004-106-03-00-4 Segunda Turma *FONTE* DJMG DATA: 25.10.2006 p: 9 PARTE(S) RECORRENTE(S): Robson Chagas Lima. RECORRIDO(S): UNIBANCO — União de Bancos Brasileiros S.A. RELATOR Sebastião Geraldo de Oliveira. BRASIL. TRIBUNAL SUPERIOR DO TRABALHO. Disponível em: <http://brs02.tst.jus.br/cgi-bin/nph-brs?d=JR03&s1=responsabilidade+acidente+banco&u=http://www.tst.gov.br/brs/juni.html&p=1&r=3&f=G&l=0> Acesso em: 4.4.2010.
(419) Cass. 27.5.2005, n. 11275, *Giust. Civ. Mass.*, 2005, 5. *Apud* ANNUNZIATA, Gaetano. *La responsabilità e le fattispecie di responsabilità presunta*. Padova: Antonio Milani, 2008. p. 284.
(420) *Ibidem*, p. 292-299.
(421) RECANO, Paolo. *La responsabilità civile da attività pericolose*. Milano: Antonio Milani, 2001. p. 108-124.
(422) *Ibidem*, p. 108.
(423) No que concerne à circulação de veículos, o art. 2.054 dispõe sobre a matéria, afirmando que o condutor de veículo sem direção é obrigado a ressarcir o dano produzido na pessoa ou coisa, exceto se provar ter tentato evitar o dano por todos os meios possíveis. No caso de colisão de veículo se presume, até prova em contrário, que cada um dos condutores concorreu igualmente na produção do dano sofrido por um veículo. Proprietário, usufrutuário e adquirentes são responsáveis solidários com o condutor,

o art. 2.054 não é norma específica que se submete ao art. 2.050, já que o art. 2.050 do CC italiano contém presunção de culpa, presunção essa que não está prevista no art. 2.054 do mesmo Código[424].

Franzoni indica diversas atividades consideradas perigosas pela jurisprudência: parque de diversões (Cass. 27 de julho 1990, n. 7.571); algumas atividades esportivas, como caça (Cass. 10 de agosto 1988, n. 4.911), equitação (App. Catania, 26 março 1982), produção de energia elétrica e mesmo condução de energia elétrica em fios de baixa tensão (Cass, 29 de maio de 1989, n. 2.584), gestão de hidroelétrica (Pret. Foligno, 2 de novembro 1984), construção, "sobretudo se comporta movimento de terra" (Cass. 12 de dezembro de 1988, n. 6.739), produção e distribuição de gás em botijões (Cass. 24 novembro 1988, n. 6.325). Por sua vez, não são atividades perigosas: acabamento, como por exemplo, pintura de parede (Cass., 17 de dezembro 1991, n. 13.564), algumas atividades esportivas, como jogo de futebol (Trib. Firenze, 15 dezembro 1989), atividade industrial *lato sensu* (Trib. Milano, 5 julho 1988), algumas atividades agrícolas (Cass. 27 de fevereiro 1985, 1.733), como colheita de cereais por meio de máquina agrícola, gestão de complexo arqueológico (Trib. Napoli, 14 de abril 1987)[425].

Annunziata, por sua vez, indica diversos autores italianos que aludem às atividades consideradas perigosas. Assim, Pogliani menciona as seguintes: empresa de construção civil, manutenção e implantação de rede elétrica de alta tensão, produção e distribuição de gás metano, transformação de ferro incandescente, emprego de raio -x[426]. Comporti cita as seguintes atividades: corte de árvores, carregamento e descarregamento de material com guindaste etc.[427]. Por fim, Bianca faz referência à atividade de construção, operação

---

salvo se provarem que a circulação do veículo ocorreu contra sua vontade. As pessoas aqui indicadas são responsáveis por vício de fabricação ou defeito de manutenção do veículo. "Art. 2.054 Circolazione di veicoli (Vedere anche Leggi Speciali su Assicurazioni) Il conducente di un veicolo senza guida di rotaie è obbligato a risarcire il danno prodotto a persone o a cose dalla circolazione del veicolo, se non prova di aver fatto tutto il possibile per evitare il danno. Nel caso di scontro tra veicoli si presume, fino a prova contraria, che ciascuno dei conducenti abbia concorso ugualmente a produrre il danno subito dai singoli veicoli. Il proprietario del veicolo, o, in sua vece, l'usufruttuario (978 e seguenti) o l'acquirente con patto di riservato dominio (1.523 e seguenti), è responsabile in solido (1.292) col conducente, se non prova che la circolazione del veicolo è avvenuta contro la sua volontà. In ogni caso le persone indicate dai commi precedenti sono responsabili dei danni derivati da vizi di costruzione o da difetto di manutenzione del veicolo".
(424) GERI, Vinício. *Responsabilità civile per danni da cose ed animali:* nesso causale, attività pericolose, cose in custodia, animali, rovina di edificio, vizi del veicolo. Milano: Giuffrè, 1962. p. 156.
(425) FRANZONI, Massimo. *La responsabilità oggettiva.* Milano: Antonio Milani, 1995. p. 164-181.
(426) POGLIANI. *Responsabilità e risarcimento da illecito civile.* Milano: 1969. p. 144. *Apud* ANNUNZIATA, Gaetano. *Op. cit.*, p. 282.
(427) COMPORTI. *Esposizione al pericolo e responsabilità civile,* 1965. p. 291. *Apud* ANNUNZIATA, Gaetano. *Op. cit.*, p. 282.

portuária, produção e distribuição de energia elétrica e gás de botijão; produção de fármacos; desenvolvimento, organização e gestão de atividade esportiva e recreativa de risco pelos operadores e terceiros (exemplo: esqui, jogo de futebol, parque de diversão com piscina etc.) etc.[428].

Cendon menciona alguns casos em que os Tribunais têm reconhecido o exercício de atividade perigosa: energia elétrica (produção e gestão); produção e distribuição de gás; construção; preparação de infraestruturação para construção; escavação; movimentação de mercadorias nos portos; produção de refugo tóxico; corrida motociclista aberta ao público; partida de futebol etc. Esclarece Cendon, por fim, que ficam excluídas da disciplina do art. 2.050 as atividades que são tuteladas por normas próprias, como a navegação aérea e o uso pacífico de energia nuclear[429].

Visintini preocupa-se em apontar as atividades que são consideradas perigosas pela jurisprudência e aquelas que não são consideradas perigosas. Dentre as consideradas perigosas, estão: distribuição de botijão de gás; atividade farmacêutica; distribuição de energia elétrica (alta tensão); serviço ferroviário, atividade portuária de carga e descarga de mercadoria, atividade de construção; máquinas escavadeiras; máquinas para preparação de cimento; uso de helicóptero em centros urbanos. Visintini explicita que a navegação aérea não está abrangida pelo art. 2.050 do Código Civil, porque já existe lei própria regulando a matéria, qual seja, o Código de Navegação[430].

Alpa e Ruffolo citam como atividades sujeitas à incidência do art. 2.050 do CC italiano a fabricação, distribuição e comércio de botijão de gás, enfatizando que o perigo se verifica em toda a cadeia "produtiva", razão pela qual não se pode excluir a aplicação do art. 2.050 de qualquer de suas fases. Alpa e Ruffolo afirmam que a jurisprudência tem reconhecido como atividade perigosa o comércio de fármacos homoderivados. Nesses casos, a prova liberatória tem sido aceita com muito rigor. De outra parte, os autores citam decisão da Corte de Cassação que acolheu entendimento de que a atividade bancária não é atividade perigosa, razão pela qual não é devida indenização por roubo com fundamento no art. 2.050 do CC. Na decisão citada pelos autores, o Tribunal afirmou que o perigo não derivou do desenvolvimento da atividade em si. Em outras palavras, a atividade em si não é perigosa, não incidindo, portanto, o art. 2.050.

---

(428) BIANCA. *Diritto civil, la responsabilità*, 5,1994. p. 705-706. *Apud* ANNUNZIATA, Gaetano. *Op. cit.*, p. 282.
(429) CENDON, Paolo. *Commentario al codice civile:* aggiornamento 1991-2001. Torino: Torinese, 2002.
(430) VISINTINI, Giovanna. *Tratado de la responsabilidad civil.* Buenos Aires: Depalma, 1999. p. 420.

2.8. ATIVIDADE DE RISCO OU PERIGOSA, SEGUNDO O INSS

Além dos critérios indicados na doutrina, utilizam-se, hoje, critérios extraídos da Lei, de grande importância para o Instituto Nacional da Previdência Social. Com efeito, o Decreto n. 3.048/99 (atualizado pelo Decreto n. 6.957/09) trata do cálculo do FAP, Fator Acidentário de Prevenção[431], e altera percentuais do RAT — Riscos Ambientais de Trabalho[432]. Referidos percentuais encontram-se no Anexo V do Regulamento. Constam, do Anexo, lista da CNAE (Classificação Nacional das Atividades Econômicas) e o percentual de RAT relativo a cada atividade[433].

O RAT tem por fundamento os arts. 7º, XXVIII, da CF, 201, §§ 10 da CF, 22, II, da Lei n. 8.212/91, 202 do Decreto n. 3.048/99 e Decreto n. 6.957/09, que alterou as alíquotas do RAT. Este destina-se ao financiamento dos benefícios denominados auxílios-doença acidentários, aposentadorias por invalidez ou morte, causadas por acidente de trabalho.

Cumpre às empresas (exceto simples e beneficentes) pagar o RAT, além da alíquota de 20% de contribuição previdenciária prevista no art. 22, inciso I, da Lei n. 8.212/91 e 22, 5% para instituições financeiras ou similares, com as alíquotas de 1%, 2% ou 3%, de acordo com o seu grau de risco, relacionado à atividade preponderante da pessoa jurídica:

> Art. 22. A contribuição a cargo da empresa, destinada à Seguridade Social, além do disposto no art. 23, é de:
>
> I — vinte por cento sobre o total das remunerações pagas [...]

---

(431) FAP é o "Fator Acidentário de Prevenção que afere o desempenho da empresa, dentro da respectiva atividade econômica, relativamente aos acidentes de trabalho ocorridos num determinado período". BRASIL. RECEITA FEDERAL. Disponível em: <http://www.receita.fazenda.gov.br/Previdencia/Fap.htm> Acesso em: 13.12.2010.

(432) O RAT representa "a contribuição da empresa, prevista no inciso II do art. 22 da Lei n. 8.212/91, e consiste em percentual que mede o risco da atividade econômica, com base no qual é cobrada a contribuição para financiar os benefícios previdenciários decorrentes do grau de incidência de incapacidade laborativa (GIIL-RAT). A alíquota de contribuição para o RAT será de 1% se a atividade é de risco mínimo; 2% se de risco médio e de 3% se de risco grave, incidentes sobre o total da remuneração paga, devida ou creditada a qualquer título, no decorrer do mês, aos segurados empregados e trabalhadores avulsos. Havendo exposição do trabalhador a agentes nocivos que permitam a concessão de aposentadoria especial, há acréscimo das alíquotas na forma da legislação em vigor". *Loc. cit.*

(433) O STF já decidiu que o SAT, tal qual cobrado, não é inconstitucional. Nos autos do Processo relatado por Cármen Lúcia, argumenta a Desembargadora: "No julgamento do Recurso Extraordinário 343.446, Relator o Ministro Carlos Velloso, o Plenário do Supremo Tribunal Federal firmou o entendimento de que o Seguro de Acidente do Trabalho — SAT — é constitucional e que o fato de a lei deixar para o regulamento a complementação dos conceitos de 'atividade preponderante' e 'grau de risco leve, médio e grave' não implica ofensa aos princípios da legalidade genérica e da legalidade tributária [...]" BRASIL. SUPREMO TRIBUNAL FEDERAL. Disponível em: <www.stf.jus.br/portal/diarioJustica/verDecisao.asp?seq=3228564> Acesso em: 2.3.2010.

II — [...]

a) 1% (um por cento) para as empresas em cuja atividade preponderante o risco de acidentes do trabalho seja considerado leve;

b) 2% (dois por cento) para as empresas em cuja atividade preponderante esse risco seja considerado médio;

c) 3% (três por cento) para as empresas em cuja atividade preponderante esse risco seja considerado grave.

III — vinte por cento sobre o total das remunerações pagas ou creditadas a qualquer título, no decorrer do mês, aos segurados contribuintes individuais que lhe prestem serviços; (Incluído pela Lei n. 9.876, de 1999).

IV — quinze por cento sobre o valor bruto da nota fiscal ou fatura de prestação de serviços, relativamente a serviços que lhe são prestados por cooperados por intermédio de cooperativas de trabalho. (Incluído pela Lei n. 9.876, de 1999).

§ 1º No caso de bancos comerciais, bancos de investimentos, bancos de desenvolvimento, caixas econômicas, sociedades de crédito, financiamento e investimento, sociedades de crédito imobiliário, sociedades corretoras, distribuidoras de títulos e valores mobiliários, empresas de arrendamento mercantil, cooperativas de crédito, empresas de seguros privados e de capitalização, agentes autônomos de seguros privados e de crédito e entidades de previdência privada abertas e fechadas, além das contribuições referidas neste artigo e no art. 23, é devida a contribuição adicional de dois vírgula cinco por cento sobre a base de cálculo definida nos incisos I e III deste artigo. (Redação dada pela Lei n. 9.876, de 1999). (*Vide* Medida Provisória n. 2.158-35, de 2001).

§ 2º Não integram a remuneração as parcelas de que trata o § 9º do art. 28.

§ 3º O Ministério do Trabalho e da Previdência Social poderá alterar, com base nas estatísticas de acidentes do trabalho, apuradas em inspeção, o enquadramento de empresas para efeito da contribuição a que se refere o inciso II deste artigo, a fim de estimular investimentos em prevenção de acidentes.

§ 4º O Poder Executivo estabelecerá, na forma da lei, ouvido o Conselho Nacional da Seguridade Social, mecanismos de estímulo às empresas que se utilizem de empregados portadores de deficiências física, sensorial e/ou mental com desvio do padrão médio.

A Lei 10.666/03, no seu art. 10, dispõe:

Art. 10. A alíquota de contribuição de um, dois ou três por cento, destinada ao financiamento do benefício de aposentadoria especial ou daqueles concedidos em razão do grau de incidência de incapacidade laborativa decorrente dos riscos ambientais do trabalho, poderá ser reduzida, em até cinquenta por cento, ou aumentada, em até cem por cento, conforme dispuser o regulamento, em razão do desempenho da empresa em relação à respectiva atividade econômica, apurado em conformidade com os resultados obtidos a partir dos índices de frequência, gravidade e custo, calculados segundo metodologia aprovada pelo Conselho Nacional de Previdência Social.

Por sua vez, o Decreto n. 3.048/99 dispõe, em seu art. 202-A e 202-B:

Art. 202-A. As alíquotas constantes nos incisos I a III do art. 202 serão reduzidas em até cinquenta por cento ou aumentadas em até cem por cento, em razão do desempenho da empresa em relação à sua respectiva atividade, aferido pelo Fator Acidentário de Prevenção — FAP. (Incluído pelo Decreto n. 6.042, de 2007).

§ 1º O FAP consiste num multiplicador variável num intervalo contínuo de cinco décimos (0,5000) a dois inteiros (2,0000), aplicado com quatro casas decimais, considerado o critério de arredondamento na quarta casa decimal, a ser aplicado à respectiva alíquota. (Redação dada pelo Decreto n. 6.957, de 2009)

§ 2º Para fins da redução ou majoração a que se refere o *caput*, proceder-se-á à discriminação do desempenho da empresa, dentro da respectiva atividade econômica, a partir da criação de um índice composto pelos índices de gravidade, de frequência e de custo que pondera os respectivos percentis com pesos de cinquenta por cento, de trinta e cinco por cento e de quinze por cento, respectivamente. (Redação dada pelo Decreto n. 6.957, de 2009)

§ 3º (Revogado pelo Decreto n. 6.957, de 2009)

§ 4º Os índices de frequência, gravidade e custo serão calculados segundo metodologia aprovada pelo Conselho Nacional de Previdência Social, levando-se em conta: (Incluído pelo Decreto n. 6.042, de 2007).

I — para o índice de frequência, os registros de acidentes e doenças do trabalho informados ao INSS por meio de Comunicação de Acidente do Trabalho — CAT e de benefícios acidentários estabelecidos por nexos técnicos pela perícia médica do INSS, ainda que sem CAT a eles vinculados; (Redação dada pelo Decreto n. 6.957, de 2009)

II — para o índice de gravidade, todos os casos de auxílio-doença, auxílio-acidente, aposentadoria por invalidez e pensão por morte, todos de natureza acidentária, aos quais são atribuídos pesos diferentes em razão da gravidade da ocorrência, como segue: (Redação dada pelo Decreto n. 6.957, de 2009)

a) pensão por morte: peso de cinquenta por cento; (Incluído pelo Decreto n. 6.957, de 2009)

b) aposentadoria por invalidez: peso de trinta por cento; e (Incluído pelo Decreto n. 6.957, de 2009)

c) auxílio-doença e auxílio-acidente: peso de dez por cento para cada um; e (Incluído pelo Decreto n. 6.957, de 2009)

III — para o índice de custo, os valores dos benefícios de natureza acidentária pagos ou devidos pela Previdência Social, apurados da seguinte forma: (Redação dada pelo Decreto n. 6.957, de 2009)

a) nos casos de auxílio-doença, com base no tempo de afastamento do trabalhador, em meses e fração de mês; e (Incluído pelo Decreto n. 6.957, de 2009)

b) nos casos de morte ou de invalidez, parcial ou total, mediante projeção da expectativa de sobrevida do segurado, na data de início do benefício, a partir da tábua de mortalidade construída pela Fundação Instituto Brasileiro de Geografia e Estatística — IBGE para toda a população brasileira, considerando-se a média nacional única para ambos os sexos. (Incluído pelo Decreto n. 6.957, de 2009)

§ 5º O Ministério da Previdência Social publicará anualmente, sempre no mesmo mês, no Diário Oficial da União, os róis dos percentis de frequência, gravidade e custo por Subclasse da Classificação Nacional de Atividades Econômicas — CNAE e divulgará na rede mundial de computadores o FAP de cada empresa, com as respectivas ordens de frequência, gravidade, custo e demais elementos que possibilitem a esta verificar o respectivo desempenho dentro da sua CNAE-Subclasse. (Redação dada pelo Decreto n. 6.957, de 2009)

[...]

Art. 202-B. O FAP atribuído às empresas pelo Ministério da Previdência Social poderá ser contestado perante o Departamento de Políticas de Saúde e Segurança Ocupacional da Secretaria Políticas de Previdência Social do Ministério da Previdência Social, no prazo de trinta dias da sua divulgação oficial. (Incluído pelo Decreto n. 7.126, de 2010)

O Ministério da Previdência Social esclarece:

A fonte de custeio para a cobertura de eventos advindos dos riscos ambientais do trabalho — acidentes e doenças do trabalho, assim como as aposentadorias especiais — baseia-se na tarifação coletiva das empresas, segundo o enquadramento das atividades preponderantes estabelecido conforme a Subclasse da Classificação Nacional de Atividades Econômicas — CNAE. A tarifação coletiva está prevista no art. 22 da Lei n. 8.212/1991 que estabelece as taxas de 1, 2 e 3% calculados sobre o total das remunerações pagas aos segurados empregados e trabalhadores avulsos. Esses percentuais poderão ser reduzidos ou majorados, de acordo com o art. 10 da Lei n. 10.666/2003. Isto representa a possibilidade de estabelecer a tarifação individual das empresas, flexibilizando o valor das alíquotas: reduzindo-as pela metade ou elevando-as ao dobro.[434]

Segundo o Ministério da Previdência Social, a metodologia do FAP foi aprovada pelo Conselho Nacional de Previdência Social — CNPS, por meio das Resoluções CNPS ns. 1.308 e 1.309, de 2009:

[...] a metodologia aprovada busca bonificar aqueles empregadores que tenham feito um trabalho intenso nas melhorias ambientais em seus postos de trabalho e apresentado no último período menores índices de acidentalidade e, ao mesmo tempo, aumentar a cobrança daquelas empresas que tenham apresentado índices de acidentalidade superiores à média de seu setor econômico.[435]

---

(434) FAP — Fator Acidentário Previdenciário. BRASIL. Ministério da Previdência Social. Disponível em: <http://www2.dataprev.gov.br/fap/fap.htm> Acesso em: 3.4.2010.
(435) *Loc. cit.*

O Governo do Brasil afirma que o uso do FAP terá importante papel na prevenção de acidentes:

> A implementação da metodologia do FAP servirá para ampliar a cultura da prevenção dos acidentes e doenças do trabalho, auxiliar a estruturação do Plano Nacional de Segurança e Saúde do Trabalhador — PNSST que vem sendo estruturado mediante a condução do MPS, MTE e MS, fortalecendo as políticas públicas neste campo, reforçar o diálogo social entre empregadores e trabalhadores, tudo a fim de avançarmos cada vez mais rumo às melhorias ambientais no trabalho e à maior qualidade de vida para todos os trabalhadores no Brasil.[436]

Segundo o Ministério Público do Trabalho, "[...] nos últimos sete anos, o alto custo dos acidentes de trabalho no País gerou déficit de R$ 30 bilhões na conta do seguro sobre acidentes, com concessão de aposentadorias especiais". Para reduzir esse custo, foi criado o Fator Acidentário de Prevenção (FAP), em 2003, para que segmentos que registram maiores índices de acidentes contribuam para o seguro com percentuais maiores sobre sua folha de pagamento (atividades de baixo, médio ou alto risco). Aqueles que desenvolvem programas voltados a prevenir acidentes arcarão com contribuições menores[437].

Desde setembro de 2009, a Previdência Social divulga o FAP de cada empresa, que poderá ser consultado no *site* desse órgão, através da CNAE — Classificação Nacional de Atividades Econômicas.

Assim, a partir da verificação dos dados de cada empresa será possível fazer uma comparação, e, para efeito do art. 927 do Código Civil, examinar se os acidentes daquela empresa se encontram acima ou abaixo da média.

A propósito do tema, diz Sebastião Geraldo de Oliveira que o enquadramento de determinada atividade como de risco dependerá da comparação do risco gerado aos cidadãos e ao trabalhador. Quando o risco suportado pelo trabalhador for maior que aquele suportado pelas demais pessoas, caberá indenização pelo dano. O entendimento tem suporte na teoria do risco criado, sendo certo que ao trabalhador vitimado bastará comprovar o exercício da atividade perigosa[438].

---

(436) *Loc. cit.*
(437) Inspeções flagram irregularidades em canteiros de obras de Fortaleza. BRASIL. Ministério Público do Trabalho. Disponível em: <www.pgt.mpt.gov.br/.../inspecoes-flagram-irregularidades-em-canteiros-de-obras-de-fortaleza.html> Acesso em: 5.4.2010.
(438) "Pelos parâmetros desse enunciado, para que haja indenização, será necessário comparar o risco da atividade que gerou o dano com o nível de exposição ao perigo dos demais membros da coletividade. Qualquer um pode tropeçar, escorregar e cair em casa ou na rua, ser atropelado na calçada por um automóvel descontrolado, independentemente de estar ou não no exercício de qualquer atividade, podendo mesmo ser um desempregado ou aposentado. No entanto, acima desse risco genérico que afeta indistintamente toda coletividade, de certa forma inerente à vida atual, outros riscos específicos ocorrem pelo exercício de determinadas atividades, dentro da concepção da teoria do "risco criado". Se o risco a que se expõe o trabalhador estiver acima do risco médio da coletividade em geral, caberá o deferimento da indenização,

José Affonso Dallegrave Neto entende que o enquadramento da atividade como de risco deverá ser feito pelo método comparativo: aquelas atividades que se encontrarem acima da média, na *tabela de notificações acidentárias*, serão enquadradas como de risco. Essa tabela do INSS poderá ser juntada em eventual processo judicial, em que o empregado buscará provar que o risco é normal naquela empresa[439].

Flávio Landi menciona as alíquotas previstas no art. 22 da Lei n. 8.213/91, de 1%, 2% e 3%, bem como os serviços que ensejam aposentadoria especial, e afirma que, no caso de a empresa ser enquadrada em atividade de maior risco, deve incidir a regra da responsabilidade objetiva[440].

Além disso, de acordo com a Lei n. 8.212/91, cabe à perícia médica do INSS caracterizar a natureza *acidentária* da doença, quando verificada a existência de nexo causal entre o trabalho e aquela. Nesse sentido, o art. 21-A da Lei citada estabelece:

> Art. 21-A. A perícia médica do INSS considerará caracterizada a natureza acidentária da incapacidade quando constatar ocorrência de nexo técnico epidemiológico entre o trabalho e o agravo, decorrente da relação entre a atividade da empresa e a entidade mórbida motivadora da incapacidade elencada na Classificação Internacional de Doenças — CID, em conformidade com o que dispuser o regulamento. (Incluído pela Lei n. 11.430, de 2006).

A Instrução Normativa do INSS, INSS/PRES n. 16, de 27.3.2007, DOU de 30.3.2007, art. 2º, *caput*, determina: "A perícia médica do INSS caracterizará tecnicamente o acidente do trabalho mediante o reconhecimento do nexo entre o trabalho e o agravo", sendo que o § 3º assim dispõe:

> [...] considera-se estabelecido nexo entre o trabalho e o agravo sempre que se verificar a ocorrência de nexo técnico epidemiológico entre o ramo de atividade

---

tão somente pelo exercício dessa atividade." OLIVEIRA, Sebastião Geraldo de. Responsabilidade civil objetiva por acidente do trabalho: teoria do risco. *Revista LTr*, v. 68, p. 412, abr. 2004.

(439) "É possível concluir que, toda espécie de sinistro ocorrido em determinado setor empresarial, que se encontra dentro de faixa estatística acima da média na tabela de notificações acidentárias do INSS, será considerada como decorrente de "atividade normal de risco". E acrescenta: "Assim, o empregado acidentado deverá demonstrar que o tipo de acidente de que foi vítima é comum naquele ramo de atividade do empregador; para tanto poderá carrear aos autos a respectiva tabela comparativa do INSS". DALLEGRAVE Neto, José Affonso. Acidente do trabalho em atividade normal de risco. *Direito e Justiça — O Estado do Paraná*. Disponível em: <http://www.parana-online.com.br/canal/direito-e-justica/news/302552> Acesso em: 2.2.2010.

(440) "Eventual acidente do trabalho, envolvendo empregado que estava no desempenho de serviço ligado diretamente à atividade econômica tida como de maior grau de risco acidentário, gera a responsabilidade objetiva do empregador? O autor responde positivamente, afirmando que 'isto porque a atividade preponderante do estabelecimento, normalmente desenvolvida pelo empregador, por sua natureza, expõe os empregados a risco, como tal inclusive previsto no Regulamento da Seguridade Social — Decreto n. 3.048/99, em seu anexo V'". LANDI, Flávio. A responsabilidade objetiva do empregador pelo risco inerente às atividades perigosas ou insalubres e àquelas reputadas como de alto índice de acidentes laborais. ANAMATRA. Disponível em: <http://www.anamatra.org.br/hotsite/conamat06/trab_cientificos/teses/tese%20flavio%20landi.doc> Acesso em: 9.3.2010.

econômica da empresa, expressa pela Classificação Nacional de Atividade Econômica — CNAE, e a entidade mórbida motivadora da incapacidade, relacionada na Classificação Internacional de Doenças, em conformidade com o disposto na Lista B, do Anexo II, do RPS.

O INSS utiliza, ainda, o NTEP. Segundo informações do próprio INSS, o NTEP é extraído a partir do cruzamento das informações de código da Classificação Internacional de Doenças — CID-10 e de código da Classificação Nacional de Atividade Econômica — CNAE e indica o nexo entre lesão e atividade do empregado. Por meio desse procedimento, é possível averiguar a natureza acidentária (ou não) da doença.

O NTEP — Nexo Técnico Epidemiológico Previdenciário — foi criado a partir de abril/2007 e "de imediato provocou uma mudança radical no perfil da concessão de auxílios-doença de natureza acidentária: houve um incremento da ordem de 148%. Este valor permite considerar a hipótese que havia um mascaramento na notificação de acidentes e doenças do trabalho"[441].

Para Dallegrave Neto, tal significa que o critério utilizado pelo INSS, com fundamento no art. 21-A da Lei n. 8.212/91, pode ser empregado, também, nas ações de responsabilidade civil. O NTEP, índice de uso exclusivo do INSS, poderia ser invocado nas ações de indenização com base em doenças profissionais[442].

2.9. SUJEITO ATIVO E SUJEITO PASSIVO

Recano destaca a evolução jurisprudencial relativa à legitimação ativa do trabalhador. Conforme o autor, nos idos de 1953, o Tribunal de Roma entendeu que o art. 2.050 não era aplicável aos trabalhadores em relação aos seus próprios empregados. Já naquela época surgiu uma jurisprudência divergente, do Tribunal de Firenze, defendendo que os empregados, trabalhando dentro da empresa, estavam sujeitos aos mesmos riscos que os estranhos — sendo que a sujeição ao risco era permanente nesse caso — razão pela qual se justificava a concessão de igual tutela[443]. Em 1970, a Corte de

---

(441) BRASIL. Ministério da Previdência Social. Disponível em: <http://www.previdenciasocial.gov.br/conteudoDinamico.php?id=463> Acesso em: 2.3.2010.

(442) "Não se negue que o NTEP não restringe seus efeitos à órbita previdenciária, mas os repercute também na esfera da responsabilidade civil. Destarte, aludido critério legal (NTEP), pautado em estatísticas epidemiológicas, constitui eficaz critério de enquadramento da atividade como sendo "normal de risco" para efeitos de caracterização de doenças ocupacionais em ações trabalhistas indenizatórias." DALLEGRAVE NETO, José Affonso. Loc. cit.

(443) "Non è da escludere che, per la particolare posizione del professionista o del lavoratore subordinato, Il danno verificatosi debba ricondursi, per nesso causale, proprio al comportamento di costrure e che, in questa direzione, possa quindi esercitarsi la prova liberatoria consentita dall'art. 2.050 c.c.; ma questa eventualità non basta a cancellare a priori una presunzione di colpa, che, se è giustificata nei confronti di

Cassação proferiu julgamento, afirmando que o art. 2.050 não distingue entre terceiros e empregados, razão pela qual a norma também se aplica a esses[444]. Hoje, o entendimento é largamente difundido na assim chamada jurisprudência de mérito. A doutrina concorda com esse entendimento. Contudo — e Recano invoca Di Martino —, entende-se que, nos termos do art. 10 do TU (texto único) D. R. P, n. 1.124 de 1965, [...] exoneram o empregador da responsabilidade civil por todos acidentes ocorridos com seus empregados que resultem cobertos pelo seguro obrigatório previsto na norma". Com efeito, o art. 10 daquela norma dispõe que "[...] a garantia do presente decreto exonera o empregador da responsabilidade civil pelos acidentes de trabalho"[445]. Isso não obstante, o art. 10 dispõe que a responsabilidade do empregador permanece no caso de condenação penal[446]. Assim, conclui Recano, "[...] somente o trabalhador que exercer atividade para a qual não é previsto seguro obrigatório poderá invocar o art. 2.050 c.c."[447]. Relata ainda que, em 1994, a Corte de Cassação decidiu que o empregado somente pode pleitear indenização perante o empregador pessoa física, não o podendo fazer perante seus administradores[448].

Massimo Franzoni esclarece que *sujeito ativo* é qualquer pessoa que não o responsável direto pela atividade, enfatizando que Di Martino acolhe outro entendimento, afirmando que também estão excluídos os familiares, os sócios da sociedade de pessoas, os administradores da sociedade de capitais[449]. Franzoni, porém, defende que aqueles que prestam serviços ou são colaboradores têm legitimidade ativa, nos termos do art. 2.050. O autor rejeita entendimento do Tribunal de Perugia, que entendeu válido ajuste entre

---

estranei all'impresa, lo è ancor più rispetto a coloro che, operando in essa, soggiacciono ad un immanente pericolo e hanno quindi diritto a non minore tutela." App. Firenze 14.12.59, *GC*,1960, I, 403. RECANO, P. *La r.c. per esercizio de attività pericolose*. Apud CENDON, Paolo. *La responsabilità civile*: responsabilità extracontrattuale. Torino: Torinese, 1998. p. 215.

(444) "La disposizione dell'art. 2050 c.c., nel porre a carico di chi esercita un'attività pericolosa la presunzione di colpa per i danni cagionati dall'esercizio di una tale attività, ha riguardo al fatto objettivo della derivazione causale del danno dall'eserdizio di questa attività e non distingue l'ipotesi in cui Il danno colpisca um terzo estraneo all'attività anzidetta da quella in cui investa un soggetto che, come Il dipendente prestatore di opera, agisca nell'ambito dell'attività medesima." Cass. 10.12.70, n. 2628, *RFI*, 1971, *Responsabilità civile*, 177. RECANO, P. *La r.c. per esercizio de attività pericolose*. Apud CENDON, Paolo. *Op. cit.*

(445) "L'assicurazione a norma del presente decreto esonera il datore di lavoro dalla responsabilità civile per gli infortuni sul lavoro".

(446) "Nonostante l'assicurazione predetta permane la responsabilità civile a carico di coloro che abbiano riportato condanna penale per il fatto dal quale l'infortunio è derivato (1) (3). Decreto n. 1124 de 30.6.1965." ITALIA. INAIL. Disponível em: <http://normativo.inail.it/bdninternet/docs/dpr112465.htm> Acesso em: 15.6.2010.

(447) RECANO, P. *La r.c. per esercizio de attività pericolose*. Apud CENDON, Paolo. *Op. cit.*, p. 215.

(448) Cass. 25.6.94, n. 6125, *RCP*, 1995, 938. RECANO. *La r.c. per esercizio de attività pericolose*. Apud CENDON, Paolo. *Op. cit.*, p. 215.

(449) DI MARTINO. *La responsabilità civile nelle attività pericolose e nucleare*. Milano, 1980. p. 65. *Apud* FRANZONI, Massimo. *La responsabilità oggettiva*. Milano: Antonio Milani, 1995. p. 104.

vítima e causador do dano prevendo a exclusão da indenização no caso de danos causados pela atividade perigosa. A jurisprudência majoritária se coloca no sentido contrário, como demonstra decisão da Suprema Corte (Cass. 20 de fevereiro de 1982, n. 1085), que acolhe entendimento no sentido de que é necessário que o empregador adote todas as medidas de prevenção, em relação aos seus empregados ou trabalhadores autônomos, em se tratando de trabalho perigoso em minas[450].

Para Annunziata, estão legitimados a pleitear indenização pelo dano os terceiros estranhos à atividade, mas também "[...] as pessoas que fazem parte na qualidade de empregados da estrutura organizativa", eis que o art. 2.050 não faz distinção entre empregados e não empregados[451].

Cendon esclarece que qualquer um pode reclamar os danos decorrentes da atividade perigosa, salvo aquele que participa na gestão dessa atividade. Podem figurar como sujeitos ativos aqueles que tomem parte na atividade, como, por exemplo, os empregados. A Suprema Corte, contudo, ao pronunciar-se nos autos da Cassação n. 12.640/95, entendeu que o empregado pode pleitear a indenização constante do art. 2.050 desde que o dano não esteja coberto pela Lei de Seguridade Pública[452].

Com respeito ao sujeito passivo, esclarece Geri que, à primeira vista, parece que a lei admite como terceiro todo aquele que não seja o próprio empreendedor, visto utilizar a expressão *qualquer um que causa dano a outrem*. Nessa medida, poder-se-ia pensar que os auxiliares do empreendedor, assim como seus empregados, estariam incluídos na expressão *outrem*. Essa interpretação, para Geri, é equivocada visto que essas pessoas estão abrangidas por lei especial, qual seja, lei sobre acidente do trabalho[453]. De resto, somente quando, nos termos do art. 4º do Decreto n. 1.765/35, a ação configure crime, responde o empregador pelos danos causados ao empregado. Não cabe a alegação — prossegue Geri — de que os terceiros possuem proteção maior que o empregado, visto que àqueles se aplica o art. 2.050 do CC italiano, estando este excluído de sua aplicação. É que a indenização prevista na lei de acidente do trabalho é devida automaticamente ao trabalhador. Além disso, o empregador está sujeito a diversas normas, proibições, sanções etc., aplicáveis no âmbito da empresa, com o objetivo de prevenir o acidente, sendo que cabe ao Estado fiscalizar e controlar as ações do empregador.

---

(450) FRANZONI, Massimo. *Op. cit.*, p. 104.
(451) ANNUNZIATA, Gaetano. *La responsabilità e le fattispecie di responsabilità presunta*. Padova: Antonio Milani, 2008. p. 292.
(452) Cass. 12640/95. CENDON, Paolo. *Commentario al codice civile*. Torino: UTET, 2002. p. 1757.
(453) "[...] tuttavia i danni da loro subiti in attività pericolose l'ambito delle loro prestazioni rientrano nella grande categoria degli infortuni sul lavoro e sono disciplinati dalle leggi speciae sulla relativa assicurazione obbligatoria." GERI, Vinício. *Op. cit.*, p. 159.

De acordo com Recano, não são responsáveis, nos termos do art. 2.050 do CC italiano, os sujeitos que "[...] não tenham ingerência sobre a atividade perigosa". O autor cita decisão do Tribunal de Milano, que entendeu que "[...] a responsabilidade prevista no art. 2.050 do CC incumbe a quem exercita a atividade perigosa"[454]. Menciona, ainda, decisão da Suprema Corte italiana, para a qual, no caso de subcontratação de mão de obra, é responsável pelo dano derivado da atividade perigosa, tão somente, aquele que executou o serviço como contratado[455]. De outra parte, Recano cita decisões de Tribunais que acolhem o entendimento de que, no caso de organização de determinada atividade, responde pelo dano causado pela atividade perigosa tanto aquele que executa a atividade quanto aquele que a organizou, mas é sobretudo nos casos de organização de atividade esportiva que a jurisprudência tem aplicado essa regra[456]. Outrossim, no direito italiano, têm sido considerados responsáveis tanto o titular de atividade que depende de autorização da administração pública quanto aquele que, sem autorização da administração pública, tenha executado a atividade, por concessão do titular (que não poderia ter delegado a tarefa a terceiro). De resto, a concessão de licença para exercício de atividade perigosa não exonera o titular de adotar todas as medidas necessárias para evitar o dano[457]. Situação diversa — e de difícil resolução — é a do desenvolvimento de sucessivas atividades perigosas por sujeitos diferentes, como, por exemplo, produção e distribuição de gás. Conforme Recano, a jurisprudência decide caso a caso. Decisão da Suprema Corte, citada pelo autor, declara que, no caso de atividade exercitada por um *ente coletivo*, a responsabilidade é solidária, aplicando-se os arts. 2.050 e 2.055 do CC italiano[458].

Comporti leciona que os sujeitos passivos, na maior parte das vezes, são empregados do empreendedor do negócio perigoso. Nesse caso, entretanto, cumpre verificar se estes estão cobertos pelo seguro obrigatório previsto no

---

(454) "La particolare responsabilità prevista dall'art. 2.050 c.c. incombe su chi esercita l'attività pericolosa e non su chi tale attività ha affidato ad altri, in base ad un rapporto che non determina un vincolo di subordinazione tra committente ed esecutore" (App. Milano 14.6.74, ARC, 1974, 726). *Apud* RECANO, Paolo. *La responsabilità civile da attività pericolose*. Milano: Antonio Milani, 2001. p. 33.

(455) "La particolare forma di responsabilità sancita dall'art. 2.050 c.c. a carico di coluiu che cagiona ad altri un danno nello svolgimento di un'attività pericolosa non può essere estesa a coluiu che commette ad altri un'opera, sebbene questa debba eseguirsi dall'assuntore con l'esercizio di un'attività pericolosa; in tal caso, responsabili dei danni derivati a terzi dalla predetta attività e soltanto l'assuntore dell'opera." (Cass. 18.3.65, n. 455, RCP, 1965, App. Genova 8.10.68, ARC, 1970, 62). *Ibidem*, p. 34.

(456) "Nel caso di esercizio di attività pericolosa la presunzione di colpa di cui all'art. 2.050 c.c. è posta a carico non soltanto di chi di fatto pone in essere l'attività stessa, ma anche di chi tale attività organizza e dirige". (App. L'Aquila 2.8.57, MGC, 1957, p. 48). *Ibidem*, p. 36.

(457) *Ibidem*, p. 40.

(458) Cass. 11.6.99, n. 5744, RFI, 1999, Resp. civ. 358. *Ibidem*, p. 41.

Decreto n. 1.124/65, caso em que cumprirá à INAIL pagar a indenização[459]. Isso não obstante, pode o empregador responder pelo dano, na hipótese do art. 10 do Texto Único, ou seja, quando o empregador tiver sido condenado penalmente pelo fato ilícito. Para Comporti, a responsabilidade do empregador também subsiste no caso de violação ao art. 2.087 do CC, que estabelece a obrigação do empregador de ater-se ao princípio da máxima segurança. Por esse artigo, o empregador é obrigado a adotar as medidas necessárias à tutela da integridade física e personalidade moral dos prestadores de serviço. Comporti menciona a responsabilidade do empregador, baseada no art. 2.050, quando condenado penalmente por crime, e responsabilidade por culpa, com base no art. 2.043 do CC. No caso de trabalhador ocasional, não sujeito ao seguro obrigatório, incide a norma do art. 2.050 do CC. Outra questão suscitada por Comporti diz respeito ao caso do participante do negócio perigoso — o sócio, o associado da cooperativa etc. — que sofre o dano. Nesse caso, duas soluções são encontradas na jurisprudência: uma corrente diz que somente *terceiros* podem se beneficiar da norma do art. 2.050, outra corrente enfatiza que o participante da atividade também se beneficia da norma.

Também Geri sustenta que é o *empreendedor* quem responde pelo dano, respondendo, inclusive, por danos causados por seus empregados, esclarecendo que essa conclusão se extrai do fato de que o art. 2.050 não se aplica unicamente no caso de um fato/ato isolado, mas também a uma série de atos: a atividade contemplada pela lei — declara Geri —, compreende uma *série de atos coordenados a um resultado tangível*[460].

Franzoni explica que, nos termos do art. 2.050, sujeito passivo é "qualquer um". Para Franzoni, a norma não distinguiu entre aquele que exerce atividade empresarial ou biológica, não discriminando tampouco aquele que exerce atividade lucrativa do que exerce atividade sem lucro. Hoje, essas distinções não são aceitas pela jurisprudência. Franzoni cita, a título de exemplo, a caça, que é tida pela jurisprudência como atividade perigosa, no senso do art. 2.050[461].

Franzoni ressalta que, de acordo com a melhor jurisprudência, o empresário somente responde pelos danos causados pela atividade perigosa *durante o período de desenvolvimento dessa atividade*. Assim, o fabricante responde pelos danos causados durante a produção, a empresa que distribui — por exemplo, botijão de gás — responde durante o período de distribuição, período durante o qual torna-se obrigatória a vigilância desta, cessando a responsabilidade do

---

(459) "La pericolosità sembra discendere da quanto detto sopra: cioè la pericolosità va considerata nei confronti dei terzi, perché i danni subiti daí dipendenti, quali infortuni sul lavoro, non rientrano normalmente nella previsione di cui all'art. 2.050 c.c." COMPORTI, Marco. *Fatti illeciti:* le responsabilità oggettive. Milano: Giuffrè, 2009. p. 180.
(460) GERI, Vinício. *Op. cit.*, p. 158.
(461) FRANZONI, Massimo. *Op. cit.*, p. 105-115.

produtor. Nesse sentido, Franzoni cita decisões da Corte de Cassação e outras Cortes[462]. Isso não obstante, existem decisões de Tribunais (não da Suprema Corte) defendendo que o produtor responde pelos danos causados pelo botijão de gás, mesmo após a entrega, salvo incêndio, causa ignorada, causa alheia ao próprio produtor etc.[463]. No caso de empregador, esse responde *diretamente* pelos danos causados aos seus empregados, quando desenvolver atividade perigosa.

Interessante a posição de Bovincini, para quem o empregado, no desenvolvimento da atividade perigosa, faz parte do objeto, e como tal não pode figurar como sujeito ativo[464].

Segundo a jurisprudência, não só aquele que desenvolve a atividade é responsável, mas também o que organiza, dirige e prepara os meios para outro desenvolver a atividade. Mas, conforme Franzoni, na maior parte dos casos, "[...] o legitimado passivo é um empreendedor, já que o exercício de uma atividade perigosa comporta normalmente a subsistência de uma série de atos coordenados e instrumentais organizados que pressupõem a existência de uma empresa"[465].

Para Annunziata, está legitimado a responder passivamente pela ação o *exercente da atividade perigosa*, ou seja, aquele que está em *posição de controle e direção da empresa*, excluindo-se os casos em que há subcontratação de mão de obra (*appalto*)[466]. No mesmo sentido, Comporti, para quem é o empreendedor, o que exerce a atividade perigosa que responde pelo dano[467]. O autor esclarece que não só o empresário deve ser responsabilizado, mas também aquele que exerce a atividade biológica, ou seja, quem atua sem fins lucrativos[468].

No que tange à legitimação passiva, diz Cendon que a ação é endereçada ao que exerce a atividade perigosa. Isso não obstante, aquele que reclama a indenização deve referir-se ao exercício da atividade e não apenas à titularidade. Também entende Cendon que é responsável o que organiza a atividade, mas não o é aquele que apenas patrocina. Quem não tem qualquer poder de organização ou direção fica excluído da responsabilidade. Se a

---

(462) *Ibidem*, p. 118-119.
(463) *Ibidem*, p. 119.
(464) BONVINCINI. *La responsabilità civile per fatto altrui*. Milano, 1975. p. 404. *Apud* FRANZONI, Massimo. *La responsabilità oggettiva*. Milano: Antonio Milani, 1995. p. 121.
(465) FRANZONI, Massimo. *Trattato della responsabilità civile*: l´illecito. Milano: Giuffrè, 2010. p. 403.
(466) ANNUNZIATA, Gaetano. *La responsabilitá e le fattispecie di responsabilità presunta*. Padova: Antonio Milani, 2008. p. 292.
(467) COMPORTI, Marco. *Fatti illeciti:* le responsabilità oggettive. Milano: Giuffrè, 2009. p. 177.
(468) *Ibidem*, p. 177.

atividade for desenvolvida por uma coletividade, pode ser responsabilizado o preposto, o responsável[469].

Recano destaca ainda que pode ser chamado a responder judicialmente aquele que exercer a atividade perigosa, ocasional ou esporádica. Outrossim, não devem ser responsabilizados os que não tenham qualquer ingerência na atividade. O Supremo Tribunal já entendeu que não pode ser responsabilizado o dono da obra, que subcontrata. Nesse caso, responsável será o que assumir a obra[470]. Também nos casos de subcontratação (*appalto*) é o contratado quem deve assumir a responsabilidade. Nesse sentido, decisão do Supremo[471]. Os Tribunais já entenderam, por exemplo, que, no caso de empresa contratada para fazer reparos na estrada pela Administração Pública, responde pelos danos causados a terceiro, devido à má sinalização[472]. Também respondem passivamente — segundo a jurisprudência — os organizadores e coordenadores das atividades (perigosas) de outro. A jurisprudência relativa à responsabilidade do organizador ou dirigente se verifica principalmente no que tange à organização de eventos esportivos. Não respondem, contudo, pelos danos causados pela atividade perigosa o locador e o patrocinador[473].

Por fim, Recano aborda a questão da existência de uma pluralidade de atividades perigosas. Diversos sujeitos desenvolvem uma atividade perigosa. Para o autor, "[...] em tal hipótese ocorre determinar quando cada atividade singular tenha cessado para efeitos do art. 2.050 c.c."[474]. Comporti frisa que, no caso de vários sujeitos, não sendo possível identificar qual deles causou o dano e tendo todos participado da atividade perigosa, devem responder solidariamente pelo evento[475].

Visintini explicita que o art. 2.050 do CC italiano não distingue entre o ente público e privado, nem tampouco entre aquele que busca fins lucrativos da entidade sem fins lucrativos. E, conquanto a jurisprudência na maior parte dos casos diga respeito a empresários, é certo que há julgados reconhecendo a responsabilidade de não empresários. Também são inúmeros os julgados reconhecendo a responsabilidade da Administração Pública em casos de serviços de gestão de energia elétrica e ferrovias.

---

(469) CENDON, Paolo. *Commentario al codice civile*. Torino: UTET, 2002. p. 1758.
(470) Cass. 18.3.65, n. 455, *RCP*, 1965, 449. Apud RECANO, P. *La r.c. per esercizio de attività pericolose*. Idem. *La responsabilità civile:* responsabilità extracontrattuale. Torino: Torinese, 1998. p. 210-211.
(471) Cass. 7.7.64, n. 1777, *FI*, 1964, I, 1359, Cass. 2271/49. Apud RECANO, P. *La r.c. per esercizio de attività pericolose. Ibidem*, p. 211.
(472) App. Catania 4.12.56, *MGC*, 1956, 40. *Ibidem*, p. 211.
(473) *Ibidem*, p. 210-212.
(474) *Ibidem*, p. 214.
(475) COMPORTI, Marco. *Fatti illeciti:* le responsabilità oggettive. Milano: Giuffrè, 2009. p. 177.

Koch busca investigar quem é o demandado à luz dos Princípios de Direito Europeu de Responsabilidade Civil. O autor analisa o artigo que refere à "pessoa que leva a cabo uma atividade anormalmente perigosa". Segundo Koch, essa pessoa pode ser o guardião, a pessoa que explora a atividade, a pessoa que dirige a atividade, ou a pessoa que a controla economicamente. O autor esclarece que não é necessário que o responsável seja aquele que diretamente esteja envolvido na atividade, no sentido de agir *com as próprias mãos*. Os redatores do texto quiseram inserir um acréscimo, para fazer constar o detalhe — "[...] exercer um controle permanente e obter benefícios econômicos" —, mas esse adendo não foi feito, por terem entendido que iria restringir o alcance do texto. Além disso, entendeu-se que não convinha excluir da aplicação das normas aqueles que não exercem atividade lucrativa. Pense-se, por exemplo, numa sociedade beneficente ou mesmo numa entidade pública que exerça atividade perigosa. Para Koch, a única restrição que se permite fazer quanto ao texto é no que tange à sua aplicação aos incapazes. Conforme o autor, o texto é inaplicável a eles, vez que não podem trabalhar[476].

Comporti discute qual a regra aplicável, no caso de diversos sujeitos responsáveis. O autor dá alguns exemplos de diversidade de sujeitos. Primeiro exemplo: explode um botijão de gás numa residência e a vítima responsabiliza aquele que tem a guarda da coisa, que, por sua vez, responsabiliza o fabricante. Segundo exemplo: indústria de explosivos é chamada a Juízo pelo dano causado com a explosão de um cartucho por um caçador. Terceiro exemplo: um cliente compra uma ampola que, uma vez aberta, vem a explodir, prejudicando terceiros. Os terceiros movem ação contra o farmacista, com base no art. 2.050, e contra o cliente, com base no art. 2.051. No que se refere à responsabilidade do produtor, distribuidor etc., diz Comporti que esse problema deve ser resolvido pelas normas de Direito do Consumidor[477].

---

(476) KOCH, B. A. *Responsabilidade objetiva*. Apud MARTÍN-CASALS, Miquel (coord.). *Princípios de derecho europeo de la responsabilidad civil*. Sevilla: Aranzadi, 2008. p. 151-152.
(477) COMPORTI, Marco. *Op. cit.*, p. 182-184.

TERCEIRA PARTE

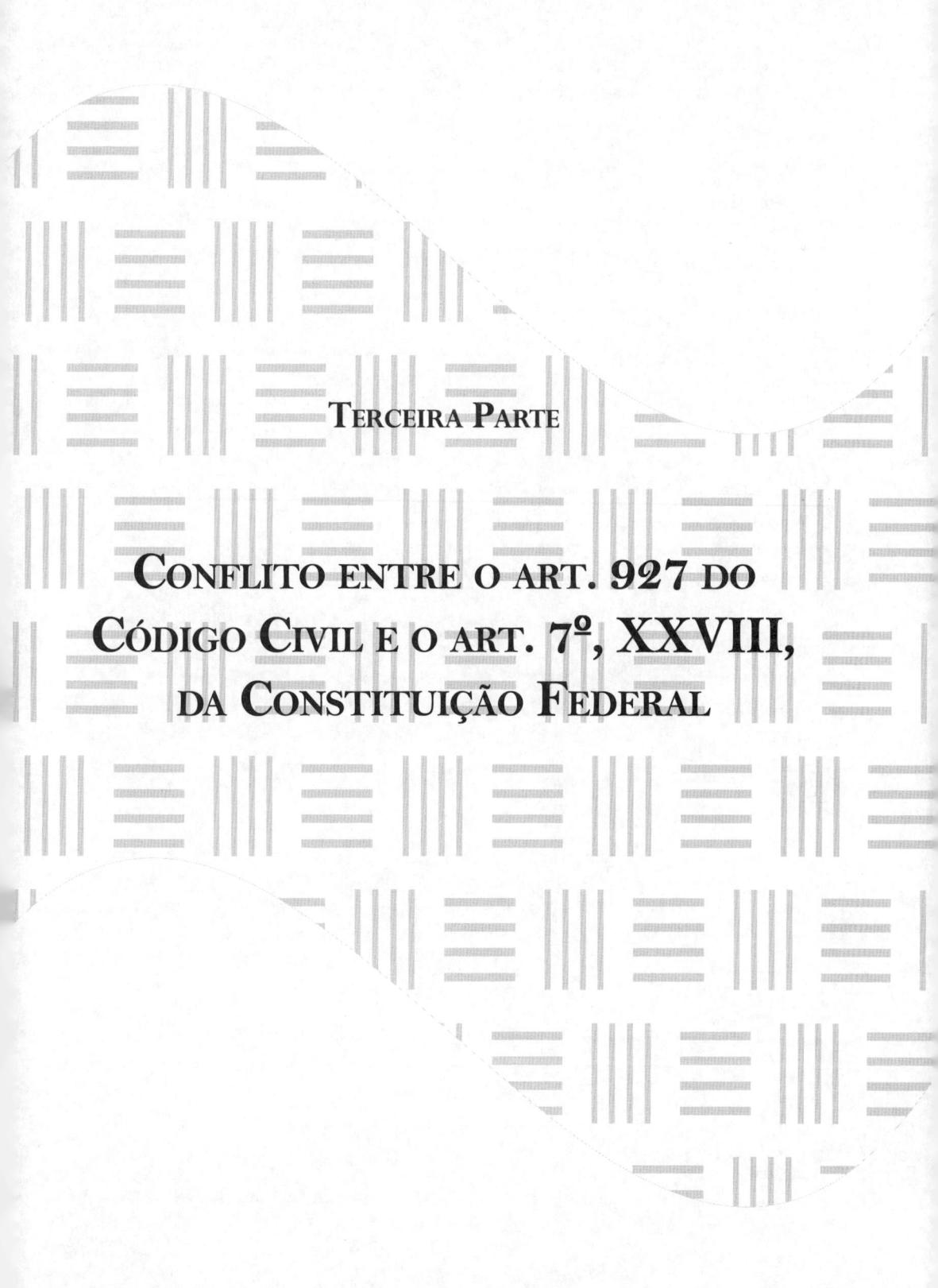

CONFLITO ENTRE O ART. 927 DO CÓDIGO CIVIL E O ART. 7º, XXVIII, DA CONSTITUIÇÃO FEDERAL

CONFLITO APARENTE ENTRE O ART. 927 DO CÓDIGO CIVIL E O ART. 7º, XXVIII, DA CONSTITUIÇÃO FEDERAL

1. CONFLITO APARENTE ENTRE O PARÁGRAFO ÚNICO DO ART. 927 DO CÓDIGO CIVIL E ART. 7º, XXVIII, DA CONSTITUIÇÃO FEDERAL. RESPONSABILIDADE OBJETIVA DO EMPREGADOR

Muito se discute, após o advento do novo Código Civil, sobre a responsabilidade prevista no art. 927 do novo Estatuto. A maior parte da doutrina entende que o parágrafo único do art. 927 do Código Civil é aplicável às relações do trabalho e não conflita com o art. 7º, XXVIII, da Constituição Federal. No mesmo sentido posiciona-se a jurisprudência. Na sequência, citamos alguns autores, identificando os principais argumentos. Também comentamos os argumentos contrários à aplicação do parágrafo único do art. 927 do Código Civil às relações de trabalho.

2. ARGUMENTOS FAVORÁVEIS À APLICAÇÃO DO PARÁGRAFO ÚNICO DO ART. 927 ÀS RELAÇÕES DE TRABALHO

2.1. A CONSTITUIÇÃO PREVIU OUTROS DIREITOS NO ART. 7º

Sebastião Geraldo de Oliveira sintetiza os argumentos que surgiram pró e contra a aplicação do art. 927 às relações de trabalho. O autor indaga se "é aplicável a teoria do risco na indenização por acidente do trabalho" e responde, indicando duas correntes. A primeira corrente entende que o art. 927 não é aplicável às relações trabalhistas, porque conflita com o art. 7º, XXVIII, da Constituição, que institui a responsabilidade do empregador apenas quando este incorrer em dolo ou culpa. A segunda corrente entende que o art. 927 do CC aplica-se às relações de trabalho, vez que a Constituição previu outros direitos além daqueles relacionados no seu art. 7º. Oliveira faz referência à IV Jornada de Direito Civil de 2006 e à 1ª Jornada de Direito do Trabalho realizada em Brasília, em 2007. Nessas duas jornadas, o entendimento aprovado por meio de Enunciado foi o de que o parágrafo único do art. 927 do CC não contraria o disposto no art. 7º, XXVIII, da Constituição Federal[478].

Kirchner faz referência expressa ao art. 7º, XXVIII, da Constituição Federal, para logo após mencionar o art. 927, parágrafo único do CC. Segundo o autor, é possível o enquadramento de alguns acidentes do trabalho no disposto no parágrafo único do art. 927 do CC, desde que esses acidentes correspondam aos moldes legais. Referindo-se aos autores que negam a incidência da norma civilista no Direito do Trabalho, Kirchner afirma que não obstante o paradoxo (qual seja, o reconhecimento da responsabilidade objetiva do empregador por ato de seus empregados e subjetiva no caso de acidentes, por força da CF), não há como prevalecer o argumento de que o parágrafo único do art. 927 é inaplicável, em decorrência da hierarquia das normas. A uma, porque o *caput* do art. 7º da CF previu outros direitos, significando que o rol de garantias do art. 7º não é exaustivo. A duas, porque ressalta o autor: "sob o prisma teleológico, é inegável, que o art. 7º, da CF/1988, é uma norma com nítida finalidade de proteção dos trabalhadores, e não garantidora de prerrogativa dos empregadores, razão pela qual entendo que a interpretação que afasta o resguardo de direito daquele grupo contraria o próprio escopo da diretriz constitucional"[479]. E justifica sua posição, enfatizando que: 1) não se pode separar normas dentro de um processo exegético;

---

(478) "Primeira corrente: Não. a) A CF de 1988 só prevê a indenização quando o acidente ocorre por dolo ou culpa do empregador [...]; b) Defende esta corrente que o Código Civil (Lei ordinária) não pode contrariar dispositivo expresso da Constituição com relação à RC proveniente do acidente do trabalho. Segunda corrente: Sim. a) A própria CF prevê a inclusão de outros direitos além daqueles relacionados, quando em benefício do trabalhador: Art. 7º São direitos dos trabalhadores [...], *além de outros que visem à melhoria de sua condição social*: XXVIII — Seguro contra acidentes de trabalho, a cargo do empregador, sem excluir a indenização a que este está obrigado, quando incorrer em dolo ou culpa; não existe conflito entre o art. 927, parágrafo único, do Código Civil com o art. 7º, XXVIII, da CF de 1988; b) Na IV Jornada de Direito Civil, realizada pelo CEJCJF, em 2006, foi aprovado o Enunciado 377, com o teor seguinte: "O art. 7º, XXVIII da Constituição Federal não é impedimento para a aplicação do disposto no art. 927, parágrafo único do Código Civil quando se tratar de atividade de risco"; c) O Enunciado n. 37, aprovado na 1ª Jornada de Direito do Trabalho, realizada em Brasília em 2007, conclui: "Aplica-se o art. 927, parágrafo único, do Código Civil nos acidentes do trabalho. O art. 7º, XXVIII, da Constituição da República, não constitui óbice à aplicação desse dispositivo legal, visto que seu *caput* garante a inclusão de outros direitos que visem à melhoria da condição social dos trabalhadores". OLIVEIRA, Sebastião Geraldo. *Seminário Nacional sobre Acidente do Trabalho e Saúde Ocupacional. Loc. cit.* (grifos no original)
(479) KIRCHNER, Felipe. A responsabilidade civil objetiva no art. 927, parágrafo único, do CC/2002. *Revista dos Tribunais*, São Paulo, ano 97, v. 871, p. 54-55, maio 2008.

2) há que se ter em conta a hierarquia das normas, mas também o valor e finalidade da norma; 3) existe uma supremacia material da Constituição, e não formal; e 4) deve-se reconhecer a fundamentalidade dos direitos constitucionais[480].

Para Raimundo Simão de Melo, não se sustenta uma interpretação literal do inciso XXVIII do art. 7º da Constituição Federal. Esse inciso está ligado ao *caput* do art. 7º, que garante *outros direitos*[481]. A Constituição Federal perseguiu a melhoria da condição de vida do trabalhador e seu texto assegurou apenas um patamar mínimo de direitos, autorizando a criação de outros direitos além daqueles enumerados na Carta[482].

Segundo Amauri Mascaro Nascimento, a Constituição contém direitos mínimos e não máximos, razão pela qual outras normas — a lei e convenção coletiva, por exemplo —, podem prever outros direitos. Além disso, assegura o autor, a Constituição cumpre três funções: (1) função social; (2) função de hierarquizar as normas, de modo que, existindo lei, convenção, regulamentos ou usos e costumes sobre determinada matéria, deve ser aplicada a que for mais favorável; e (3) função interpretativa, significando que entre duas normas deve-se aplicar aquela que for mais favorável ao trabalhador[483].

Da mesma forma que Nascimento, Arnaldo Süssekind, ao interpretar a expressão "além de outros direitos que visem à melhoria da sua condição social", justifica a criação de direitos não previstos nos incisos. Essas

---

(480) "Dogmaticamente esta construção está alicerçada na simbiose construtivista de duas correntes hermenêuticas: (1) a inseparabilidade das normas no processo exegético; (2) as características do sistema jurídico que apontam para a necessária relação da constituição com a ordem jurídica infraconstitucional (unidade, ordem hierárquica interna e ordenação axiológica ou teleológica, (3) supremacia mais material do que formal da Constituição e seu arcabouço axiológico; (4) a inegável essência de fundamentalidade dos direitos constitucionalmente assegurados)." KIRCHNER, Felipe. A responsabilidade civil objetiva no art. 927, parágrafo único, do CC/2002. *Revista dos Tribunais*, São Paulo, ano 97, v. 871, p. 55-56, maio 2008.
(481) MELO, Raimundo Simão de. Responsabilidade nas doenças ocupacionais e acidentes decorrentes de danos ao meio ambiente do trabalho. *ANAMATRA*. Disponível em: <http://www.anamatra.org.br/jornada/propostas/com4_proposta14.pdf> Acesso em: 1º.11.2010.
(482) *Idem*.
(483) "A Constituição deve ser interpretada como um conjunto de direitos mínimos e não de direitos máximos, de modo que nela mesma se encontra o comando para que direitos mais favoráveis ao trabalhador venham a ser fixados através da lei ou das convenções coletivas. Ao declarar que outros direitos podem ser conferidos ao trabalhador, a Constituição cumpre tríplice função. Primeiro, a elaboração das normas jurídicas, que não deve perder a dimensão da sua função social de promover a melhoria da condição do trabalhador. Segundo, a hierarquia das normas jurídicas, de modo que, havendo duas ou mais normas, leis, convenções coletivas, acordos coletivos, regulamentos de empresas, usos e costumes, será aplicável a que mais beneficiar o empregado, salvo proibição de lei. Terceiro, a interpretação das leis de forma que, entre duas interpretações viáveis para a norma obscura, deve prevalecer aquela capaz de conduzir ao resultado que de melhor maneira venha a atender aos interesses do trabalhador". NASCIMENTO, Amauri Mascaro. *Curso de direito do trabalho*. São Paulo: Saraiva, 1989. p. 164-5.

outras normas, afirma, são plenamente válidas desde que sejam constitucionais[484].

Souto Maior salienta que o art. 7º, XXVIII, da Constituição, e o parágrafo único do art. 927 do Código Civil são compatíveis, vez que o *caput* do art. 7º previu os direitos relacionados nos incisos sem prejuízo de *outros direitos*. De acordo com Souto Maior, afastar a incidência do parágrafo único do art. 927 do CC sobre os contratos trabalhistas importa em conferir ao trabalhador uma garantia inferior à garantia dada pela lei aos demais cidadãos[485].

Alexandre Sabariego Alves também defende a tese de que o parágrafo único do art. 927 do CC é constitucional[486]. Assim como outros autores, Alves alega que a Constituição Federal, no *caput* de seu art. 7º, previu outros direitos "que visem à melhoria" dos trabalhadores. Mas não só: "[...] a indenização por acidente do trabalho guarda íntima e direta relação com a saúde e dignidade do trabalhador", princípios esses também agasalhados pela Constituição. O autor invoca outros princípios, quais sejam: inviolabilidade à vida (art. 170 da CF), responsabilidade objetiva do causador do dano ambiental (§ 3º do art. 225 da CF), obrigação do poluidor, independentemente da existência de culpa, de indenizar ou reparar os danos causados ao meio ambiente e a terceiros, afetados por sua atividade (§ 1º do art. 14 da Lei n. 6.938/81)[487].

O Superior Tribunal de Justiça, por meio de uma de suas Turmas, já proferiu entendimento no sentido de que o parágrafo único do art. 927 do CC não afronta o inciso XXVIII do art. 7º da CF, vez que os direitos previstos em cada um dos incisos devem ser aplicados, sem prejuízo de outros direitos que venham beneficiar o trabalhador:

---

(484) SÜSSEKIND, Arnaldo Lopes. *Direito constitucional do trabalho*. Rio de Janeiro: Renovar, 1999. p. 13.

(485) MAIOR, Jorge Luiz Souto. Responsabilidade objetiva do empregador no acidente do trabalho. *Revista Synthesis: Direito do trabalho material e processual*, São Paulo, n. 47, p. 25, jul./dez. 2008.

(486) "O novo Código Civil, em seu art. 927, parágrafo único, trouxe a previsão de reparação dos danos causados, independentemente da existência de culpa, quando a atividade normalmente desenvolvida provocar riscos para os direitos de outrem. O novo dispositivo civilista, a par da aparente contrariedade, não esbarra no vício de inconstitucionalidade se confrontado com o art. 7º, inciso XXVIII, da Constituição Federal. Na interpretação dos dispositivos legais deve-se levar em conta todo o sistema que os envolve. Especialmente quando se trata da integridade física do trabalhador e da consequente indenização decorrente de sua violação, é certo que devem ser aplicados os princípios da norma mais favorável e da responsabilidade objetiva do causador do dano ambiental, pois muitos dos acidentes do trabalho decorrem de vícios existentes no ambiente de trabalho. Além disso, a própria Constituição Federal, no art. 7º *caput*, assegurou a fixação de outros direitos [...]" ALVES, Alexandre Sabariego. A constitucionalidade civil objetiva do empregador nos acidentes do trabalho. *Revista IOB trabalhista e previdenciária*, ano XIX, n. 222. p. 79, dez. 2007.

(487) *Ibidem*, p. 77-80.

O art. 7º da CF se limita a assegurar garantias mínimas ao trabalhador, o que não obsta a instituição de novos direitos — ou a melhoria daqueles já existentes — pelo legislador ordinário, com base em um juízo de oportunidade, objetivando a manutenção da eficácia social da norma através do tempo.

A remissão feita pelo art. 7º, XXVIII, da CF, à culpa ou dolo do empregador como requisito para sua responsabilização por acidentes do trabalho, não pode ser encarada como uma regra intransponível, já que o próprio *caput* do artigo confere elementos para criação e alteração dos direitos inseridos naquela norma, objetivando a melhoria da condição social do trabalhador[488][489].

Na Justiça do Trabalho, existem decisões que invocam o art. 927 do Código Civil[490] e outras que afastam sua aplicação, sob o argumento de que esse artigo não poderia revogar o disposto no art. 7º, XXVIII, da Constituição

---

(488) RECURSO ESPECIAL 2008/0136412-7 Relator(a) Ministro SIDNEI BENETI (1137) Relator(a) p/ Acórdão Ministra NANCY ANDRIGHI (1118) Órgão Julgador T3 — TERCEIRA TURMA Data do Julgamento 26/05/2009 Data da Publicação/Fonte DJe 25.6.2009. BRASIL. Superior Tribunal de Justiça. Disponível em: <http://www.stj.jus.br/SCON/jurisprudencia/doc.jsp?livre=927+e+atividade+e+normalmente+e+desenvolvida&&b=ACOR&p=true&t=&l=10&i=1> Acesso em: 16.3.2010.

(489) Em outro julgado, decidiu o Superior Tribunal de Justiça: "DIREITO CIVIL. ACIDENTE DO TRABALHO. INDENIZAÇÃO. RESPONSABILIDADE CIVIL DO EMPREGADOR. NATUREZA. PRESERVAÇÃO DA INTEGRIDADE FÍSICA DO EMPREGADO. PRESUNÇÃO RELATIVA DE CULPA DO EMPREGADOR. INVERSÃO DO ÔNUS DA PROVA. — O art. 7º da CF se limita a assegurar garantias mínimas ao trabalhador, o que não obsta a instituição de novos direitos — ou a melhoria daqueles já existentes — pelo legislador ordinário, com base em um juízo de oportunidade, objetivando a manutenção da eficácia social da norma através do tempo. A remissão feita pelo art. 7º, XXVIII, da CF, à culpa ou dolo do empregador como requisito para sua responsabilização por acidentes do trabalho, não pode ser encarada como uma regra intransponível, já que o próprio *caput* do artigo confere elementos para criação e alteração dos direitos inseridos naquela norma, objetivando a melhoria da condição social do trabalhador.
— Admitida a possibilidade de ampliação dos direitos contidos no art. 7º da CF, é possível estender o alcance do art. 927, parágrafo único, do CC/2002 — que prevê a responsabilidade objetiva quando a atividade normalmente desenvolvida pelo autor do dano implicar, por sua natureza, risco para terceiros — aos acidentes de trabalho. — A natureza da atividade é que irá determinar sua maior propensão à ocorrência de acidentes. O risco que dá margem à responsabilidade objetiva não é aquele habitual, inerente a qualquer atividade. Exige-se a exposição a um risco excepcional, próprio de atividades com elevado potencial ofensivo.
— O contrato de trabalho é bilateral sinalagmático, impondo direitos e deveres recíprocos. Entre as obrigações do empregador está, indubitavelmente, a preservação da incolumidade física e psicológica do empregado no seu ambiente de trabalho.
— Nos termos do art. 389 do CC/02 (que manteve a essência do art. 1.056 do CC/16), na responsabilidade contratual, para obter reparação por perdas e danos, o contratante não precisa demonstrar a culpa do inadimplente, bastando a prova de descumprimento do contrato. Dessa forma, nos acidentes de trabalho, cabe ao empregador provar que cumpriu seu dever contratual de preservação da integridade física do empregado, respeitando as normas de segurança e medicina do trabalho. Em outras palavras, fica estabelecida a presunção relativa de culpa do empregador. Recurso especial provido." (REsp 1067738/GO, Rel. Ministro Sidnei Beneti, Rel. p/ Acórdão Ministra Nancy Andrighi, Terceira Turma, julgado em 26.5.2009, DJe 25.6.2009)" Lex Brasil. Disponível em: <http://br.vlex.com/vid/59912341> Acesso em: 3.1.2010.

(490) "Dentro do novo panorama da responsabilidade civil, é possível compreender que o inciso XXVIII traz um direito mínimo do trabalhador à indenização por acidente de trabalho no caso de dolo ou culpa, mas outra norma pode atribuir uma situação mais favorável ao empregado que permita a responsabilidade

Federal[491]. Decisão recente do Tribunal Superior do Trabalho agasalha entendimento de que o parágrafo único do art. 927 do Código Civil é aplicável na Justiça do Trabalho. Com efeito, a 6ª Turma do Tribunal Superior do Trabalho não acolheu recurso da COPEL, referente a trabalhador que caiu de escada, da altura de 10 metros. O trabalhador foi apanhado por um caminhão que fazia uma manobra, e não teve tempo de pôr o cinturão de segurança antes de iniciar suas tarefas. Do acidente resultou lesão parcial. O Tribunal paranaense concluiu que as atividades da COPEL se inseriam entre aquelas de risco excepcional, e que se justifica o dever de indenizar sempre que a atividade seja perigosa ou de risco excepcional, não havendo necessidade de a vítima comprovar a culpa. No seu recurso, a empresa, invocando o art. 7º, XXVIII, da Constituição Federal, alegou ser inaplicável o art. 927 do CC. O Ministro Aloysio Correa da Veiga considerou que o art. 7º, XXVIII, assegura um direito mínimo, mas que

> [...] outra norma pode atribuir uma situação mais favorável ao empregado que permita a responsabilidade por culpa *lato sensu*. No caso de acidente do trabalho, há norma específica neste sentido, conforme se extrai do parágrafo único do art. 927 do Código Civil, quando consagra a responsabilidade objetiva para a atividade de risco.[492]

2.2. O PARÁGRAFO ÚNICO DO ART. 927 DO CC DEVE SER APLICADO IGUALMENTE AO CIDADÃO E AOS EMPREGADOS

Godoy sustenta que o art. 927 consagrou, no seu *caput*, o *modelo aquiliano de culpa*. O parágrafo único, por sua vez, previu a responsabilidade daquele

---

por culpa *lato sensu*. No caso do acidente de trabalho, há norma específica nesse sentido, conforme se extrai do parágrafo único do art. 927 do Código Civil, quando consagra a responsabilidade objetiva para atividade de risco." Tribunal Superior do Trabalho. NÚMERO ÚNICO PROC: RR — 9026/2005-146-15-00 — PUBLICAÇÃO: DJ 15.2.2008 — 6ª Turma — Ministro Relator Aloysio Corrêa da Veiga. Tribunal Regional do Trabalho da 13ª Região. Disponível em: <http://www.trt13.jus.br/ejud/index.php?option=com_content&view=category&layout=blog&id=13&Itemid=15&limitstart=15> Acesso em: 3.11.2010.

(491) Declara o Ministro Levenhagen: "Aqui é bom salientar o fato de havendo previsão na Constituição da República sobre o direito à indenização por danos material e moral, provenientes de infortúnios do trabalho, na qual adotou-se a teoria da responsabilidade subjetiva do empregador, não cabe trazer à colação a responsabilidade objetiva de que trata o parágrafo único do art. 927 do Código Civil de 2002. Isso em razão da supremacia da norma constitucional, ainda que oriunda do Poder Constituinte Derivado, sobre a norma infraconstitucional, conforme se constata do art. 59 da Constituição, pelo que não se pode cogitar da revogação do art. 7º, inciso XXVIII, da Constituição, pela norma do parágrafo único do art. 927 do Código Civil de 2002, não se aplicando, no caso, a norma do § 1º do art. 2º da LICC. IV — Recurso desprovido." (TST — Recurso de Revista: RR 21003520065080012 2100-35.2006.5.08.0012 — Relator(a): Antônio José de Barros Levenhagen — Julgamento: 14.3.2007 — Órgão Julgador: 4ª Turma — Publicação: DJ 30.3.2007). Jus Brasil Jurisprudência. Disponível em: <http://www.jusbrasil.com.br/jurisprudencia/1799044/recurso-de-revista-rr-21003520065080012-2100-3520065080012-tst> Acesso em: 27.10.2010.

(492) Disponível em: <http://trabalho-brasil.blogspot.com/2010/03/tst-aplica-art-927-unico-do-cc-para.html> Acesso em: 27.10.2010.

que *independentemente de culpa* exerce atividade que *cria risco* aos direitos alheios. Para Godoy, se o artigo em questão reflete no Direito do Trabalho, é uma questão para ser *repensada*. De qualquer modo, é bom lembrar que a responsabilidade objetiva teve origem justamente a partir de um caso trabalhista, na França do século XIX, quando a explosão de uma caldeira matou um empregado. Por meio de uma interpretação extensiva do art. 1.384 do Código Civil francês, que falava em indenização por *faute* (culpa), passou-se a entender indenização por fato. Assim, nesse caso específico, o empregador foi responsabilizado, ainda que *sem* culpa. Tudo isso deve ser considerado[493].

Godoy diverge dos autores que veem uma hierarquia entre o art. 7º, XXVIII, da Constituição Federal e parágrafo único do art. 927 do Código Civil. O autor sustenta que essa hierarquia não existe no direito italiano, que serviu de fonte de inspiração para o legislador brasileiro[494]. Isso não significa dizer que o art. 927 do CC anula o disposto no art. 7º, XXVIII, da CF: os dois sistemas de responsabilidade, objetivo e subjetivo, coexistem, sem que se possa falar em contradição[495]. Não se pode compreender que a Constituição Federal de 88, que buscou trazer avanços em todos os campos, e cujo art. 7º, XXVIII importou em vantagem para o trabalhador, possa servir de barreira para a aplicação do art. 927, parágrafo único, do Código Civil. A Lei Maior deve ser entendida como um todo. O autor rejeita o argumento de que, devido à hierarquia das normas, não se aplica o art. 927 ao trabalhador. Tal interpretação levaria a uma contradição: a de que o art. 927 seria aplicável aos terceiros, no caso de dano causado pelo empregador, mas não o seria aos empregados (que estariam sujeitos à prova da culpa ou dolo)[496].

Brandão compara a situação do cidadão comum com o trabalhador, num mesmo evento. O desembargador alude à situação do cidadão que é vítima de assalto em agência bancária e de vigilante que presta serviços ao banco e também é vítima de assalto. Segundo Brandão, não é possível aplicar dois pesos e duas medidas, ou seja, não é possível aplicar regras de responsabilidade objetiva ao cidadão que é vítima de assalto em banco e, normas de responsabilidade subjetiva no caso de trabalhador e/ou empregado de banco que é vítima de assalto. Trata-se de paradoxo inaceitável[497].

---

(493) GODOY, Cláudio José Bueno de. Seminário Nacional sobre Acidente de Trabalho e Saúde Ocupacional. *ANAMATRA*. Brasília, 13 de agosto de 2009. Disponível em: <http://ww1.anamatra.org.br/sites/1200/1223/00001136.pdf> Acesso em: 30.3.2010.
(494) *Idem. A responsabilidade civil pelo risco da atividade:* uma cláusula geral no código civil de 2002. Tese (Livre-Docência) — Faculdade de Direito da Universidade de São Paulo. São Paulo: Universidade de São Paulo, 2007. p. 48-49.
(495) "Convivem culpa e risco, que operam de acordo com a específica relação de que decorrente o dano a indenizar. É o que já se convencionou chamar de sistema de *duplo binário* [...]." *Ibidem*, p. 50.
(496) *Ibidem*, p. 203-211.
(497) BRANDÃO, Cláudio Mascarenhas. Seminário Nacional sobre Acidente de Trabalho e Saúde Ocupacional. ANAMATRA. Brasília, 13 de agosto de 2009. Disponível em: <http://ww1.anamatra.org.br/sites/1200/1223/00001136.pdf> Acesso em: 30.3.2010.

No mesmo sentido está Adib Salim, para quem se contraria a lógica ao aplicar a teoria do risco criado aos cidadãos, excluindo da aplicação os empregados. O empregador que desenvolve atividade de risco responde objetivamente perante todos, inclusive empregados, não sendo possível fragmentar a responsabilidade, entendendo que essa é objetiva em relação aos cidadãos e subjetiva em relação aos empregados[498].

2.3. A aplicação da teoria objetiva justifica-se quando o risco ultrapassa a normalidade

Mauro Schiavi, referindo-se à responsabilidade do empregador, aponta três posições na doutrina, quais sejam: a) a que acolhe a teoria da responsabilidade subjetiva; b) a que defende a responsabilidade subjetiva como regra geral e a responsabilidade objetiva nas atividades de risco; c) e, por fim, a que sustenta a teoria da responsabilidade objetiva como regra geral. Para Schiavi, aqueles que defendem a teoria subjetivista invocam o art. 7º, XXVIII. Na perspectiva desses autores, não há falar em responsabilidade objetiva, sob pena de ofensa ao texto constitucional, que fez referência expressa à culpa ou dolo do patrão[499].

Segundo Schiavi, existe um grande apelo para que a Justiça do Trabalho adote a teoria da responsabilidade objetiva, vez que essa facilita o encargo probatório para o empregado, tido como hipossuficiente[500]. Aliás, inúmeros doutrinadores vêm defendendo a aplicação da teoria objetiva, como Carlos Roberto Gonçalves e Sebastião Geraldo de Oliveira. Os autores invocam o art. 3º e art. 170 da Constituição Federal, além do Código do Consumidor, asseverando que este último Estatuto teve grande impacto sobre as relações, impondo a revisão do individualismo do séc. XX. Até mesmo o art. 2º da CLT tem sido invocado pela doutrina[501].

---

[498] "Se o empregador desenvolve atividade econômica que traz o risco como inerente, responderá de forma objetiva, ante a adoção da teoria do risco criado, em relação a todos os lesados, inclusive àqueles que sejam seus empregados. Não se poderia pensar que, em um acidente que atingisse diversas pessoas, dentro do exercício de uma atividade empresarial com risco inerente, a empresa respondesse objetivamente em relação a todos, à exceção dos seus empregados." SALIM, Adib Pereira Netto. A teoria do risco criado e a responsabilidade objetiva do empregador em acidentes de trabalho. *Revista LTr: Legislação do Trabalho*, v. 69, n. 4, p. 457-463, abr. 2005 e *Rev. Trib. Reg. Trab. 3ª Reg.*, Belo Horizonte, v. 41, n. 71, p. 97-110, jan./jun. 2005. Disponível em: <http://www.mg.trt.gov.br/escola/download/revista/rev_71/Adib_Salim.pdf> Acesso em: 5.3.2010.
[499] SCHIAVI, Mauro. Aspectos polêmicos das exceções de impedimento, suspeição e incompetência no processo do trabalho à luz da CLT, do TST e do CPC. *Revista LTr*, São Paulo, n. 11, p. 576, nov. 2007.
[500] *Idem*.
[501] "Após o novel Código Civil, como já mencionado no tópico anterior, vozes da doutrina já estão sustentando que a responsabilidade do empregador pelos danos oriundos do acidente de trabalho é objetiva, com suporte no art. 2º, da CLT, já que o empregador corre o risco da atividade econômica e no art. 927, § 1º, do Novo Código Civil." *Idem*.

Schiavi, contudo, entende que a teoria da responsabilidade objetiva não pode ser aplicada indistintamente, para todas as situações. Há que se levar em conta a situação dos pequenos empregadores, da culpa exclusiva da vítima, de atividades que não são de risco (como aquelas desenvolvidas em escritório). Dessa forma, somente nos casos em que a atividade cujo risco ultrapasse a normalidade pode o trabalhador invocar o parágrafo único do art. 927 do CC. Nesse sentido, em se tratando de trabalho em condições perigosas ou insalubres, a responsabilidade do empregador é objetiva. Schiavi cita ementas em que os Tribunais reconheceram que se aplica a teoria do risco nos casos de atividade perigosa, salvo hipótese de caso fortuito, força maior ou culpa exclusiva (TAPR, 4ª C, Ap. n. 134.970-4, Rel. Ruy Cunha Sobrinho, j. 6.6.1999, RT 772/403)[502].

Analisando o disposto no parágrafo único do art. 927 do CC, indica Ari Possidonio Beltran que em duas hipóteses *torna-se induvidoso* que a responsabilidade é objetiva: "[...] a) nos casos especificados em lei; b) quando a atividade normalmente desenvolvida pelo 'autor do dano' implicar, por sua natureza, risco para os direitos de outrem". Para Beltran, deve-se analisar o art. 927 do CC à luz do art. 7º, XXVIII, da Constituição Federal[503].

Segundo Brandão, o empregador, sem dúvida alguma, ao optar por determinada atividade econômica, calculou exatamente quais riscos teria. Tudo numa atividade econômica é estudado a tal ponto que esse risco é repassado para o produto final[504]. O autor vai mais longe, ao afirmar que a regra de que o empregador que exerce atividade de risco responde objetivamente diante

---

(502) "Acreditamos que, em atividades de risco para a saúde do trabalhador, ou para a sua integridade física, ou seja, onde o risco de doenças ou de acidentes seja mais acentuado que o normal, considerando-se o padrão médio da sociedade e as probabilidades de ocorrência de sinistros, como o trabalho em condições de insalubridade ou periculosidade, a responsabilidade do empregador é objetiva, em razão da aplicação da teoria do risco criado. O § 1º do art. 927 do CC não atrita com o art. 7º, XXVIII, da CF, já que este último está inserido no rol de garantias mínimas do trabalhador, não impedindo que a lei ordinária preveja responsabilidade mais acentuada em situações peculiares, como a atividade de risco". *Idem*.
(503) "Destarte, a questão que parece mais complexa será a análise do novo dispositivo e, especialmente, seu confronto — em casos de acidente do trabalho, ou de patologias de origem em exame —, ante o disposto no art. 7º da Constituição Federal, que assegura, entre os direitos dos trabalhadores urbanos e rurais, em seu inciso XXVIII — 'seguro contra acidentes de trabalho a cargo do empregador, sem excluir a indenização a que está obrigado, quando incorrer em dolo ou culpa'". *Idem*.
(504) "[...] quero afirmar que, quando o empregador resolver desempenhar uma atividade econômica, é evidente que o peso desse risco é computado no seu custo, é repassado ao seu produto, a sua atividade. Ninguém pode imaginar que se possa conceber uma atividade econômica, sem que ela seja milimetricamente aferida em tudo que ela repercute: publicidade, locação, marketing, fornecedor e, com certeza, o risco. Por exemplo: para se estabelecer redução de crédito, mede-se o risco. Se o sujeito vai estabelecer uma empresa, digamos um posto de combustível, a possibilidade de ele receber ou não o cheque de um cliente... Ele está medindo o risco. Está vendo objetivamente o quanto poderá perder se liberar, de forma ampla, o recebimento de cheques — ele mede o risco, e é evidente que isso não pode ser afastado na perspectiva do acidente de trabalho." BRANDÃO, Cláudio Mascarenhas. *Loc. cit.*

do empregado decorre não apenas do Código Civil, mas dos próprios princípios constitucionais⁽⁵⁰⁵⁾.

2.4. O inciso XXVIII do art. 7º da CF deve ser entendido em consonância com o § 3º do art. 225 da mesma Carta

Melo apoia as ideias de Gagliano e Pamplona, quando afirma que o art. 2º serve de apoio ao art. 927, parágrafo único, do CC, sustentando que é o empregador quem assume os riscos do empreendimento⁽⁵⁰⁶⁾.

Reportando-se às lições de Amauri Mascaro Nascimento, Melo afirma que, no Direito do Trabalho, prevalece a norma mais benéfica, independentemente de sua posição na pirâmide hierárquica⁽⁵⁰⁷⁾.

A lei mais benéfica, portanto, é a que prevalece, salvo proibição legal — o que não ocorre *in casu*, vez que "[...] da combinação do disposto no art. 7º, *caput* e inciso XXVIII não decorrem quaisquer proibições de alteração *in melius*. Proibição há se se tratar de alteração *in pejus*"⁽⁵⁰⁸⁾.

Comentando o art. 7º, XXVIII, da CF, diz Melo que aquela norma não é *fechada*, mas comporta ampliação por outros direitos. O art. 7º, XXVIII, da CF tem que ser compatibilizado com os princípios constitucionais da cidadania, dignidade da pessoa humana e valoração do trabalho. Nas palavras do autor,

---

(505) "Parece-me que essa compreensão de se fragmentar o sistema jurídico revela um equívoco (a meu ver) na interpretação da teoria da responsabilidade civil acidentária. Afirmo de modo categórico: em atividade de risco responde o empregador, de modo objetivo, pelos danos causados ao empregado em virtude de acidente de trabalho. E registro mais: não me limito a fundamentar isso no Código Civil. Acho que basta compreendermos o tema à luz dos princípios constitucionais que, sem dúvida alguma, estará reconhecido o dever de reparação." *Idem*.

(506) "Ademais, não se pode esquecer que o art. 2º da CLT consagra que o empregador busca resultados com a sua atividade, assume os riscos da mesma em face daquele que lhe presta serviços." E continuam Pablo Stolze Gagliano e Rodolfo Pamplona Filho dizendo que quem deve assumir os riscos da atividade econômica (ou mesmo os riscos da atividade) é o empregador, e não o empregado, que se subordina juridicamente, de forma absoluta, ao poder patronal de direção. Eis a premissa básica para se entender a responsabilidade civil nas relações de trabalho subordinado, a par do disposto no parágrafo único do art. 927 do CCB." MELO, Raimundo Simão de. Responsabilidade objetiva e inversão da prova nos acidentes de trabalho. *Revista LTr*, São Paulo, v. 70, n. 1, p. 122, jan. 2006.

(507) "Ao contrário do direito comum, no Direito do Trabalho, a pirâmide que entre as normas se forma terá como vértice não a Constituição Federal ou as convenções coletivas de modo imutável. O vértice da pirâmide da hierarquia das normas trabalhistas será ocupado pela norma vantajosa ao trabalhador, dentre as diferentes em vigor [...] Resulta do pluralismo do Direito do Trabalho que é constituído de normas estatais e dos grupos sociais, da finalidade do Direito do Trabalho que é a disciplina das relações de trabalho, segundo um princípio de melhoria das condições sociais do trabalhador com características marcadamente protecionistas como expressão de justiça social e da razoabilidade que deve presidir a atuação do intérprete perante o problema social". NASCIMENTO, Amauri Mascaro. *Curso de direito do trabalho*. Apud MELO, Raimundo Simão de. Responsabilidade objetiva e inversão da prova nos acidentes de trabalho. *Revista LTr*, São Paulo, v. 70, n. 1, p. 122, jan. 2006.

(508) MELO, Raimundo Simão de. *Op. cit.*, p. 122.

a norma do art. 7º, XXVIII deve ser mitigada, por meio da aplicação do parágrafo único do art. 927 do Código Civil[509].

Melo entende, com apoio no art. 7º, XXVIII, da Constituição Federal ("§ 3º As condutas e atividades consideradas lesivas ao meio ambiente sujeitarão os infratores, pessoas físicas ou jurídicas, a sanções penais e administrativas, independentemente da obrigação de reparar os danos causados"), nos princípios que se aplicam ao Direito do Trabalho, e o disposto no art. 1º da Constituição ("Art. 1º A República Federativa do Brasil, formada pela união indissolúvel dos Estados e Municípios e do Distrito Federal, constitui-se em Estado Democrático de Direito e tem como fundamentos: I — a soberania; II — a cidadania; III — a dignidade da pessoa humana; IV — os valores sociais do trabalho e da livre iniciativa; V — o pluralismo político"), que o parágrafo único do art. 927 do Código Civil é aplicável aos acidentes do trabalho em atividades de risco[510].

Com efeito, Melo busca explicar a aparente antinomia entre o art. 225, parágrafo 3º , e o art. 7º, XXVIII, ambos da Constituição. Segundo o autor, não é possível que o constituinte tenha conferido uma garantia maior ao meio ambiente e uma garantia menor ao trabalhador, vez que o art. 225, § 3º, da Constituição Federal contém norma de responsabilidade objetiva e o art. 7º, XXVIII, norma de responsabilidade subjetiva. Há que se entender que o § 3º do art. 225 da CF prevalece sobre o art. 7º, XXVIII, do mesmo Estatuto, vez que aquela norma abrange a proteção da vida, ou seja, do ser humano[511].

---

(509) "Quando o referido inciso XXVIII alude à culpa ou dolo do empregador como fundamento da responsabilidade pelos acidentes de trabalho, não fixa a responsabilidade subjetiva como questão fechada, porque conforme art. 7º, o legislador ordinário está autorizado a criar e modificar os direitos inscritos nos seus incisos, para a melhoria dos trabalhadores. O Direito é um mecanismo a serviço da justiça e do bem comum, que abrange a atividade do legislador, do intérprete e do aplicador, os quais devem levar em conta, sempre, certos valores assegurados no ordenamento jurídico. No caso, esses valores estão na Carta Magna, que dispõe no art. 1º como fundamentos da nossa República e do Estado Democrático de Direito, entre outros, a *cidadania*, a *dignidade da pessoa humana* e os *valores sociais do trabalho*. O art. 170 diz que a ordem econômica funda-se na livre iniciativa e na *valorização do trabalho humano*. Não se pode negar que esses valores básicos ou princípios fundamentais se inserem na perspectiva da finalidade social da lei e do bem comum, pelo que toda norma e cada instituto do nosso ordenamento jurídico devem ser compreendidos e interpretados à luz desses fundamentos, devendo a interpretação exaltar a harmonia dos sistemas jurídicos e se orientar por tais princípios fundamentais (a dignidade da pessoa humana, os valores sociais do trabalho, o respeito ao meio ambiente etc). Diante das considerações supra, mais simples se torna a compreensão e necessidade de mitigação do inciso XXVIII do art. 7º, mediante aplicabilidade e compatibilização do § 1º do art. 14 da Lei n. 6.938/81 (Lei de Política Nacional do Meio Ambiente) e do § único do art. 927 do Código Civil Brasileiro, nos casos de acidentes e doenças do trabalho, no que diz respeito ao fundamento da responsabilidade do empregador." *Idem* (grifos no original).
(510) *Idem*.
(511) "Minha discordância baseia-se no caráter aberto da Constituição e da disposição inscrita no inciso XXVIII do art. 7º; no 'por que', no 'para que' e no 'para quem' foi criada referida norma. Não pode esse dispositivo ser interpretado isoladamente, como tem sido feito. Assim, enquanto o § 3º do art. 225 da Constituição Federal assegura a responsabilidade objetiva por danos ao meio ambiente, incluído o do

Assim, para Melo, a norma contida no art. 7º, XXVIIII, da CF só pode ser entendida em conjunto com o § 3º do art. 225 do mesmo Estatuto. A vida é o maior bem que temos. Nessa medida, importa interpretar o art. 7º, XXVIII, considerando o *caput* do art. 7º da CF, que previu, além dos direitos garantidos em seus incisos, outros que visem à melhoria da condição social dos trabalhadores. Não se pode entender que o legislador deu maior proteção ao meio ambiente e menor proteção ao trabalhador. O inciso XXVIII do art. 7º da CF só pode ser entendido em consonância com o *caput* do mesmo artigo, que assegura aos trabalhadores, além dos direitos ali previstos, *outros que visem à melhoria de sua condição social*. Os incisos do art. 7º, portanto, não podem, de maneira alguma, ser interpretados restritivamente, como cláusulas fechadas. São admissíveis outros direitos, além dos previstos nos incisos. A lei ordinária, portanto, pode ampliar aquelas garantias[512].

No que diz respeito à contradição entre o art. 7º, XXVIIII e o art. 225, § 3º, da Constituição, cumpre lembrar o princípio de Direito Ambiental segundo o qual "[...] os custos sociais externos que acompanham a produção industrial (como o custo resultante da poluição) devem ser internalizados, isto é,

---

trabalho (CF, art. 200 — VIII), o inciso XXVIII do art. 7º fala em responsabilidade subjetiva por acidentes de trabalho. Surge, desde logo, aparente contradição/antinomia ou conflito de normas constitucionais. Enquanto o § 3º do art. 225, de âmbito maior, assegura a responsabilidade objetiva nos danos ao meio ambiente, o inciso XXVIII do art. 7º, fala em responsabilidade subjetiva nos acidentes individualmente considerados. Com efeito, a partir do momento que se compreender o disposto no § 3º do art. 225 como princípio maior (regra supralegal) que protege um direito fundamental — a preservação da vida em todas as espécies —, difícil não é admitir a possibilidade de mitigação do inciso XXVIII do art. 7º, norma de alcance menor, para se aplicar a responsabilidade objetiva em determinados casos. Cabe observar que pela norma supralegal do § 3º do art. 225, estabeleceu o constituinte, para os danos ambientais, a responsabilidade objetiva, mas de maneira contraditória, tratou diferentemente os acidentes de trabalho, que são a consequência maior dos danos que atingem o ser humano trabalhador. Parece mesmo uma antinomia." *Ibidem*.

(512) "A vida, como não resta dúvida, é o bem maior do ser humano e é exatamente em função desse bem supremo que existe o Direito. Assim, não é lógico nem justo que para a consequência do dano ambiental em face da vida humana se crie maior dificuldade para a busca da reparação dos prejuízos causados ao trabalhador. Desse modo, não mais se sustenta uma interpretação literal do inciso XXVIII do art. 7º ('seguro contra acidentes de trabalho, a cargo do empregador, sem excluir a indenização a que este está obrigado, quando incorrer em dolo ou culpa'), para desde logo se concluir que se trata unicamente de responsabilidade subjetiva. Esse dispositivo está umbilicalmente ligado ao *caput* do art. 7º, que diz textualmente: 'São direitos dos trabalhadores urbanos e rurais, "além de outros que visem à melhoria de sua condição social". A mais simples análise destas disposições constitucionais mostra que o disposto no inciso XXVIII constitui garantia mínima do trabalhador. Ademais, a expressão constante do *caput* do art. 7º, 'outros direitos que visem à sua melhoria' deixa claro que nenhum dos direitos encartados nos seus incisos é de conceito e conteúdo fechados e imutáveis. De um lado, tem esta expressão dimensão prospectiva, pois 'estabelece um objetivo a ser perseguido pelo Poder Público, que é a melhoria da condição social do trabalhador. Não se cuida de exortação moral destituída de eficácia jurídica. É cláusula vinculativa que carreia um juízo de inconstitucionalidade aos atos que lhe são contrários'; de outro, a vontade do constituinte e a expressão da Lei Maior são no sentido de assegurar no referido artigo um patamar mínimo de direitos fundamentais, deixando aberta a possibilidade de serem criados outros direitos e melhorados aqueles já enumerados. Essa criação pode decorrer de alteração constitucional, infraconstitucional e convencional." *Idem*.

levados à conta dos agentes econômicos em seus custos de produção"[513], designado de princípio do poluidor-pagador. O poluidor será, *in casu*, o próprio empregador ou o tomador de serviços. Aplicando-se o princípio do poluidor-pagador, tem-se que o empregador será o responsável *objetivamente* pelo pagamento dos danos que causar. Para Feliciano, essa interpretação atende ao princípio inscrito no art. 1º, III, da Constituição Federal, uma vez que não distingue entre trabalhadores avulsos, autônomos, eventuais e empregados[514]. Interessante a tese do autor no sentido de que o art. 7º, XXVIII, da Constituição — que estabelece seguro contra acidentes de trabalho a cargo do empregador, sem excluir a indenização a que está obrigado quando incorrer em dolo ou culpa —, não se refere às hipóteses de acidentes de trabalho (arts. 19 e 21 da Lei n. 8.213/91), moléstias profissionais do trabalho (art. 20, II, da Lei n. 8.213/91) desencadeadas por distúrbios sistêmicos do meio ambiente do trabalho. Conforme Feliciano, se o acidente ou doença é resultado dos riscos inerentes à atividade (art. 22, II da Lei n. 8.212/91) ou se não guarda relação causal adequada com tais riscos, a indenização dependerá de prova da culpa ou dolo. Se o acidente é desencadeado por *incremento dos riscos inerentes* ou pela *criação de riscos atípicos* em virtude da organização dos meios de produção, incide o art. 224, § 3º, da CF e art. 14, § 1º, da Lei n. 6.938/81, conclui o autor que "[...] são os riscos agravados ou atípicos que justificam, da mesma forma, a regra do art. 927, parágrafo único, do NCC"[515].

Doutrina e jurisprudência têm, por vezes, invocado o art. 225 da Constituição, sustentando que a proteção ao meio ambiente não pode ser maior que a proteção ao trabalhador, e que aquela norma também se aplica aos contratos de trabalho.

---

(513) *Ibidem*, p. 48.
(514) *Ibidem*, p. 49.
(515) "Impende reconhecer, em conclusão, que os *riscos* são inerentes a toda e qualquer atividade econômica e, diga-se mais, à maior parte das atividades sociais organizadas da sociedade pós-industrial. Noutras palavras, as necessidades induzidas e os avanços da técnica ensejam, hodiernamente, *riscos de procedência humana como fenômeno social estrutural*. São pois, *toleráveis* até certo limite (daí, justamente, o sentido ético da norma do art. 7º, XXIII da CRFB, e dos limites da tolerância da Portaria n. 3.214/78). Além desses limites (que podem ser quantitativos ou qualitativos), o *risco incrementado* (= *agravado*) e/ou *criado* (= *atípico*) *de base sistêmica* passa a caracterizar poluição do meio ambiente do trabalho. Nesse caso, lida-se com interesses metaindividuais [...] Logo, à vista do quanto exposto, é curial pontificar que: (a) [...] (b) as normas do art. 7º XXVIII, e do art. 225, § 3º, da CRFB (com reenvio para a regra do art. 14, § 1º, da Lei n. 6.938/81) são aparentemente antinômicas, mas podem ser conciliadas na perspectiva dos sistemas de organização produtiva. Assim: (1) se o dano moral/material sofrido pelo trabalhador, em razão de acidente ou moléstia, é *concreção dos riscos inerentes à atividade*, ou se não guarda relação causal adequada com tais riscos, a responsabilidade do empregador/tomador é SUBJETIVA e a indenização pressupõe a culpa aquiliana (dolo/culpa); (2) se o dano moral/material deriva de *risco incrementado (agravado)* ou *criado (atípico) de base sistêmica*, caracterizado pelo desequilíbrio dos fatores labor--ambientais (= poluição labor-ambiental), o Ministério Público do Trabalho tem legitimidade *da causam* (aspecto preventivo-repressivo) e a responsabilidade do empregador/tomador é OBJETIVA, com reparação independente de culpa (aspecto ressarcitório-compensatório) [...]." *Ibidem*, p. 50.

Acórdão do Tribunal Regional da 3ª Região acolheu entendimento no sentido de que o contrato de trabalho envolve a ação do homem sobre a natureza, atraindo a incidência do art. 225 da Constituição, que dispõe que todos têm direito ao meio ambiente ecologicamente equilibrado. Não compete ao Direito do Trabalho, na atualidade, reduzir sua atuação às questões de jornada de trabalho, pagamento etc., disse o relator. Existem questões de interesse coletivo, tais como saúde do trabalhador e sustentabilidade. A teoria do risco constitui um meio caminho entre a responsabilidade subjetiva e objetiva. O parágrafo único do art. 927 do Código Civil foi recepcionado pelo Direito do Trabalho "[...] por força do princípio da norma mais favorável"[(516)].

2.5. OS PRINCÍPIOS CONSTITUCIONAIS JUSTIFICAM A APLICAÇÃO DO PARÁGRAFO ÚNICO DO ART. 927 DO CÓDIGO CIVIL ÀS RELAÇÕES DE TRABALHO

2.5.1. PRINCÍPIO DA DIGNIDADE HUMANA

Inicialmente, o princípio da dignidade humana esteve vinculado aos ideais cristãos. Afinal, no cristianismo, todos são considerados filhos de Deus

---

(516) "[...] Garantir a segurança, a integridade física e mental do empregado é obrigação da empresa, já havendo até a consciência de uma proteção mais ampla ao meio ambiente ecológico pelo Direito do Trabalho, mediante cláusulas ecossociais implícitas. Os arts. 196 e 197 da Constituição Federal dispõem que a saúde é direito de todos e que são de relevância pública as ações e serviços de saúde. Por seu turno, em uma perspectiva mais prospectiva e pós-positivista, o art. 225 da mesma Constituição estatui que todos têm direito ao meio ambiente ecologicamente equilibrado, bem de uso comum do povo e essencial à sadia qualidade de vida, impondo-se ao Poder Público e à coletividade o dever de defendê-lo e preservá-lo para as presentes e futuras gerações, controlando a produção e o emprego de técnicas, métodos e substâncias que comportem risco para a vida, a qualidade de vida e o meio ambiente. O contrato de trabalho, por envolver a ação do homem sobre a natureza, mediante a exploração da força de trabalho pelo capital, necessita de uma releitura: a inserção de cláusulas ecológicas ou cláusulas verdes. Não é mais possível que o Direito do Trabalho, diante da sua importância transcendental, continue a se preocupar apenas com a tutela de reparação — espelho e imagem do direito obrigacional clássico — vale dizer, com questões envolvendo aviso-prévio, horas extras, FGTS, terceirização, dentre outras, e se alheie ou feche os olhos para uma competência material que invade o seu universo, com interesse público-coletivo — a saúde do trabalhador e a sustentabilidade da terra-mãe. O lucro e o homem estão em polos opostos na sociedade pós-moderna, mas o direito proporciona instrumentos interdisciplinares aptos à aproximação deles, estabelecendo novos critérios de responsabilidade em área social tão sensível, qual seja a teoria do risco, meio caminho entre a responsabilidade subjetiva e a objetiva, por intermédio da qual aquele que almeja o lucro pelo exercício de determinada atividade econômica com o concurso de empregados, tem de se alinhar à finalidade social da propriedade, conforme art. 5º, inciso XXIII, da CF, devendo, portanto, indenizar os danos físicos e psíquicos que os empregados sofrem em decorrência de suas funções, tudo isso sem se esquecer que toda a humanidade está no mesmo barco, quando se trata da saúde, da preservação da raça humana e da sustentabilidade do planeta. Não se quer adotar, a rigor e com rigorismo, a responsabilidade objetiva: à tênue e difícil comprovação da culpa, somam-se os indícios, bem como a teoria do risco, prevista no art. 927, parágrafo único, do Código Civil, plenamente recepcionada pelo Direito do Trabalho, por força do princípio da norma mais favorável, sem ulceração ao disposto no art. 7º, inciso XXVIII, da Carta Magna, c/c os arts. 196, 197 e 225, da mesma Constituição." (TRIBUNAL: 3ª Região DECISÃO: 15 07 2009 TIPO: RO NUM: 00991 ANO: 2008 NÚMERO ÚNICO PROC: RO — 00991-2008-150-03-00-4 TURMA: Quarta FONTE DEJT DATA: 27.7.2009 PG: 80 *RELATOR* Luiz Otávio Linhares Renault). BRASIL. TRIBUNAL SUPERIOR DO TRABALHO. Disponível em: <www.tst.gov.br> Acesso em: 23.2.2010.

e iguais entre si. Isso não obstante, conforme destaca Comparato, essa igualdade não se concretizou na vida terrena, visto que o Cristianismo admitiu a escravidão, a inferioridade da mulher etc.[517]. Na Idade Média, a ideia de dignidade humana teve apoio no pensamento cristão e estoico. Para São Tomás de Aquino, a dignidade do ser humano é uma qualidade deste[518].

Posteriormente, Kant fez referência à ideia de dignidade da pessoa humana. Enquanto na Idade Média esta estava ligada à ideia de liberdade, em Kant a dignidade da pessoa humana está ligada à autonomia, visto que o homem pode fazer escolhas[519].

Conforme lição de José Afonso da Silva a filosofia kantiana evidencia que "o homem, como ser racional, existe como fim em si, e não simplesmente como meio". Os seres irracionais têm valor de meio, mas o ser humano é um ser racional, uma pessoa. O ser humano tem um valor absoluto[520].

Giselda Hironaka também comenta o princípio da dignidade da pessoa humana sob a ótica de Kant. Na perspectiva de Kant, o homem não deve se transformar em instrumento do outro. Isso não obstante, é comum observar historicamente o homem ser utilizado como meio para obtenção de determinado fim por outrem. Essa é uma prática condenável porque o homem é um ser dotado de moral. O ser humano não tem preço, está colocado acima de qualquer valor de troca. O que faz do ser humano um ser superior às coisas é sua dignidade. O ser humano não pode ser tratado como coisa, pois é uma pessoa. Para Kant, o ser humano é um ser superior na ordem da natureza e das coisas. O homem é um fim em si mesmo, tem valor absoluto[521].

Hironaka remete à obra de Fernando Ferreira dos Santos, que também analisa Kant. Afirma Santos que, para Kant, o homem é um fim em si mesmo e por isso tem valor absoluto, "[...] justamente por isto tem dignidade, é pessoa"[522]. À luz da filosofia de Kant, enfatiza Santos, a vontade humana flutua entre a razão e as paixões. O homem, enquanto ser racional, obedece à lei. O

---

(517) COMPARATO, Fábio Konder. A afirmação histórica dos direitos humanos. *Revista de Direito Administrativo*, n. 219, p. 237-238, 2000.
(518) MARTINS, Flademir Jerônimo Belinati. *Dignidade da pessoa humana:* princípio constitucional fundamental. Curitiba: Juruá, 2003. p. 23.
(519) KANT, Immanuel. *Fundamentação da metafísica dos costumes*, p. 91.
(520) SILVA, José Afonso da. A dignidade da pessoa humana como valor supremo da democracia. *Revista de Direito Administrativo*, n. 212, p. 90, 1998.
(521) KANT, Immanuel. *Fundamentação da metafísica dos costumes*. São Paulo: Abril, 1980 (Coleção Os Pensadores — volume Kant II). Apud HIRONAKA, Giselda Maria Fernandes Novaes. Responsabilidade pressuposta: evolução de fundamentos e de paradigmas da responsabilidade civil na contemporaneidade. In: DELGADO, Mário Luiz; ALVES, Jones Figueiredo. *Novo código civil:* questões controvertidas. São Paulo: Método, 2006. p. 174.
(522) SANTOS, Fernando Ferreira dos. *Princípio constitucional da dignidade da pessoa humana*, p. 27. *Ibidem*, p. 175.

homem possui vontade, mas não tem capacidade de governá-la sozinho. Assim, parece que esse homem ora está sujeito a si mesmo, ora está sujeito a uma lei que vem de fora. A lei aparece como uma autoridade externa[523].

Indaga Hironaka:

> Ao final, quem seria então o homem kantiano apresentado por Fernando Ferreira dos Santos? Um sujeito dotado de dignidade porque autor do seu próprio imperativo categórico. Mas parece não ter ficado bem claro qual o conteúdo do imperativo categórico assim traçado, nem mesmo a definição de qual seria a regra que merecesse ser tomada como fim em si mesma. O autor preferiu não explorar estas inquietações limitando-se a citar fórmulas do imperativo, razões pelas quais ficam em suspenso indagações sobre o verdadeiro significado do que seria "tornar a humanidade como fim em si mesma", e se o juízo a respeito da natureza dessa humanidade — quer dizer, suas finalidades e suas necessidades, por exemplo — seria, de fato, operado por uma consciência que se distingue da própria humanidade. Se o sujeito, quando decide a sua ação diante da humanidade, em vez de realizá-la simplesmente como um instrumento da sua vontade, não deveria pensá-la em função de um fim em si mesmo, a ser reconhecido pela sua vontade? Se assim for, qual seria o critério para conhecer que a humanidade é tratada como fim em si mesmo? [524]

Para Alexandre de Moraes,

> [...] a dignidade é um valor espiritual e moral inerente à pessoa, que se manifesta singularmente na autodeterminação consciente e responsável da própria vida e que traz consigo a pretensão ao respeito por parte das demais pessoas, constituindo-se um mínimo invulnerável que todo estatuto jurídico deve assegurar, de modo que, somente excepcionalmente, possam ser feitas limitações ao exercício dos direitos fundamentais, mas sempre sem menosprezar a necessária estima que merecem todas as pessoas enquanto seres humanos. O direito à vida privada, à intimidade, à honra, à imagem, dentre outros, aparece como consequência imediata da dignidade da pessoa humana como fundamento da República Federativa do Brasil. [525]

---

(523) *Ibidem*, p. 175-176.
(524) *Idem*.
(525) MORAES, Alexandre de. *Direitos humanos fundamentais*. São Paulo: Atlas, 2000. p. 60-61.

E prossegue Moraes, mais adiante:

> O princípio fundamental consagrado pela Constituição Federal da dignidade da pessoa humana apresenta-se em uma dupla concepção. Primeiro, prevê um direito individual protetivo, seja em relação ao próprio Estado, seja em relação aos demais indivíduos. Em segundo lugar, estabelece verdadeiro dever fundamental de tratamento igualitário dos próprios semelhantes. Esse dever configura-se pela exigência do indivíduo respeitar a dignidade de seu semelhante tal qual a Constituição Federal exige que lhe respeitem a própria. A concepção dessa noção de dever fundamental resume-se a três princípios do direito romano: *honestere vivere* (viver honestamente), *alterum non laedere* (não prejudique ninguém) e *suum cuique tribuere* (dê a cada um o que lhe é devido). Ressalte-se, por fim, que a Declaração Universal dos Direitos Humanos, adotada e proclamada pela Resolução n. 217 A (III) da Assembleia Geral das Nações Unidas, em 12.10.1948, e assinada pelo Brasil na mesma data, reconhece a dignidade como inerente a todos os membros da família humana e como fundamento da liberdade, da justiça e da paz no mundo. (526)

O princípio da dignidade do ser humano está previsto na Constituição da República, no seu art. 1º, III. De acordo com Plá Rodriguez, os princípios têm por finalidade orientar o legislador, auxiliar o intérprete e integrar as lacunas da lei(527). O art. 4º da Lei de Introdução ao Código Civil dispõe que "[...] quando a lei for omissa, o juiz decidirá o caso de acordo com a analogia, os costumes e os princípios gerais do direito". Por sua vez, o art. 8º da Consolidação das Leis do Trabalho prevê que, na falta de dispositivo legal, as autoridades decidirão de acordo com a jurisprudência, analogia, equidade e outros princípios e normas gerais do direito. Finalmente, o art. 126 do Código de Processo Civil diz que o juiz não pode eximir-se de julgar a causa e que, na falta de normas legais, decidirá com base na analogia, costumes e princípios gerais do direito. Conforme Villela, esses princípios não têm mais um papel periférico, mas "[...] possuem efetiva força normativa"(528). Atuam não apenas no caso de integração das normas, mas como a própria norma. Esse entendimento decorre do fato de que o princípio insere-se na Constituição Federal e, tendo a mesma natureza que esta, tudo o que nela se contém terá a

---

(526) *Idem.*
(527) PLÁ RODRIGUEZ, Américo. *Los principios de derecho del trabajo.* Montevidéo, 1975. p. 17. *Apud* VILELA, Fábio Goulart. O princípio constitucional da dignidade da pessoa humana no direito do trabalho. *Revista LTr*, v. 74, n. 1, jan. 2010.
(528) VILELA, Fábio Goulart. O princípio constitucional da dignidade da pessoa humana no direito do trabalho. *Revista LTr*, v. 74, n. 1, p. 83, jan. 2010.

mesma natureza[529]. O princípio tem caráter impositivo. Barcellos vê nos princípios duas eficácias: interpretativa e negativa[530]. A eficácia interpretativa quer dizer que os princípios orientam na aplicação da regra geral. Dentre as várias opções possíveis, o intérprete deve escolher a que mais se coaduna com o comando do princípio. A eficácia negativa diz respeito à invalidade das normas que não estão de acordo com o princípio. No caso do princípio da dignidade humana, isso significa dizer que esse "[...] exige não só abstenções como ações estatais"[531]. Além das garantias constitucionais, existem normas basilares na Constituição, como ocorre no art. 5º. O princípio da dignidade do ser humano "[...] deverá presidir a interpretação de todas essas normas e do texto constitucional como um todo"[532].

Vale lembrar que, com a Declaração Universal dos Direitos Humanos, todos os direitos passam a integrar um complexo "único e indivisível"[533]. No Brasil, o constituinte, ao elaborar a Carta, teve por objetivo enunciar princípios fundamentais que informassem todo o texto. Dentro desse quadro, insere-se o princípio da dignidade da pessoa humana. Trata-se de princípio fundamental[534]. Referido princípio presta-se à interpretação não só das normas constitucionais, mas também das infraconstitucionais[535]. Canotilho fala em princípios e regras constitucionais abertas — como o princípio da igualdade — que devem nortear o juiz na interpretação da norma[536]. Gomes faz referência ao autor alemão Hesse, que entende que para a concretização da norma são necessários os seguintes elementos: a) a norma, b) a pré-compreensão do intérprete e c) o problema concreto[537]. Hesse aponta diversos princípios que devem orientar o intérprete na leitura da Constituição:

> [...] princípio da unidade da Constituição; princípio da concordância prática, princípio da correção funcional; princípio da valorização da relevância dos pontos de vista; princípio da força normativa da Constituição: princípio da máxima efetividade; princípio da inter-

---

(529) BARCELLOS, Ana Paula de. Normatividade dos princípios e o princípio da dignidade da pessoa humana na Constituição de 1988. *Revista de Direito Administrativo*, Rio de Janeiro, 221, p.170, jul./set. 2000.
(530) *Ibidem*, p.172-173.
(531) *Ibidem*, p. 174.
(532) *Ibidem*, p. 182.
(533) GOMES, Dinaura Godinho Pimentel. *Direito do trabalho e dignidade da pessoa humana no contexto da globalização econômica:* problemas e perspectivas. São Paulo: LTr, 2005. p. 69.
(534) *Ibidem*, p. 202.
(535) *Ibidem*, p. 203.
(536) CANOTILHO, José Joaquim. *Direito constitucional*. Coimbra: Almedina, 1991. p. 204-207. *Ibidem*, p. 204.
(537) HESSE, Konrad. *Escritos de derecho constitucional*. Madrid: Centro de Estudios Constitucionales, 1983. p. 44-45. *Ibidem*, p. 206-207.

pretação conforme a Constituição; princípio da exclusão da interpretação. [538]

De acordo com o princípio da unidade da Constituição, uma norma não pode ser interpretada isoladamente. Deve ser entendida em consonância com as demais normas e não pode entrar em contradição com essas. O princípio da concordância prática deve inspirar o leitor a interpretar a norma constitucional sem dar a essa um enfoque único. Também aqui a norma deve ser interpretada em conjunto com as demais. Aplicar o princípio da força normativa da Constituição significa interpretá-la de acordo com a realidade atual, no seu contexto histórico, socioeconômico, natural e técnico. O princípio da interpretação conforme a Constituição significa que não é possível fazer uma leitura da norma em contradição com aquela. Segundo o princípio da conservação das normas, uma lei não deve ser considerada inconstitucional quando *observados seus fins*, sendo possível sua interpretação em consonância com a Lei Maior[539].

Isso posto, cumpre indagar quais são os direitos fundamentais. A afirmação de que direitos fundamentais são aqueles que a Constituição indica não esclarece totalmente a questão. O direito fundamental deve ser tratado como uma exceção, visto que cada um dos direitos fundamentais beneficia — e de outro lado pode limitar direitos de — diversas pessoas. O *caput* do art. 5º da Constituição indica cinco direitos fundamentais: vida, liberdade, igualdade, segurança e propriedade. Esses direitos servem de fundamento para os direitos previstos nos incisos. Tal constatação leva Gomes a afirmar que são fundamentais todos os direitos ligados a esses cinco direitos previstos no *caput*[540]. Conforme Magano e Mallet, esse conjunto de princípios é aplicável às relações de trabalho e em vista da "melhoria da condição social do trabalhador, por meio de medidas protetoras e da modificação das estruturas sociais"[541].

De outra parte, harmoniza-se com o princípio da dignidade da pessoa humana a regra constitucional inserta no art. 170 de que a ordem econômica está voltada a assegurar a todos uma existência digna, conforme os ditames da justiça social. Para Gomes, os direitos fundamentais do trabalhador só podem ser reconhecidos nesse contexto[542].

Não resta a menor dúvida de que o princípio da dignidade humana deve caminhar com a ideia de justiça social e que tais princípios visam à proteção

---

(538) *Ibidem*, p. 206-207.
(539) GOMES, Dinaura Godinho Pimentel. *Op. cit.*, p. 207-209.
(540) *Ibidem*, p. 207-209.
(541) MAGANO, Octavio Bueno; MALLET, Estêvão. *O direito do trabalho na constituição*. Rio de Janeiro: Forense, 1993. p. 51.
(542) GOMES, Dinaura Godinho Pimentel. *Op. cit.*, p. 218.

do trabalhador. Existindo dois princípios em conflito, deve o intérprete optar pela aplicação de um deles. Entretanto, observa Gomes, o juiz não deve afastar por completo o outro princípio[543].

Discorrendo sobre o princípio da dignidade humana, afirma Torres que os direitos "exsurgem" desse princípio e dos demais direitos fundamentais. Trata-se de um princípio que se irradia por toda a Constituição, e imanta o ordenamento jurídico[544].

Para José Afonso da Silva, a dignidade humana é *um desses conceitos a priori*, que a Constituição consagrou como um *valor supremo* quando a instituiu com um dos fundamentos da República. Como fundamento da República, a dignidade humana é um princípio da "[...] ordem política, social econômica e cultural"[545].

Interessante anotar que, para Ueda, o princípio da dignidade da pessoa humana "impôs uma releitura nos termos da responsabilidade civil, passando o Código Civil a dispor, expressamente, sobre a responsabilidade objetivada no que tange a essas atividades causadoras do risco"[546].

Não só o princípio da dignidade do ser humano fundamenta a aplicação do parágrafo único do art. 927, como também o princípio da proteção ao empregado, que permeia todo o Direito do Trabalho. Com efeito, desde o Tratado de Versalhes já se enunciava que "[...] o trabalho não há de ser considerado como mercadoria ou artigo de comércio", o direito de associação, o direito ao salário digno, jornada de 8 horas diárias e 48 semanais, supressão do trabalho infantil, igualdade salarial, organização do serviço de inspeção[547]. A Constituição assegura aos trabalhadores o direito à saúde, à higiene e à segurança, objetivando redução dos riscos inerentes ao trabalho. Esses direitos representam garantias mínimas.

Outros princípios podem explicar a aplicação da responsabilidade objetiva às relações de trabalho. O princípio do interesse ativo, segundo o qual aquele que se beneficia do empreendimento deve responder por suas conse-

---

(543) Ibidem, p. 222.
(544) TORRES, Ricardo Lobo. O princípio fundamental da dignidade humana. In: VELLOSO, Carlos Mário da Silva; ROSAS, Roberto; AMARAL, Antônio Carlos Rodrigues do (coord.). *Princípios constitucionais fundamentais:* estudos em homenagem ao professor Ives Gandra da Silva Martins. São Paulo: Lex, 2005. p. 888.
(545) SILVA, José Afonso da. A dignidade da pessoa humana como valor supremo da democracia. *Revista de Direito Administrativo*, Rio de Janeiro, v. 212, p. 92, abr./jun. 1998.
(546) UEDA, Andréa Silva Rasga. *Op. cit.*, p. 78-79.
(547) VILELA, Fábio Goulart. O princípio constitucional da dignidade da pessoa humana no direito do trabalho. *Revista LTr*, v. 74, n. 1, p. 82, jan. 2010.

quências⁽⁵⁴⁸⁾. As perdas e danos equivalem ao custo do empreendimento. Se o empreendedor está obrigado a reparar terceiros, com maior razão estará obrigado a reparar o trabalhador sob suas ordens. O princípio da prevenção, segundo o qual o empreendedor deve tomar todas as cautelas para evitar o dano. O princípio da repartição dos danos por todos os que se beneficiam da atividade econômica que os causou. Segundo esse princípio, o dano deve ser coletivizado. Este pode ser suportado por um seguro, por exemplo. De qualquer forma, não será o indivíduo quem responderá pelo dano. O princípio da Gefarhdung diz respeito ao perigo iminente ou ameaçador decorrente de um dano normal ou anormal. O titular da atividade que gera esse risco anormal e ameaçador ficaria responsável pelos danos causados a terceiros⁽⁵⁴⁹⁾. Para Lopes, o princípio que melhor explica a responsabilidade civil é o da equidade, "[...] já que se está cuidando de equânime distribuição de riquezas numa sociedade complexa a partir de sentidos deontológicos que enfatizam os resultados da intervenção do homem na natureza e a sociedade"⁽⁵⁵⁰⁾. Deve haver critérios para distribuição do risco na sociedade. E, se é verdade que a atividade desenvolvida pelo empreendedor é lícita, não menos verdade é o fato de que aquele deve suportar o ônus dela decorrente. Para Lopes, o fato de o empreendedor ter que assumir as consequências dos riscos faz com que ele utilize meios de evitar esses danos, tanto quanto possível, ou mesmo diminuir a atividade⁽⁵⁵¹⁾. E, em se tratando de atividade econômica, certo que os danos serão "repartidos socialmente", vez que o empresário pode transferir os custos para o preço do produto. A vítima, entretanto, não deverá arcar com o ônus. "Na responsabilidade por equidade, exige-se um compromisso com os resultados de modo que, se o dano não pode ser evitado concretamente, ele deve ser reparado"⁽⁵⁵²⁾.

2.5.2. PRINCÍPIO DA SOLIDARIEDADE, VALOR SOCIAL DO TRABALHO, DEVER DE GARANTIR A SEGURANÇA DO TRABALHADOR

Inserido no Título I, "Dos Princípios Fundamentais", o princípio da solidariedade encontra-se enunciado no art. 3º, I, da Constituição Federal:

Art. 3º Constituem objetivos fundamentais da República Federativa do Brasil:

I — construir uma sociedade livre, justa e solidária.

---

(548) LOPES, Othon de Azevedo. Dignidade da pessoa humana e responsabilidade civil. *Revista de Direito Administrativo*, Rio de Janeiro, v. 238, p. 220-221, out./dez. 2004.
(549) *Ibidem*, p. 220-222.
(550) *Ibidem*, p. 225.
(551) *Idem*.
(552) *Ibidem*, p. 226.

Da leitura da norma citada, depreende-se que a solidariedade é um objetivo a ser perseguido. Pode-se dizer que, pelo princípio da solidariedade social, não pode a vítima arcar com o ônus de determinada atividade. O dano por ela suportado deverá ser repartido pela sociedade. Um dos meios de se repartir o dano é o aumento no preço do produto[553]. O princípio da solidariedade expressa respeito pelo outro, sem cobrar reciprocidade. Não se pode negar, ao mesmo tempo, que, na responsabilidade objetiva, — e esse é o caso da responsabilidade por atividade de risco —, há um deslocamento do binômio responsabilidade/autor, para o binômio responsabilidade/atividade[554]. Ou seja, não mais importa *quem* tenha causado o dano, mas *qual atividade* o causou. O fundamento ético nas diversas hipóteses de responsabilidade objetiva é o mesmo, e esse fundamento é a solidariedade para com o outro. Agora, é a sociedade, ou aquele que está vinculado ao desenvolvimento da atividade, que responde pelo ato danoso, já que a vítima não pode ficar sem indenização[555].

E, se do lado do empregador reside o dever de zelar pela segurança do empregado, a este assiste o direito de exigir do empregador a garantia de sua seguridade. Ackerman e Tosca aludem a direito subjetivo do empregado, referindo-se mesmo a um crédito que assiste ao trabalhador, crédito esse de caráter extrapatrimonial e indisponível[556].

3. Argumentos contrários à aplicação do art. 927, parágrafo único, do CC às relações de trabalho

3.1. Supremacia da Constituição

Discutindo a responsabilidade civil do empregador por dano causado ao empregado, ressalta Pamplona Filho que, "[...] na regra geral, a responsabilidade civil continua a ser subjetiva". O autor, entretanto, não ignora o disposto no parágrafo único do art. 927 do novo Código Civil. Segundo afirma, três tipos de responsabilidades podem decorrer do acidente do trabalho: a) a responsabilidade contratual, com a suspensão do contrato e a estabilidade prevista no art. 118 da Lei n. 8.213/91; b) o benefício

---

(553) *Ibidem*, p. 25.
(554) MORAES, Maria Celina Bodin de. Risco, solidariedade e responsabilidade objetiva. *Revista dos Tribunais*, ano 95, v. 854, p. 26, dez. 2006.
(555) "Em decorrência do princípio constitucional da solidariedade social, pois, distribuem-se e socializam-se perdas e estendem-se o mais amplamente possível as garantias à integridade psicofísica e material de cada pessoa humana. Esta é a razão da justificativa, a um só tempo ética e jurídica, do deslocamento dos custos do dano (injusto ou injustificado) da vítima para os responsáveis pelo ato ou atividade bem como para os pais, tutores e curadores, empregadores, etc." *Ibidem*, p. 26.
(556) *Ibidem*, p. 50.

previdenciário; c) a responsabilidade civil. Conquanto seja possível invocar o art. 7º, XXVIII, da Constituição Federal, sustentando que este exige a comprovação do dolo ou culpa do empregador, e que a) a lei ordinária não poderia ignorar o disposto na Constituição e b) o constituinte, quando quis aludir à responsabilidade objetiva, o fez expressamente, como ocorreu no art. 37, § 6º, da CF, certo que esses argumentos não prevalecem[557].

A responsabilidade subjetiva do empregador prevalece como regra geral, e a indenização é devida independentemente do pagamento do seguro acidentário. Isso não obstante, observa Pamplona, não se pode admitir que um sujeito que

> a) por força de lei, assume os riscos da atividade econômica; b) por exercer uma determinada atividade (que implica, por sua própria natureza, em risco para os direitos de outrem), responde objetivamente pelos danos causados; c) ainda assim, em relação aos seus empregados, tenha o direito subjetivo de somente responder, pelos seus atos, se os hipossuficientes provarem culpa.[558]

Para o autor, estaríamos criando um "paradoxo", se reconhecido o direito do cidadão de reclamar indenização contra o empresário sem necessidade de provar a culpa ou dolo, enquanto o empregado estivesse sujeito a provar a culpa ou dolo do empregador[559].

Rui Stocco também defende a tese de que o parágrafo único do art. 927 do Código Civil não se aplica às relações de trabalho, pois existe previsão expressa na Constituição Federal de responsabilidade do empregador com fundamento na culpa[560]. Para o autor, a Carta contém princípios que, salvo aqueles de caráter programático, constituem diretrizes para as normas infraconstitucionais. Dessa forma, tais princípios prevalecem sobre as leis, que não podem contrariá-los, sob pena de serem tachadas de inconstitucionais. O Código Civil é lei ordinária e, como tal, não pode revogar a Constituição. Assim, se a Constituição aludiu expressamente à culpa do empregador, não se lhe aplica norma de responsabilidade objetiva prevista no Código Civil[561].

Também na Justiça do Trabalho encontram-se algumas decisões agasalhando a tese de que o parágrafo único do art. 927 do Código Civil é inaplicável

---
(557) PAMPLONA FILHO, Rodolfo. Responsabilidade civil nas relações de trabalho e o novo código civil brasileiro. *Revista de Direito*, n. 111, p. 168-172, jul./set. 2003.
(558) *Idem*.
(559) *Ibidem*, p. 173.
(560) STOCCO, Rui. A responsabilidade civil. In: FRANCIULLI NETTO, Domingos; MENDES, Gilmar Ferreira; MARTINS FILHO, Ives Gandra da Silva. *O novo código civil:* estudos em homenagem ao professor Miguel Reale. São Paulo: LTr, 2003. p. 814.
(561) *Ibidem*, p. 814-815.

às relações de trabalho, ante a supremacia da Constituição. Entendimento em sentido contrário — disse o Ministro relator da 4ª Turma do Tribunal Superior do Trabalho, em processo julgado em 2009 —, importaria em inversão da hierarquia das normas. Com base nesse argumento, a Turma refutou a tese de que o parágrafo único do art. 927 do Código Civil é aplicável às relações de trabalho, ante a previsão no *caput* do art. 7º da Constituição, da criação de outros direitos[562][563].

3.2. Art. 7º, XXVIII, da CF: *MENS LEGIS*

Com a finalidade de afastar a aplicação do parágrafo único do art. 927 do Código Civil, sustenta-se que, nos *Anais do Congresso Nacional*, os constituintes jamais cogitaram adotar a responsabilidade objetiva do empregador como regra. Além disso, argumenta-se que a responsabilidade civil do empregador não decorre automaticamente do risco da atividade por ele criada. Esse risco é inerente à relação de emprego. A obrigação do empregador de

---

(562) "Por conta da insuspeitada imperatividade da norma constitucional, ainda que provenha do Constituinte Derivado, não é dado ao intérprete e ao aplicador da lei socorrer-se do *caput* do art. 7º do Texto Constitucional para desprestigiar a incidência do art. 7º, inciso XXVIII da Constituição frente à norma do art. 927, parágrafo único do Código Civil, sob pena de se instaurar inadmissível inversão da hierarquia das leis." TST — 4ª Turma — RR 847/2008-139-03-00.0 — Rel. Min. Antônio José de Barros Levenhagen — DEJT 7.8.2009. BRASIL. TRIBUNAL SUPERIOR DO TRABALHO. Disponível em: <http://www.tst.com.br> Acesso em: 28.12.2010.

(563) Também o relator da 7ª Turma entendeu que a responsabilidade do empregador é sempre subjetiva, por força do disposto no art. 7º, XXVIII, da Constituição: "I)... II) RECURSO DE REVISTA — INDENIZAÇÃO POR DANOS MORAIS — INEXISTÊNCIA DE CULPA OU DOLO DA RECLAMADA — RESPONSABILIDADE OBJETIVA — IMPOSSIBILIDADE. 1. Para a existência do dever de reparar o dano causado, alguns pressupostos devem estar presentes, sem os quais o próprio instituto da responsabilidade se torna inaplicável à hipótese, quais sejam, o dano experimentado pelo ofendido, a ação ou a omissão do causador, o nexo de causalidade e a culpa ou o dolo do agente. Trata-se do estabelecimento do nexo causal entre lesão e conduta omissiva ou comissiva do empregador, sabendo-se que o direito trabalhista brasileiro alberga tão somente a teoria da responsabilidade subjetiva, derivada de culpa ou dolo do agente da lesão em matéria trabalhista (CF, art. 7º, XXVIII). 2. — *In casu*, o Regional confirmou a sentença condenatória de pagamento de indenização por danos morais decorrente de acidente de trabalho, sob o fundamento de que, independentemente de culpa da Reclamada, a sua responsabilização seria objetiva, na forma do art. 927, parágrafo único, do CC, na medida em que desempenha atividade empresarial intrinsecamente perigosa (laminação de madeira). 3. Se, por um lado, a norma civil não alcança a esfera trabalhista, iluminada pelo comando constitucional do art. 7º, XXVIII, por outro, nenhuma atividade laboral está infensa a riscos de acidente (no próprio dizer de Guimarães Rosa, em sua epopeia — *Grande Sertão: Veredas* — viver é muito perigoso), mas a CLT somente admite o adicional de periculosidade para as atividades de risco acentuado, ínsito ao manuseio de explosivos, inflamáveis (art. 193) e energia elétrica (Lei n. 7.369/85, art. 1º), o que descartaria, em tese, a invocação da responsabilidade objetiva por risco em relação ao setor de laminação de madeira, que é a hipótese dos autos. 4. Assim, não há como se atribuir responsabilidade à Empregadora pelos danos morais decorrentes de acidente de trabalho que resultou na amputação parcial do 2º quirodáctilo da mão direita do Reclamante apenas considerando a teoria da responsabilidade objetiva. Recurso de revista provido." Processo: RR — 995/2007-120-08-40.7 Data de Julgamento: 27.5.2009, Relator Ministro: Ives Gandra Martins Filho, 7ª Turma, Data de Divulgação: DEJT 29.5.2009.

recolher o seguro-acidente decorre justamente da existência desse risco. Da mesma forma, o empregador paga ao empregado o adicional de periculosidade. A responsabilidade tem lugar quando o empregador não observa as normas de saúde e de segurança do trabalho, de aplicação obrigatória aos contratos de trabalho.

Em "Discurso em Plenário", de 26 de fevereiro de 1988, publicado no Diário do Congresso Nacional[564], o Deputado Federal Antonio Carlos Mendes Thame explica os fundamentos do art. 7º, inciso XXVIII, da Constituição Federal de 1988:

> Nobres constituintes: Não estamos aqui para pedir que adotemos no Brasil a responsabilidade presumida, como no Japão, nem que contemplemos na nossa legislação, para os acidentes do trabalho, a responsabilidade objetiva, que aliás já existe para os crimes ecológicos. A legislação ordinária já a contempla para a proteção do meio ambiente. O ônus de provar a culpa e o dolo continua sendo do empregado. Estamos solicitando apenas isto. O que a emenda propõe é pouquíssimo, é quase nada. É menos do que já existe para o meio ambiente — que alguns invocam para sustentar a responsabilidade objetiva também para as ações indenizatórias envolvendo empregador e seu empregado [...].[565]

Sustenta-se, assim, que o constituinte não teve intenção de adotar a teoria do risco no que tange à responsabilidade do empregador e que a responsabilidade objetiva somente poderia ser admitida no caso de emenda à Constituição, modificando o art. 7º, inciso XXVIII[566].

3.3. Relação entre o modelo da responsabilidade subjetiva e a observância das normas trabalhistas

O parágrafo único do art. 927 do Código Civil teve nítida inspiração no art. 2.050 do Código Civil italiano e art. 493 do Código Civil português. Ao contrário daqueles dispositivos, entretanto, nossa norma não contém presunção de culpa com efeito de inverter o ônus da prova e eximir a responsabilidade do autor do dano.

Argumenta-se, assim, que a adoção do regime da responsabilidade objetiva acarreta o desinteresse do empregador no cumprimento das normas trabalhistas de segurança do trabalho, visto que mesmo adotando todas as medidas preventivas, a condenação em eventual ação de responsabilidade civil independe da culpa. Contrariamente, adotando-se o regime da respon-

---

(564) Coluna 1, p. 7673.
(565) CAMPOS, José Luiz Dias. Não existe responsabilidade objetiva derivada de acidente do trabalho em ação indenizatória promovida contra o empregador. Entendimento contrário viola às escâncaras o art. 7º, inciso XXVIII da Carta Magna. Disponível em: <www.diascampos.com.br/> Acesso em: 30.12.2010.
(566) *Idem*.

sabilidade subjetiva, o empregador atuará com empenho para evitar o acidente, fazendo cumprir as normas de segurança[567].

A aplicação do regime da responsabilidade objetiva levaria à grave injustiça, qual seja, a de tratar igualmente a situação do empregador que cumpre as leis trabalhistas e aquele que pratica um ato ilícito.

Por tais razões, defende-se a aplicação da teoria da responsabilidade subjetiva às relações de trabalho.

3.4. Dois modelos de responsabilidade objetiva com fundamento na teoria do risco

Contra a incidência do parágrafo único do art. 927 do Código Civil nas relações de trabalho, argumentam alguns autores que já existe modelo de responsabilidade objetiva nos acidentes do trabalho, garantido pelas prestações da Previdência Social. Não haveria, assim, como conviverem dois regimes de responsabilidade objetiva com o mesmo fundamento. Hoje, o pagamento do benefício previdenciário, decorrente de doença ou acidente de trabalho, faz-se independentemente da prova da culpa ou dolo do empregador. Para os defensores dessa corrente, a responsabilidade civil seria sempre subjetiva — com fundamento no art. 7º, XXVIII, da Constituição Federal. Aqueles que sustentam ser inaplicável o parágrafo único do art. 927 do Código Civil às relações de trabalho sustentam — além da supremacia da Constituição —, que o empregador se sujeita, no caso de responsabilidade objetiva por exercício de atividade de risco, a pagar três vezes pelo mesmo fato: a) a contribuição para o SAT; b) a indenização civil devida por força de sentença judicial e c) o ressarcimento ao INSS em ações regressivas (art. 120 da Lei n. 8.213/91). Mas não só. Argumenta-se que haverá um aumento no custo social do acidente do trabalho: a) os custos das indenizações decorrentes de sentenças judiciais que serão superiores aos custos do SAT; b) neutraliza-se o efeito preventivo do FAP[568].

---

(567) Além disso, a aplicação do modelo da responsabilidade objetiva pode inviabilizar a atividade empresarial, pois importa em aumento dos custos.
(568) SANTOS, Marco Fridolin Sommer. *Acidente do trabalho e crise do Welfare State*. Disponível em: <http://www.bloglawandeconomics.org/> Acesso em: 10.11.2010.

QUARTA PARTE

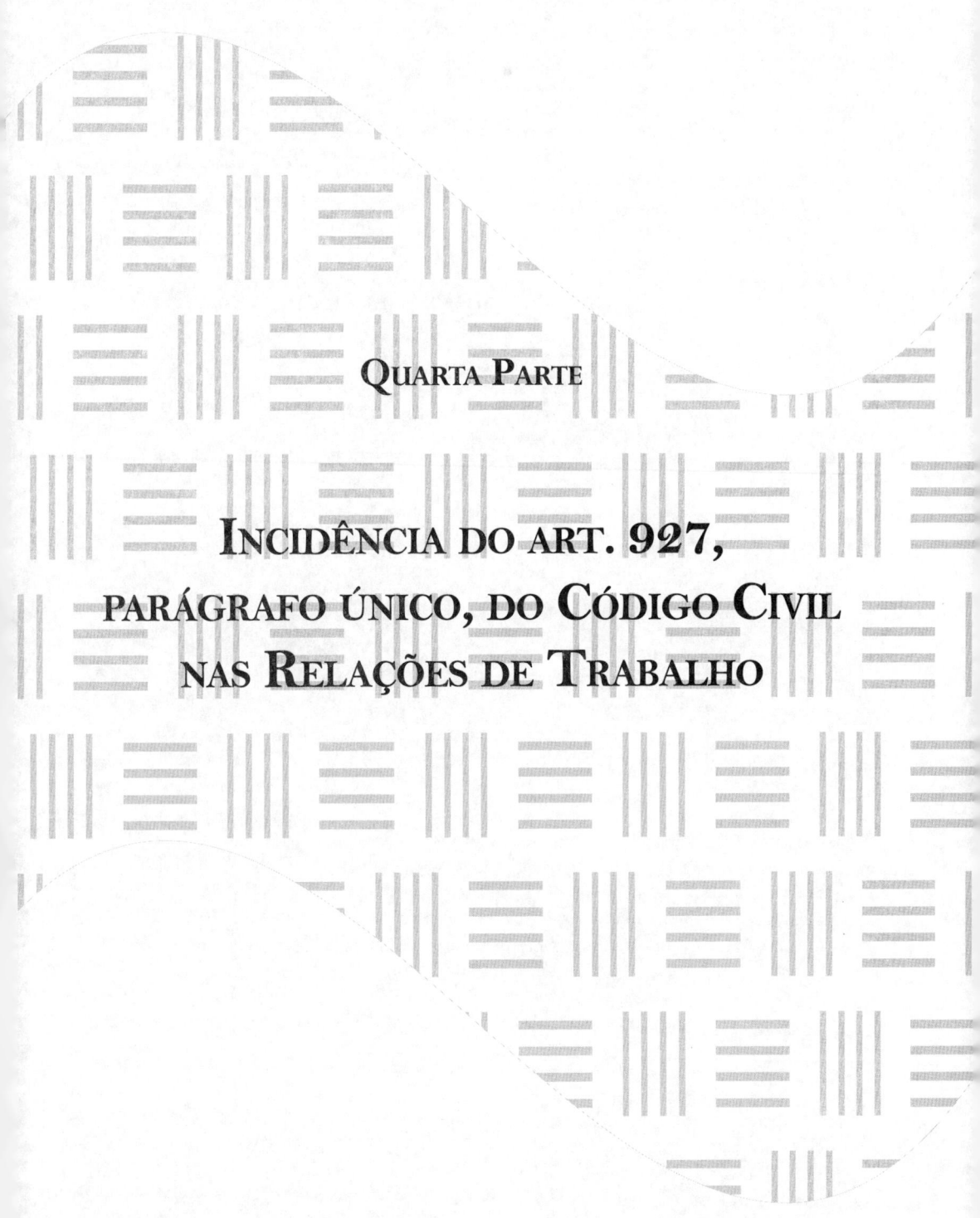

INCIDÊNCIA DO ART. 927, PARÁGRAFO ÚNICO, DO CÓDIGO CIVIL NAS RELAÇÕES DE TRABALHO

INCIDÊNCIA DO ART. 927, PARÁGRAFO ÚNICO, DO CÓDIGO CIVIL NAS RELAÇÕES DE TRABALHO

1. ANÁLISE DOS ARGUMENTOS FAVORÁVEIS À INCIDÊNCIA DO PARÁGRAFO ÚNICO DO ART. 927 DO CÓDIGO CIVIL ÀS RELAÇÕES DE TRABALHO

Não obstante as objeções, muitos autores defendem a aplicação do parágrafo único do art. 927 do Código Civil às relações de trabalho. Os argumentos favoráveis são os seguintes: a) a Constituição previu *outros direitos* no *caput*, art. 7º, a significar que a lei ordinária poderia prever outros direitos — mais vantajosos, inclusive —, além daqueles previstos nos incisos do art. 7º. Chega-se a sustentar que o art. 7º criou norma em benefício do empregado e não do empregador, razão pela qual deve ter uma interpretação favorável àquele e não a este; b) o parágrafo único do art. 927 do CC deve ser aplicado igualmente ao cidadão e aos empregados. Se prevalecer a interpretação de que o art. 927 é inaplicável às relações de trabalho, chegaremos a um paradoxo, qual seja, o de que, em decorrência de vazamento de energia nuclear, cidadãos comuns poderiam reclamar indenização sem necessidade de provar a culpa do empresário (com fundamento no parágrafo único do art. 927 do CC) e os empregados, pelo mesmo fato, teriam que provar a culpa do empregador, para reclamar indenização; c) a aplicação da teoria objetiva justifica-se, quando o risco ultrapassa a normalidade; d) o inciso XXVIII do art. 7º da CF deve ser entendido em consonância com o § 3º do art. 225 da mesma Carta, ou seja, não é possível que o constituinte tenha conferido uma proteção maior ao meio ambiente que ao ser humano; e) a Carta de 1988 e o Código Civil de 2002 valorizam a pessoa humana, a dignidade do ser humano, princípio basilar da nossa Constituição; f) também a solidariedade, o valor social do trabalho, o dever de garantir a segurança do trabalhador fundamentam a aplicação do parágrafo único do art. 927 do CC.

Na sequência, analisamos cada um desses argumentos.

Parece-nos que o argumento de que a Constituição previu *outros direitos* além daqueles contemplados no inciso 7º tem primazia sobre os demais. Interpretação sistemática e teleológica do art. 7º, *caput* e XXVIII, da Constituição Federal, permite concluir que o rol de direitos dos trabalhadores ali enumerados não é taxativo. Nossos Tribunais têm entendido que o art. 7º da Constituição, em seus incisos VI, XIII e XIV, prevê a possibilidade da prevalência de normas infraconstitucionais em face de normas constitucionais. Assim, é possível ao legislador ordinário instituir outros direitos aos trabalhadores, desde que esses importem em melhoria de sua condição social. Importa sublinhar que o art. 7º criou uma teia de proteção social *para o trabalhador*, e não em prol do empregador. Nessa medida, não cabe interpretação literal do art. 7º, XXVIII. O inciso XXVIII do art. 7º da Carta Magna assegura um direito mínimo do trabalhador à indenização por acidente de trabalho, no caso de dolo ou culpa. Norma ordinária pode prever a responsabilidade objetiva do empregador, nos casos em que especifica. Segundo o disposto no parágrafo único do art. 927 do Código Civil, que adotou a teoria do risco, o dever de indenizar decorre da própria atividade profissional, em caso de risco acentuado ou excepcional, pela natureza perigosa. Nessas hipóteses, incide a responsabilidade objetiva.

À primeira vista, o descumprimento das regras de proteção ao trabalhador enseja a responsabilidade civil do empregador — de caráter subjetivo — e dá lugar às prestações da Previdência Social, pois o art. 7º, XXVIII, da Constituição fala em seguro contra acidente do trabalho sem excluir indenização, quando o empregador incorrer em dolo ou culpa. O art. 7º, XXVIII, entretanto, não pode ser entendido sem o *caput*, que fala em outros direitos, e nem sem o art. 1º da Constituição, que estabelece como um dos princípios do Estado de Direito o valor social do trabalho, relacionando esse direito às garantias sociais, tais como o direito à saúde, à segurança, à previdência social e ao trabalho.

Assim se pronuncia Anna Cândida Cunha Ferraz:

> A Constituição não esgota, por sua própria natureza e índole, o conteúdo que cristaliza em suas normas. Não podendo regular, em minúcias e pormenores, toda a matéria constitucional, mas limitando-se a determinar, em maior ou menor grau, as características dos atos que a aplicam, exige e impõe, de modo expresso ou implícito, atividade do legislador infraconstitucional para sua concreta aplicação.[569]

---

(569) FERRAZ, Anna Cândida Cunha. *Processos informais de mudança na Constituição:* mutações constitucionais e mutações inconstitucionais. São Paulo: Max Limonad, 1986. p. 65.

Consoante esse entendimento, pode o intérprete dar um sentido mais amplo ou mais restrito ao texto constitucional.

Atentos a essas questões, os operadores do Direito reunidos na 1ª Jornada de Direito Material e Processual na Justiça do Trabalho, promovida pelo Tribunal Superior do Trabalho, pela Associação Nacional de Magistrados da Justiça do Trabalho — ANAMATRA —, pela Escola Nacional de Formação e Aperfeiçoamento de Magistrados do Trabalho — ENAMAT —, realizada de setembro a novembro de 2007, aprovaram o Enunciado n. 37, de seguinte teor:

> Responsabilidade objetiva no acidente de trabalho. Atividade de risco. Aplica-se o art. 927, parágrafo único do Código Civil nos acidentes do trabalho. O art. 7º, XXVIII, da Constituição da República, não constitui óbice à aplicação desse dispositivo legal, visto que seu *caput* garante a inclusão de outros direitos que visem à melhoria da condição social dos trabalhadores.[570]

Os direitos sociais fundamentais dos trabalhadores previstos no art. 7º da Constituição Federal representam um conjunto básico de garantias e objetivam a concretização da dignidade da pessoa humana e dos valores sociais do trabalho. Por sua vez, a ordem econômica deve ser "[...] fundada na valorização do trabalho humano e na livre iniciativa", assegurando a todos uma "[...] existência digna, conforme os ditames da justiça social" (art. 170 da Constituição). O art. 7º, XXVIII, da Constituição, não pode ser interpretado isoladamente. A responsabilidade subjetiva ali prevista não exclui outros direitos que visem à melhoria da condição social do trabalhador (*caput* do art. 7º). Assim, as normas infraconstitucionais podem prever outros direitos mais favoráveis aos trabalhadores.

Entendemos aplicável aos trabalhadores a teoria do risco, acolhida no parágrafo único do art. 927 do Código Civil. O inciso XXVIII do art. 7º da Constituição Federal deve ser interpretado em consonância com o *caput* do mesmo artigo, que dispõe que "[...] são direitos dos trabalhadores urbanos e rurais, além de outros que visem à melhoria da sua condição social [...]". É aplicável, aqui, o princípio da efetividade, segundo o qual deve ser atribuído à norma constitucional o sentido que lhe dê maior eficácia.

Outrossim, concordamos que o trabalhador não pode ter uma proteção menor que aquela assegurada ao cidadão comum, no caso de um desastre ecológico ou de um acidente. A Constituição deve ser interpretada de modo harmônico.

---

(570) *Jornal Jurid*. Disponível em: <http://jornal.jurid.com.br/materias/noticias/recurso-revista-dano-moral-artigo-7-xxviii-constituicao-federal-culpa-lato-sensu-precedente-sbdi1-desta-corte-desprovimento> Acesso em: 3.11.2010.

A legislação de responsabilidade civil de cada país corresponde aos avanços das relações sociais. Não se pode admitir um sistema incapaz de legislar sobre tais relações, materializando direitos fundamentais e garantias assegurados na Constituição. O legislador, ao redigir o parágrafo único do art. 927 do Código Civil, atentou para o desenvolvimento industrial, que trouxe avanços tecnológicos, mas também para o aumento no número de acidentes, a disparidade econômica entre o cidadão e a empresa que desenvolve atividade de risco, a hipossuficiência da vítima, bem como dificuldade desta em fazer provas da culpa ou dolo do autor do dano. No caso de atividades de risco, por mais que o empresário busque prevenir acidentes, esses são inevitáveis e, quando causados, podem gerar danos de grande dimensão (é o caso, por exemplo, do acidente nuclear de Chernobyl). Compete ao Estado Democrático de Direito promover o bem-estar de todos. A norma contida no parágrafo único do art. 927 do Código Civil constitui grande avanço nesse passo. É inegável, contudo, que se nas relações de consumo se verifica a hipossuficiência de uma das partes, com muito maior razão essa se verifica nas relações de trabalho. Daí por que defendemos um tratamento igualitário entre cidadãos comuns e trabalhadores, no que tange à aplicação do parágrafo único do art. 927 do Código Civil.

Os trabalhadores estão inseridos na cadeia produtiva, entre o empregador e os consumidores, sendo responsáveis pela produção de materiais ou concretização de serviços, além da mais-valia. Os produtos que serão adquiridos pelo consumidor são os mesmos manipulados pelos trabalhadores, aplicando-se-lhes, portanto, as mesmas regras de responsabilidade civil, nos casos de atividade de risco. Não se pode tratar o trabalhador como *coisa*, contrariando o princípio constitucional da dignidade do ser humano, que irradia por todo o ordenamento jurídico.

Outro argumento invocado para a aplicação do parágrafo único do art. 927 do Código Civil às relações de trabalho é o de que o § 3º do art. 225 da Constituição Federal assegurou a responsabilidade objetiva pelos danos causados ao meio ambiente, incluído o meio ambiente do trabalho, por força do art. 200, VIII. Surge uma aparente antinomia, vez que o § 3º, art. 225, da Constituição assegura uma responsabilidade objetiva, enquanto o inciso XXVIII do art. 7º prevê a responsabilidade subjetiva do empregador[571].

---

(571) Doutrinadores apontam outra contradição: o constituinte instituiu um adicional para atividades penosas, perigosas e insalubres, ao mesmo tempo em que se reportou ao direito à vida, à saúde, e à redução dos riscos no trabalho. Argumenta-se que a Constituição, no art. 7º, XXIII, monetarizou o risco, ao instituir um adicional de remuneração para as atividades penosas, insalubres ou perigosas. O art. 7º, XXIII, contudo, deve ser interpretado em conjunto com o inciso XXII do mesmo artigo. Deve o Poder Público buscar reduzir os riscos inerentes ao trabalho. Não sendo possível a eliminação do risco, o empregado deve fazer jus ao adicional.

No plano infraconstitucional, o § 1º do art. 14 da Lei n. 6.938/81 dispõe que "[...] é o poluidor obrigado, independentemente da existência de culpa, a indenizar os danos causados ao meio ambiente e a terceiros, afetados por sua atividade".

E, de acordo com a Lei n. 6.938/81, entende-se por meio ambiente "[...] o conjunto de condições, leis, influências e interações de ordem física, química e biológica, que permite, abriga e rege a vida em todas as suas formas". Meio ambiente do trabalho, por sua vez, é o local onde o empregado presta seus serviços.

O art. 225 contém um princípio maior, de proteção da própria vida, direito fundamental ("Todos têm direito ao meio ambiente ecologicamente equilibrado, bem de uso comum do povo e essencial à sadia qualidade de vida, impondo-se ao Poder Público e à coletividade o dever de defendê-lo e preservá-lo para as presentes e futuras gerações"). O § 3º dessa norma dispõe que "[...] as condutas e atividades consideradas lesivas ao meio ambiente sujeitarão os infratores, pessoas físicas ou jurídicas, a sanções penais e administrativas, independentemente da obrigação de reparar os danos causados".

Por sua vez, o art. 1º, *caput*, da Constituição institui o princípio da dignidade humana como um dos pilares da República. O art. 5º, *caput*, fala do direito à vida e *segurança* e o art. 6º, *caput*, faz referência ao trabalho como direito social, mencionando a saúde e a segurança. Mas não só: no art. 7º, XXII, o legislador garante o direito à "[...] redução dos riscos inerentes ao trabalho, por meio de normas de saúde, higiene e segurança". No art. 225, *caput*, o legislador garante a todos um meio ambiente ecologicamente equilibrado, dispondo, no inciso V, que incumbe ao Poder Público"[...] controlar a produção, a comercialização e o emprego de técnicas, métodos e substâncias que comportem risco para a vida, a qualidade de vida e o meio ambiente". Do referido dispositivo, depreende-se que o Estado não permitirá atividade que comporte risco para a vida do ser humano, ou seja, para a segurança dos cidadãos.

O art. 225 da Constituição deve ser interpretado em consonância com os arts. 1º, III, que consagra o princípio da dignidade da pessoa humana; o art. 5º, que garante a inviolabilidade do direito à vida, no qual se insere a saúde; art. 7º, XXII, que garante o direito à redução dos riscos inerentes ao trabalho, por meio de normas de saúde, higiene e segurança; art. 170, que garante a valorização do trabalho humano, observado o princípio da defesa do meio ambiente; art. 193, que enfatiza a ordem social com base no primado do trabalho, tendo como objetivos o bem-estar e a justiça sociais; art. 196, que dispõe que a saúde é direito de todos e dever do Estado, "[...] garantido mediante políticas sociais e econômicas que visem à redução do risco de doença e de outros agravos e ao acesso universal e igualitário às ações e serviços para sua promoção, proteção e recuperação"; e o art. 197 dispõe que as ações e serviços de saúde são de relevância pública, cabendo ao Poder Público sua regulamentação.

Por força do disposto no art. 225 da Constituição, pode-se afirmar que a responsabilidade civil subjetiva, prevista no art. 7º, XXVIII, da Constituição aplica-se aos acidentes de trabalho que não envolvem dano ao meio ambiente, enquanto o acidente que guarda nexo de causalidade com lesão ao meio ambiente submete-se ao disposto no art. 225, *caput* e parágrafo terceiro, art. 200, VIII (a proteção ao meio ambiente compreende o meio ambiente de trabalho) e 170, VI (a ordem econômica, fundada na valorização do trabalho humano e na livre iniciativa tem por princípio a defesa do meio ambiente).

Assim, violadas as normas de saúde, higiene e segurança do trabalho, que devem prevalecer num meio ambiente saudável e equilibrado, exsurge a responsabilidade objetiva, incidindo o art. 225, § 3º, da Constituição[572]. A responsabilidade subjetiva diz respeito ao acidente individual, que não decorre da poluição do meio ambiente do trabalho[573][574].

---

(572) "As doenças profissionais e do trabalho originam-se das agressões ao meio ambiente, ou seja, das ações de agentes insalubres de natureza física, química ou biológica, os quais, por sua natureza, são agressivos ao meio ambiente do trabalho e, consequentemente, desencadeiam tais doenças. A responsabilidade nesses casos não pode ser outra senão a objetiva. Nesse sentido também entendem Júlio César de Sá da Rocha e Fábio Aurélio da Silva Alcure. Desse modo, forçoso é concluir que nas hipóteses de doenças ocupacionais decorrentes dos danos ao meio ambiente do trabalho, a responsabilidade pelos prejuízos à saúde do trabalhador é objetiva (§§ 3º do art. 225 da Constituição e 1º do art. 14 da Lei n. 6.938/81). A razão é que, sendo o meio ambiente do trabalho um aspecto integrante do meio ambiente geral (arts. 200, VIII e 225 da Constituição), toda e qualquer lesão decorrente dos desequilíbrios ambientais atraem a regra da responsabilidade objetiva assegurada nos aludidos dispositivos". MELO, Raimundo Simão de. *Acidente de trabalho* — responsabilidade com e sem culpa. Disponível em: <http://www.jusvox.com.br/mostraArtigo.asp?idNoticia=1784> Acesso em: 29.12.2010.

(573) Para Dallegrave Neto, existem três regimes de responsabilidade do empregador: "A indenização pela empresa deve ocorrer quando comprovada sua conduta dolosa ou culposa. Contudo, há regimes especiais que impõem a indenização pela empresa, independente de culpa. O primeiro se dá quando o dano decorrer do risco típico da atividade empresarial normalmente desenvolvida (art. 927, parágrafo único, do CC). O segundo regime especial é quando o dano infligido individualmente ao empregado for, ao mesmo tempo, considerado dano ambiental. Nesse caso, a regra geral (art. 7º, XXVIII, CF) cede lugar a norma de maior interesse público, aplicando-se a responsabilidade objetiva de que trata o § 3º do art. 225 da CF". DALLEGRAVE NETO, José Affonso. *Responsabilidade civil no direito do trabalho*. São Paulo: LTr, 2005. p. 181/182.

(574) "Em relação aos acidentes do trabalho, são dois os regimes existentes quanto ao dever de indenizar por parte do empregador. Se o acidente sofrido pelo empregado não tem qualquer relação com uma agressão ao meio ambiente do trabalho, o empregador só tem o dever de indenizar se tiver agido com dolo ou culpa. Como exemplo, se um empregado cai de uma escada e vem a fraturar um dos braços, o empregador só é obrigado a indenizar se a escada não estava em condições de uso ou se não foi exigido do trabalhador a utilização de equipamento de segurança; não se pode responsabilizar o empregador se não houve culpa de sua parte. Agora, se o acidente de trabalho guarda um nexo de causalidade com uma lesão ao meio ambiente como um todo, não há que se analisar de quem é a culpa pelo acidente; neste caso, o empregador deve responder civilmente pelos danos decorrentes do acidente". ALCURE, Fábio

Na I Jornada de Direito e Processo do Trabalho, promovida pela ANAMATRA — Associação Nacional dos Magistrados da Justiça do Trabalho e Tribunal Superior do Trabalho —, foi aprovado o Enunciado n. 38, de seguinte conteúdo:

RESPONSABILIDADE CIVIL. DOENÇAS OCUPACIONAIS DECORRENTES DOS DANOS AO MEIO AMBIENTE DO TRABALHO. Nas doenças ocupacionais decorrentes dos danos ao meio ambiente do trabalho, a responsabilidade do empregador é objetiva. Interpretação sistemática dos arts. 7º, XXVIII, 200, VIII, 225, § 3º, da Constituição Federal e do art. 14, § 1º, da Lei n. 6.938/81.

Entendemos correta a tese agasalhada pelo Enunciado n. 38: a interpretação sistemática dos arts. 7º, XXVIII, 200, VIII e 225, § 3º, ambos da Constituição, leva à conclusão de que, nos acidentes e doenças ocupacionais decorrentes dos danos ao meio ambiente do trabalho, a responsabilidade do empregador é objetiva[575]. Por sua vez, o parágrafo único do art. 927 do Código Civil deve ser interpretado em consonância com essas normas.

Por outro lado, o argumento de que a aplicação da teoria objetiva justifica-se quando o risco ultrapassa a normalidade não explica a relação entre o art. 7º, XXVIII, da Constituição Federal e o art. 927, parágrafo único, do Código Civil. A alegação diz respeito às razões históricas do surgimento da própria responsabilidade objetiva, mas não responde por que o parágrafo único do art. 927 do Código Civil é aplicável às relações de trabalho.

Quanto à alegação de que o parágrafo único do art. 927 do Código Civil deve ser interpretado em consonância com os princípios constitucionais, concordamos que o princípio da dignidade da pessoa humana permeia todo o ordenamento jurídico. Do mesmo modo, informam o Direito do Trabalho o princípio da solidariedade, o valor social do trabalho, o dever de garantir a segurança do trabalhador, sustentando-se que esses valores fundamentam a aplicação do par. un. do art. 927 do Código Civil. No Direito do Trabalho, os valores sociais prevalecem sobre os valores individuais.

Discorrendo sobre a dignidade da pessoa humana, argumenta José Afonso da Silva que esta é um valor supremo da nossa sociedade, não se limitando a irradiar efeitos na ordem política e jurídica, mas também na ordem social. Referido valor "atrai o conteúdo de todos os direitos fundamentais do homem, desde o direito à vida"[576].

Aurélio da Silva. Meio ambiente de trabalho e perda auditiva. Responsabilidade objetiva do empregador. *Gênesis: Revista de Direito do Trabalho*, n. 85, p. 15-72, jan. 2000.
(575) Sustentamos que, mesmo antes da publicação do Código Civil de 2002, a responsabilidade do empregador que desenvolvia atividade de risco já era objetiva quando verificado dano ao meio ambiente do trabalho, por força do disposto nas normas citadas.
(576) "[...] a dignidade da pessoa humana não é uma criação constitucional, pois ela é um desses conceitos *a priori*, um dado preexistente a toda experiência especulativa, tal como a própria pessoa humana. A

No mesmo sentido, para Dinaura Godinho Pimentel Gomes, a dignidade da pessoa humana é um *princípio unificador de direitos fundamentais* e inspira o intérprete na aplicação do Direito, inclusive das normas que incidem sobre o trabalhador, que não deve ser tratado como objeto[577].

O princípio da dignidade humana fundamenta a proteção jurídica da vida, da saúde e da integridade física do trabalhador. Além disso, considerando-se o disposto no art. 225 da Constituição, tem-se que o legislador deve buscar a tutela do trabalhador bem como do meio ambiente de trabalho. Com efeito, o constituinte, em diversos dispositivos, inspirou-se nos direitos fundamentais. A proteção ao meio ambiente do trabalho, prevista no art. 225, nada mais representa do que a proteção à vida, à integridade física do trabalhador. A vida do trabalhador e sua saúde são direitos fundamentais, que devem ser protegidos pelo legislador.

Essa sociedade que se declara justa e solidária (art. 3º, I, da Constituição), que tem por fundamento a dignidade da pessoa humana e que busca promover o meio ambiente de trabalho saudável, tem o dever de proteger o trabalhador no exercício de atividade de risco. O risco da atividade enseja a responsabilização do empregador, quando coloca em perigo o direito de outrem. Nas relações de trabalho, o empregador que desenvolve atividade de risco expõe ao perigo não somente o cidadão comum, mas especialmente seus empregados.

Consituição, reconhecendo a sua existência e a sua iminência, transformou-a num valor supremo da ordem jurídica, quando a declara como um dos fundamentos da República Federativa do Brasil constituída em Estado Democrático de Direito. [...] Se é fundamento é porque se constitui num valor supremo, num valor fundante da República, da Federação, do País, da Democracia e do Direito. Portanto, não é apenas um princípio da ordem jurídica, mas o é também da ordem política, social, econômica e cultural. Daí sua natureza de valor supremo, porque está na base de toda a vida nacional. [...] a dignidade da pessoa humana é um valor supremo que atrai o conteúdo de todos os direitos fundamentais do homem, desde o direito à vida [...] a dignidade da pessoa humana, como fundamento do Estado Democrático de Direito, reclama condições mínimas de existência, existência digna conforme os ditames da justiça social como fim da ordem econômica." SILVA, José Afonso da. A dignidade da pessoa humana como valor supremo da democracia. *Revista do Direito Administrativo*, v. 212, p. 89-94, abr./jun.de 1998.

(577)"[...] a dignidade da pessoa humana não é — nem nunca foi — uma criação constitucional, mas um dado que preexiste a toda experiência especulativa, razão por que, no âmbito do Direito, só o ser humano é o centro de imputação jurídica, valor supremo da ordem jurídica. É nesse contexto que o novo constitucionalismo exalta a dignidade da pessoa humana como princípio unificador de direitos fundamentais e um dos fundamentos do Estado de Direito Democrático, conforme vem enunciado no art. 1º, inc. III, da Lei Maior brasileira, que igualmente ressalta o valor do trabalho (humano) como fundamento da ordem econômica e da ordem social da nação (CF, arts. 170 e 193). [...] É por isso que o princípio da dignidade da pessoa humana, ao qual se reporta a ideia democrática como um dos fundamentos do Estado de Direito Democrático, torna-se o elemento referencial para a interpretação e aplicação das normas jurídicas. Exige dos operadores do direito uma concepção diferenciada do que seja segurança, igualdade, justiça e liberdade, para impedir que o ser humano seja tratado como mero objeto, principalmente na condição de trabalhador, muitas vezes assim reconhecido, a serviço da economia, como uma simples peça da engrenagem." GOMES, Dinaura Godinho Pimentel. O respeito ao princípio da dignidade do trabalhador pelo Estado-Empregador: A inafastável observância da garantia do conteúdo essencial dos direitos fundamentais e do princípio da proporcionalidade. *Revista LTr*, v. 68, p. 292-297, mar. 2004.

Considerando que a República Federativa do Brasil tem por fundamento a dignidade da pessoa humana e os valores sociais do trabalho e da livre-iniciativa (art. 1º, III e IV), que constitui objetivo desse Estado construir uma sociedade justa e igualitária, erradicar a pobreza e a marginalização, reduzir as desigualdades sociais e regionais, que esse Estado rege-se nas suas relações internacionais pelo princípio da prevalência dos direitos humanos (art. 4º, II), que a Constituição assegurou o direito à vida e à saúde (arts. 5º, *caput*, e 196) e que "o direito à saúde representa consequência constitucional indissociável do direito à vida"[578], forçoso concluir que o empregador não pode responder pelos danos causados ao empregado em virtude de acidentes e doenças do trabalho unicamente com fundamento na culpa, impondo-se a admissão da incidência do parágrafo único do art. 927 nas relações de trabalho, sob pena de negar-se efetividade aos direitos fundamentais.

Outrossim, sem desprezar a incidência desses princípios, entendemos que o princípio protetor pode ser invocado aqui. Com efeito, é possível invocar o argumento da aplicação da norma mais favorável, ainda que de hierarquia infraconstitucional. É bom recordar que a Constituição não proíbe, mas permite, no *caput* do art. 7º, a criação de normas mais favoráveis aos trabalhadores. O *caput* do art. 7º da Constituição agasalha o princípio da aplicação da norma mais benéfica, na medida em que permite a aplicação de outras normas, não previstas nos incisos, quando mais favoráveis.

O Direito do Trabalho tem por finalidade regular as relações capital-trabalho, protegendo o trabalhador, que, em regra, depende economicamente do patrão. As leis trabalhistas têm por finalidade precípua a proteção da parte mais fraca, qual seja, o empregado. De acordo com os princípios trabalhistas, as vantagens previstas em determinada norma não excluem outros direitos, previstos em outras leis, ainda que de hierarquia inferior. Nisso consiste o princípio protetor, do qual decorre o princípio da norma mais favorável.

Com efeito, o Direito do Trabalho tem por fundamento um núcleo de princípios que lhe conferem especialidade. Conforme Mauricio Godinho Delgado, o princípio da proteção e o princípio da norma mais favorável formam esse núcleo básico[579]. O intérprete da norma trabalhista deve atentar, pois, para esses princípios, sob pena de negação do próprio Direito do Trabalho.

---

(578) BRASIL. Supremo Tribunal Federal. RE/RS n. 271286, 2ª Turma, Min. Celso de Mello. Disponível em: <http://www.stf.jus.br> Acesso em: 30.12.2010.

(579) "Insistimos que tais princípios formam o núcleo justrabalhista basilar por, a um só tempo, não apenas incorporarem a essência da função teleológica do Direito do Trabalho, como por possuírem abrangência ampliada e generalizante ao conjunto desse ramo jurídico, tudo isso sem que se confrontem de maneira inconciliável com princípios jurídicos gerais mais fortes, externos ao ramo jurídico especializado [...]". DELGADO, Mauricio Godinho. *Curso de direito do trabalho*. São Paulo: LTr, 2007. p. 197.

Passamos, a seguir, a analisar os argumentos contrários à aplicação do parágrafo único do art. 927 da Constituição às relações de trabalho.

2. ANÁLISE DOS ARGUMENTOS CONTRÁRIOS À APLICAÇÃO DO PARÁGRAFO ÚNICO DO ART. 927 DO CÓDIGO CIVIL ÀS RELAÇÕES DE TRABALHO

Os juristas que invocam a tese da prevalência da teoria subjetivista sustentam que o Código Civil, norma infraconstitucional, não pode sobrepor-se ao disposto no art. 7º, XXVIII, da Constituição Federal. Verifica-se, assim, que, de um lado, existem aqueles que invocam o princípio da supremacia da Constituição e, de outro, os que invocam o princípio protetor. De um lado, defende-se que a Constituição está no vértice da pirâmide e que qualquer norma que não se coadune com ela deve ser tida por inconstitucional. De outro, sustenta-se que, no Direito do Trabalho, deve prevalecer a norma mais favorável ao trabalhador. Alguns chegam a argumentar que não se verifica, aí, qualquer conflito, visto existir disposição expressa do art. 7º, XXVIII, da Constituição sobre a responsabilidade subjetiva do empregador, o que inviabilizaria a aplicação do parágrafo único do art. 927 do Código Civil.

O entendimento de que a norma de responsabilidade objetiva do empregador pelo exercício de atividade de risco é aplicável ao trabalhador decorre da análise das regras de interpretação do Direito do Trabalho. Uma dessas regras afirma que "[...] na presença de várias normas jurídicas deve ser aplicada aquela que mais favoreça o trabalhador"[580]. Segundo Cabanellas, a fim de averiguar se determinada norma é mais favorável, deve o intérprete a) fazer a comparação entre o conteúdo das duas normas; b) verificar se determinada norma é mais favorável para alguns trabalhadores ou para todos os trabalhadores; c) analisar objetivamente a questão, levando em conta os motivos que inspiraram o legislador a criar a norma hierarquicamente superior; d) observar se no caso concreto a norma inferior é efetivamente mais favorável; e e) defender a aplicação da norma inferior somente se não houver dúvidas quanto às suas vantagens, vez que "[...] a possibilidade de melhorar a condição dos trabalhadores, por constituir exceção ao princípio da intangibilidade da regra imperativa hierarquicamente mais elevada, conduz a reputar ilícita uma disposição se houver dúvida de que seja mais favorável aos interesses dos trabalhadores"[581].

Para Mario de La Cueva, o intérprete da norma trabalhista tem que atentar para o fato de que o Direito do Trabalho constitui a "[...] aspiração de uma classe social para obter, imediatamente, uma melhora das suas condições de

---
(580) CABANELLAS. *Tratado de derecho laboral*. Buenos Aires, 1949. v. 1, p. 383. *Apud* NASCIMENTO, Amauri Mascaro. *Curso de direito do trabalho*. São Paulo: Saraiva, 1997. p. 245-247.
(581) *Idem*.

vida"[582]. Assim, para La Cueva, a interpretação das normas trabalhistas faz-se de modo a obter sempre a melhoria da condição do trabalhador. Nessa medida, dentre diversas normas, aplica-se a que for mais favorável ao empregado.

Com fundamentos nas diretrizes de Cabanellas e La Cueva, é possível afirmar que a norma mais benéfica — de responsabilidade objetiva do empregador nas atividades de risco — prevalece sobre a norma de responsabilidade subjetiva.

Além disso, não pode prevalecer a alegação de que o constituinte teve intenção de estabelecer a responsabilidade subjetiva do empregador, limitando a aplicação da teoria do risco aos pedidos de pagamento de benefícios em face da Previdência Social. É necessário distinguir entre *mens legis* e *mens legislatore*. O legislador, ao redigir a norma, possui um determinado entendimento, que não necessariamente coincide com a interpretação que emerge da norma, uma vez publicada. Uma corrente, subjetivista, argumenta que deve prevalecer, no ato de interpretar a norma, o sentido que o legislador objetivou alcançar. Outra corrente, objetivista, declara que o sentido da norma emana dela mesma, não estando vinculada às intenções de seu criador. Com efeito, a lei desprende-se do legislador, adquirindo autonomia. Não é por outra razão que Geraldo Ataliba afirma que "[...] a Constituição não é o que os constituintes quiseram fazer; é muito mais que isso, é o que eles fizeram. A lei é mais sábia que o legislador"[583].

O Supremo Tribunal Federal, em acórdão relatado pelo Ministro Celso de Mello, já proferiu entendimento no sentido de que a intenção do legislador representa fator secundário no processo de interpretação, importando, isso sim, o sentido que resulta da leitura do texto legal[584].

Entendemos, assim, que o art. 7º, XXVIII, da Constituição deve ser interpretado de acordo com o entendimento que dele emerge, e não de acordo com a *mens legislatoris*, refutando-se o argumento de que tal norma é incompatível com a responsabilidade objetiva prevista no Código Civil.

---

(582) CUEVA, Mario de La. *Derecho mexicano del trabajo*. Cidade do México: Porrúa, 1960. Apud NASCIMENTO, Op. cit., p. 248.

(583) ATALIBA, Geraldo. Revisão constitucional. *Revista de informação legislativa*, n. 110, p. 87, abr./jun. 1991.

(584) "É preciso admitir, neste ponto, que a *mens legislatoris* representa fator secundário no processo hermenêutico, pois, neste, o que se mostra relevante é a indagação em torno da *mens legis*, vale dizer, a definição exegética do sentido que resulta, objetivamente, do texto de lei. Enfim, a lei vale por aquilo que nela se contém e que decorre, objetivamente, do discurso normativo nela consubstanciado, e não pelo que, no texto legal, pretendeu incluir o legislador, pois, em havendo divórcio entre o que estabelece o diploma normativo (*mens legis*) e o que neste busca instituir o seu autor (*mens legislatoris*), deve prevalecer a vontade objetiva da lei, perdendo em relevo, sob tal perspectiva, a indagação histórica em torno da intenção pessoal do legislador". STF — Agravo de Instrumento AI 401.337 Agr/PE, Relator Min. Celso de Mello, julgamento 14.6.2005, 2ª Turma, publicação DJ 2.9.2005, p. 36. BRASIL. SUPREMO TRIBUNAL FEDERAL. Disponível em: <http://www.stf.jus.br/portal/jurisprudencia> Acesso em: 31.12.2010.

Além dos argumentos aqui citados, também se sustenta, em prol da teoria subjetivista, que o parágrafo único do art. 927 do Código Civil teve nítida inspiração no art. 2.050 do Código Civil italiano e art. 493 do Código Civil português, mas que, ao contrário daqueles dispositivos, entretanto, nossa norma não contém presunção de culpa com efeito de inverter o ônus da prova e eximir a responsabilidade do autor do dano. Nesse sentido, a solução brasileira parece-nos muito mais avançada que a estrangeira, porque não permite que o lesante se exima da responsabilidade. O legislador nacional atendeu, assim, ao intuito de resguardar os interesses da vítima.

Afirma-se, assim, que o sistema da responsabilidade subjetiva incentiva o empregador a cumprir as normas de saúde e segurança do trabalho, enquanto o sistema de responsabilidade objetiva representa um desestímulo ao cumprimento dessas regras.

Entendemos que referido argumento não se presta a justificar o afastamento do parágrafo único do art. 927 do Código Civil das relações de trabalho, vez que não tem por fundamento regras de hermenêutica, mas, sim, um juízo de conveniência.

Para que não se alegue, todavia, que essa questão não foi enfrentada, sustentamos que o parágrafo único do art. 927 do Código Civil não revogou as normas de segurança e saúde da Consolidação das Leis do Trabalho e outras legislações. Com efeito, permanece o disposto no art. 157 da Consolidação, que dispõe que cabe à empresa:

I — cumprir e fazer cumprir as normas de segurança e medicina do trabalho;
II — instruir os empregados, através de ordens de serviço, quanto às precauções a tomar no sentido de evitar acidentes do trabalho ou doenças ocupacionais;
III — adotar as medidas que lhes sejam determinadas pelo órgão regional competente; IV — facilitar o exercício da fiscalização pela autoridade competente.

Por meio das normas de segurança e saúde do trabalhador, o legislador procurou prevenir acidentes e doenças do trabalho, preservando a integridade física e psíquica do empregado.

A violação dessas normas jurídicas pode caracterizar contravenção penal, com pagamento de multa, conforme § 2º do art. 19 da Lei n. 8.213/91, e até mesmo crime — homicídio ou lesão corporal.

Não bastasse isso, é certo que pode o INSS ingressar com ação regressiva, nos casos em que tenha pago benefício(s) ao segurado acidentado, e o acidente tenha decorrido de negligência do empregador (art. 120 da Lei n. 8.213/91).

Finalmente, o empregador se sujeita à Fiscalização do Ministério do Trabalho e da Previdência Social e pode incorrer no pagamento de multas, se descumprir a legislação. O § 2º do art. 19 da Lei n. 8.213/91 dispõe que "[...]

constitui contravenção penal, punível com multa, deixar a empresa de cumprir as normas de segurança e higiene do trabalho", indicando o art. 133 o valor da multa. Também a Consolidação das Leis do Trabalho prevê o pagamento de multas, nos arts. 154 a 200.

Sustentamos, assim, que a aplicação da teoria da responsabilidade objetiva aos trabalhadores não importará em incentivo para o empregador descumprir as normas de saúde e segurança do trabalhador, visto que nossa legislação está calcada não somente na reparação, mas também na prevenção do acidente e doença do trabalho, existindo mecanismos para coibir abusos e negligência do empregador desidioso no cumprimento das normas laborais.

Por fim, contra a aplicação da responsabilidade objetiva nas atividades de risco aos trabalhadores, sustenta-se que não é possível coexistirem dois modelos de responsabilidade objetiva. Hoje, a Previdência Social garante o pagamento do benefício previdenciário ao trabalhador acidentado, independentemente da prova de culpa ou dolo do patrão. Esse pagamento é feito com recursos do SAT — Seguro Acidente do Trabalho.

Cumpre, assim, verificar as origens da nossa legislação infortunística. A primeira lei a regular o acidente de trabalho foi o Decreto Legislativo n. 3.724/1919, que tinha por fundamento jurídico a teoria do risco profissional[585]. O art. 2º instituía obrigação do empregador pagar indenização ao operário, excluídos os casos de força maior, dolo da vítima ou de terceiros[586]. A indenização deveria observar o teto imposto pelo art. 6º do Decreto, ainda que o salário da vítima excedesse esse valor. O Decreto n. 24.637/1934 sucedeu o Decreto de 1919, tendo por fundamento também a teoria do risco profissional. A lei excluía de sua aplicação os acidentes decorrentes de força maior, bem como aqueles decorrentes de culpa da própria vítima ou de terceiros estranhos à relação de trabalho. A indenização era fixada com base no salário anual da vítima. O art. 12 assim dispunha: "A indenização estatuída pela presente lei exonera o empregador de pagar à vítima, pelo mesmo acidente, qualquer outra indenização de direito comum".

Posteriormente, surgiu o Decreto-lei n. 7.036/44, também baseado na teoria do risco profissional. Surge o seguro previdenciário. Competia ao empregador recolher à Previdência Social, cumprindo a esta efetuar o pagamento da indenização tarifada. O Decreto de 44 fixava o montante da indenização, com base na diária paga ao trabalhador. O art. 31 do Decreto-lei dispôs expressamente sobre a impossibilidade do empregado pleitear inde-

---

(585) O dever de indenizar decorre da atividade da vítima.
(586) Sobre a Lei n. 3.724, de 1919, salienta Saad: "Essa lei estabelecia a obrigatoriedade do empregador de pagar a indenização à vítima, mas não havia garantia desse pagamento, porque não instituía o seguro obrigatório." SAAD, Teresinha Lorena Pohlmann. *Responsabilidade civil da empresa nos acidentes do trabalho.* São Paulo: LTr, 1999. p. 46.

nização acidentária e indenização prevista no direito comum, ressalvando, entretanto, a possibilidade do lesado ingressar com ação de responsabilidade civil, na hipótese de dolo do empregador: "O pagamento da indenização estabelecida pela presente lei exonera o empregador de qualquer outra indenização de direito comum, relativa ao mesmo acidente, a menos que este resulte de dolo seu e de seus prepostos".

O Decreto n. 293/67 sucedeu o anterior. De acordo com o art. 3º dessa norma, incumbiria ao empregador fazer um seguro privado para o empregado. O art. 11 do Decreto previa expressamente que o pagamento das indenizações ali previstas exoneraria o empregador de qualquer outra indenização de direito comum, caso não tivesse este ou seu preposto atuado dolosamente.

Posteriormente, foi publicada a Lei n. 5.316/67. De acordo com essa norma, competia ao empregador fazer um seguro perante a Previdência Social. A indenização ou benefício seriam pagos de acordo com o salário de contribuição. A Lei n. 5.316/67 não fez qualquer referência à indenização prevista pelo Direito Comum. Isso não obstante, o Supremo Tribunal Federal, por meio da Súmula n. 229, de 1963, acolheu entendimento de que a indenização acidentária não excluía a do direito comum, em caso de dolo ou culpa do empregador.

A teoria do risco social defende que a responsabilidade pelos riscos profissionais não é apenas do empregador, mas de toda a sociedade, que deve contribuir para o custeio. Não é só o empresário que se beneficia com o lucro. A empresa permite um desenvolvimento social. Nessa medida, o empregador não deve suportar sozinho o ônus da atividade. A partir da Lei n. 5.316/67, a responsabilidade objetiva nos casos de acidente do trabalho passou a ser do Estado. Posteriormente, a Emenda Constitucional n. 1/69 estabeleceu o seguro contra acidentes, mediante contribuição da União, do empregador e do empregado.

A Lei n. 6.367/76, por meio do art. 22, revogou expressamente o preceito que instituía a responsabilidade do empregador em caso de dolo ou culpa, entendendo-se, a partir de então, que seria aplicável o art. 159 do Código Civil. A Lei n. 6.367/76 assim dispôs: "Art. 1º O seguro obrigatório contra acidentes do trabalho dos empregados do regime da Previdência Social [...] é realizado pelo Instituto Nacional da Previdência Social — INPS".

A Constituição de 1988 previu o SAT — Seguro contra Acidente do Trabalho —, que tem seu fundamento nos arts. 7º, XXVIII, art. 195, I, e 201 da Constituição. Por meio do SAT, garante-se ao trabalhador um seguro contra acidente do trabalho às custas do empregador, mediante pagamento de um adicional sobre a folha de salário. A administração do seguro compete à Previdência Social. O art. 7º, XXVIII garante que o empregado tenha um seguro social contra os acidentes do trabalho, determinando que esse seguro seja pago exclusivamente pelo empregador, sem prejuízo da responsabilidade civil no caso de dolo ou culpa[587][588]. A obrigação de pagar o SAT, portanto, não colide, de modo algum, com a obrigação de indenizar o trabalhador nos casos de responsabilidade civil.

O art. 195, I, da CF dispõe que a contribuição para o financiamento das prestações de acidente do trabalho irá incidir sobre o pagamento feito ao empregado. O art. 22 da Lei n. 8.213/91 faz referência ao sujeito passivo, à hipótese de incidência, à base de cálculo e às alíquotas de 1%, 2% e 3%, de acordo com o grau de risco de acidente do trabalho. O SAT corresponde a uma contribuição, tendo caráter tributário, portanto. Hugo de Brito Machado enfatiza:

> Diante da vigente Constituição Social, pode-se conceituar a contribuição social como espécie de tributo com finalidade constitucionalmente definida, a saber, intervenção no domínio econômico, interesse das categorias profissionais ou econômicas e seguridade social. É induvidosa, hoje, a natureza tributária destas contribuições [...].[589]

A Constituição Federal instituiu um seguro em prol do empregado, tratando-o como direito social. No art. 7º, XXVIII, é o "[...] seguro contra

---

(587) Para Teresinha Saad, a Constituição de 88 não adotou a teoria do risco social, vez que o seguro contra acidente é de responsabilidade exclusiva do empregador: "Princípio fundamentalmente determinado pela Constituição Federal de 198, que não perfilhando a ideia do risco social, estabelece um seguro específico para o acidente do trabalho (art. 7º, XXVIII). Passando o custeio do referido seguro para exclusiva responsabilidade do empregador, indubitavelmente, caracteriza o acidente do trabalho como risco específico da atividade profissional, ainda que amparado pela Seguridade Social." E, mais adiante, sobre o art. 22 da Lei n. 8.212/91, que instituiu os percentuais de 1%, 2% e 3% para financiamento do seguro-acidente: "Revela o dispositivo infraconstitucional a ambiguidade assinalada pelo eminente Prof. Magano, quanto à cobertura do evento acidentário trabalhista, respectivamente, nos arts. 7º, XXVIII e 201, I, da Lei Maior de 1988. Não transfere o custeio do seguro de acidentes do trabalho para a responsabilidade exclusiva do empregador, como é dito no precitado inciso XXVIII do art. 7º, nem trata o infortúnio do trabalho como contingência social igual às demais (doença, invalidez, morte, velhice e reclusão), incluídas nos planos da Previdência Social, que é o mandamento do art. 201. A indicação de uma taxa para complementação da prestação por acidentes do trabalho (art. 22, II, da Lei n. 8.212/91) deixa patente que a teoria do risco social ainda não foi inteiramente agasalhada pela legislação brasileira." Sumulando: "A Constituição Federal de 1988 trata do acidente do trabalho em dois dispositivos – arts. 7º, XXVIII e 201, I. No primeiro determina a obrigatoriedade para o empregador do seguro contra o risco específico da atividade e, no segundo, dispõe que os planos de Previdência Social atenderão, inclusive, os acidentes do trabalho, albergando a ideia de integração e risco social. Não obstante a manifesta ambiguidade, o seguro acidentário continua integrado na Previdência Social, porém não completamente, porque mantém plano de custeio complementar, a cargo exclusivo da empresa". *Idem.*

(588) Magano entende que os arts. 7º, XXVIII e 206, I, da Constituição são contraditórios: "Enquanto no primeiro se diz que o seguro contra acidente deverá ficar a cargo do empregador, no último se estabelece que constitui evento a ser coberto por prestações previdenciárias [...]" (os apontamentos de Magano foram feitos em relação ao texto do Projeto, mantidos na Constituição). MAGANO, Octavio Bueno. A previdência social em face da constituição. *Revista de Previdência Social*, n. 93, p. 461.

(589) MACHADO, Hugo de Brito. *Curso de direito tributário*. São Paulo: Malheiros, p. 313.

acidentes do trabalho, a cargo do empregador, sem excluir a indenização a que este está obrigado, quando incorrer em dolo ou culpa". A norma constitucional garantiu a dupla reparação, pelo Direito Previdenciário e pelo Direito Civil. O art. 7º, XXVIII, da Carta, expressamente previu que o seguro contra acidente do trabalho não exclui a indenização que o empregador está obrigado a pagar quando incorrer em dolo ou culpa.

O nosso sistema sempre conviveu com a dupla reparação: de um lado, a reparação pelo Direito Previdenciário, de outro, a reparação pelo Direito Civil. A Súmula n. 229 do Supremo Tribunal Federal já previa que a indenização acidentária não excluía a do direito comum, em caso de dolo ou culpa grave do empregador. Antes do regime do parágrafo único do art. 927 do Código Civil, poderia afirmar-se que a indenização paga pela Previdência Social cobria o dano lícito e ilícito, enquanto a indenização civil cobria unicamente o dano ilícito.

Hoje, sob o regime do parágrafo único do art. 927 do Código Civil, a indenização civil também repara o dano que não decorre necessariamente de um ilícito (vez que a atividade desenvolvida pela empresa é lícita). É possível, portanto, que o empregador venha a responder objetivamente pelo dano causado pelo desenvolvimento de atividade de risco, considerando que ele já recolhe o SAT e que o empregado recebe um benefício da Previdência Social? Entendemos que a indenização paga pelo empregador possui natureza civil, reparatória de ato lícito ou ilícito do empregador, enquanto o pagamento do benefício previdenciário decorre da execução do seguro social constitucionalmente instituído, tendo como patrocinador o empregador. As verbas correspondentes à indenização pelo Direito comum e as decorrentes do Direito Previdenciário são independentes. Assim tem decidido a Justiça[590]. O entendimento que prevalece é que tais indenizações têm origens distintas:

> [...] as verbas correspondentes à indenização pelo direito comum, as de natureza trabalhista e as previstas na legislação previdenciária (acidentária) são independentes uma das outras, inclusive porque têm elas origens distintas: uma sustentada pelo direito acidentário; a outra, pelo direito comum, uma não excluindo a outra, podendo, inclusive, cumularem-se. [591][592]

---

(590) TJSP — Apelação: APL 994092680491 SP.
Resumo: Responsabilidade Civil. Relator(a): Leonel Costa. Julgamento: 14.9.2010.
Órgão Julgador: 3ª Câmara de Direito Público. Publicação: 22.9.2010. Disponível em: <http://www.jusbrasil.com.br/jurisprudencia/16192932/apelacao-apl-994092680491-sp-tjsp> Acesso em: 10.11.2010.
(591) BRASIL. TRIBUNAL REGIONAL FEDERAL DA 2ª REGIÃO. Disponível em: <http://www.trf2.gov.br/iteor/RJ0108610/1/41/190472.rtf> Acesso em: 10.11.2010.
(592) "Ação de indenização. Acidente rodoviário. Morte de condutor de veículo de carga. Pensionamento civil por ato ilícito. Concomitância com pensão previdenciária. Origem diversa. O pensionamento por ilícito civil não se confunde com o pago pela Previdência Social, por ter origem diversa, de sorte que

A indenização previdenciária decorre do seguro social[593] e "[...] tem relação direta com a responsabilidade social do Estado pela cobertura das contingências a seu cargo"[594].

O pagamento do benefício previdenciário, de caráter alimentar, tem natureza compensatória e não se confunde com a indenização paga com base nas regras de Direito Civil, que ressarcem integralmente a vítima.

A indenização deve ser calculada em sua integralidade, o que não ocorre com o benefício previdenciário pago pela Previdência. Pensamos, como Campos e Campos, que a verba paga pelo INSS tem natureza compensatória e a indenização decorrente da ação de responsabilidade civil tem natureza indenizatória[595]. Ao contrário das indenizações pagas na Justiça, os benefícios pagos pelo INSS não ressarcem a integralidade dos danos, mas respondem por uma parcela mínima das perdas. Nas palavras de Sebastião Geraldo de Oliveira, o benefício pago pelo INSS não corresponde a uma indenização; vez que não repara os prejuízos, o auxílio-acidente tem caráter meramente alimentar[596]. O benefício previdenciário que o acidentado recebe tem relação com o salário de contribuição, sujeitando-se a um teto[597]. A indenização

---

possível a concomitância entre ambos, não ficando eximido o causador do sinistro se, porventura, a vítima ou seus beneficiários recebem pensão paga pelo INSS. Precentes. STJ 4ª Turma, REsp 575.839/ES, Rel. Ministro Aldir Passarinho Junior, DJ 14.3.2005". OLIVEIRA, Sebastião Geraldo de. Cumulação da indenização por acidente do trabalho com os benefícios acidentários. Revista LTr, v. 69, p. 1310, nov. 2005.

(593) "Justamente em face do caráter indenizatório da responsabilidade não se dá a compensação com outras quantias que recebe a vítima, ou que passam para os dependentes da mesma. Trata-se de um dos assuntos mais pacíficos na jurisprudência e na doutrina, consagrando-se, à unanimidade, a soma de indenizações previdenciárias, como pensão, seguro, verba recebida a título de acidente do trabalho, com a indenização determinada pelo ato determinante da indenização. As diferentes indenizações demandam de causas distintas, apresentando, pois, naturezas próprias, não se confundindo uma com a outra. A reparação por acidente do trabalho, devida se a vítima foi colhida enquanto estava a serviço do empregador, emerge do seguro social. A pensão, a cargo da Previdência Social, corresponde a prestações descontadas por ela. Nem o valor do seguro particular é dedutível, porque decorre dos prêmios e contribuições que o falecido recolhia à entidade. De forma que os benefícios concedidos pelos órgãos previdenciários são correspectivos das contribuições pagas pela vítima. Devem reverter em favor de seus beneficiários, e não do ofensor, mitigando a sua responsabilidade." RIZZARDO, Arnaldo. Responsabilidade civil: Lei n. 10.406, de 10.1.2002. Rio de Janeiro: Forense, 2005. p. 908.

(594) "Ao mesmo tempo, a previdência social e programas congêneres têm relação direta com a responsabilidade social do Estado pela cobertura das contingências a seu cargo; e a ação estatal nesse terreno deve ser tão ampla e uniforme quanto possível, dado o caráter genérico da responsabilidade [...]". LEITE, Celso Barroso. Acidente do trabalho, previdência social e Constituição. Revista de Previdência Social, n. 119, p. 582, 1990.

(595) CAMPOS, José Dias; CAMPOS, Adelina Bitelli Dias. Acidentes do trabalho: prevenção e reparação. São Paulo: LTr, 1996. p. 58.

(596) "O seguro de acidente do trabalho no Brasil, apesar da denominação, não tem natureza de seguro propriamente dito. Apesar da denominação 'seguro', só garante ao acidentado um benefício estrito de cunho alimentar. O seguro de acidente de trabalho não contempla indenização alguma, nem determina reparação de prejuízos sofridos; apenas são concedidos benefícios para garantir a sobrevivência da vítima e/ou seus dependentes, como ocorre com todos os demais segurados da Previdência Social." OLIVEIRA, Sebastião Geraldo de. Op. cit., p. 307.

(597) Saad, antes do advento do novo Código Civil, indicava as diferenças entre a reparação feita pelo direito comum e pelo INSS: "A reparação infortunística decorre da teoria do risco, amparada pelo seguro

paga em decorrência da ação de responsabilidade civil abrange alimentos (pensão), gastos com hospital, medicamentos, funeral (em caso de morte) e dano moral. Esta visa à restituição integral da vítima à situação anterior[598] ao dano, o que não ocorre com o benefício previdenciário[599].

A indenização assegurada pelo INSS é completamente distinta da civil. Está vinculada ao regime de seguro previdenciário, com custeio exclusivo do empregador. Conforme lição de José Augusto Delgado:

> [...] o sistema adotado está reafirmado na segunda menção que a Constituição faz ao acidente do trabalho, tratando-o como contingência social incluída nos planos de previdência, conforme previsão do art. 208, I, nos termos seguintes [...] cobertura dos eventos de doença, invalidez, morte, inclusive, os resultantes de acidente do trabalho, velhice e reclusão.

E prossegue:

> A cobertura do infortúnio se apresenta, hoje, com todas as características de direito social. Está incluída no rol das garantias mínimas que a Constituição concede aos trabalhadores [...].[600]

---

social a cargo da Previdência Social, enquanto a responsabilidade civil comum tem como supedâneo a culpa do patrão e do seu preposto. As causas e os sujeitos passivos da obrigação de reparar são distintos. A diferença entre as duas ações revela-se muito clara também na finalidade. Na reparação acidentária a vítima ou seu(s) beneficiário(s) recebe(m) uma prestação pecuniária tarifada em lei, ou seja, os benefícios acidentários correlacionam-se ao salário de contribuição, o que, conforme lúcidas ponderações da Turma Especial no Incidente de Uniformização da Jurisprudência, é submetido a um teto e, então, mesmo que o acidentado receba além deste, o benefício fica atrelado ao limite legal [...] Não bastasse isso, nas prestações acidentárias é considerado, unicamente, o dano decorrente do acidente em relação à redução e incapacidade laborativa ou à morte. Os demais danos que o evento acarreta no seio familiar não são cobertos pelo seguro social. Daí a afirmação doutrinária e pretoriana de que a reparação acidentária não repara todo dano emergente e lucro cessante." SAAD, Teresinha Lorena Pohlmann. *Op. cit.*, p. 241.

(598) "Antes, porém, seria conveniente lembrar um dispositivo do novo Código Civil que não existia no Código de 1916. O art. 944 dispõe: 'a indenização mede-se pela extensão do dano'. É o velho princípio da *restitutio in integrum*, a própria razão de ser da indenização. Busca-se com ela recolocar a vítima, tanto quanto possível, na situação anterior à lesão. A indenização é proporcional ao dano sofrido pela vítima, já que o objetivo da indenização — tornar indene — é reparar o dano o mais completamente possível." CAVALIERI FILHO, Sérgio. *Programa de responsabilidade civil*. São Paulo: Malheiros, 2003. p. 123.

(599) "O seguro de acidente do trabalho da Previdência Social não indeniza, no sentido técnico da palavra. Basta mencionar que os danos materiais, morais ou estéticos, nem são cogitados na legislação previdenciária, o que torna o acidentado, vítima de real prejuízo. O benefício de natureza alimentar, concedido pelo INSS, garante apenas um mínimo de subsistência, porém distante de atender o princípio *restitutio in integrum*, ou mesmo assegurar a manutenção do padrão de vida que a vítima desfrutava antes do evento danoso, ainda mais que na maioria das vezes o acidentado passa a ter mais despesas com medicamentos, assistência médica em geral ou ajuda necessária de outra pessoa para os cuidados pessoais." OLIVEIRA, Sebastião Geraldo de. *Op. cit.*, p. 1307.

(600) DELGADO, José Augusto. *A constituição federal e o acidente de trabalho*: interpretação do art. 7º, inciso XXVIII, da CF/1988. Disponível em: <http://bdjur.stj.gov.br/xmlui/bitstream/handle/2011/18077/Constitui%C3%A7%C3%A3o_Federal_Acidente.pdf?sequence=3> Acesso em: 11.11.2010.

Decisão do TJSP, anterior à promulgação, a Carta de 1988 e do novo Código Civil, invocada por Teresinha Saad, sublinha a diferença entre a indenização paga pelo INSS e aquela decorrente da ação de responsabilidade civil. Para o Tribunal, com a Previdência existe uma socialização do risco por acidente, cuja maior contribuição incumbe ao empregador. O empregado também participa do rateio do custeio, "[...] o que é exclusivo do empregador é apenas o acréscimo necessário para a cobertura dos danos, segundo os cálculos atuariais". Não é apenas o empregador em cuja empresa ocorreu o acidente que contribui para o custeio do benefício. Todos os empregadores do país participam desse financiamento, além da própria União, fato que revela a socialização do risco. Não é por outra razão que "[...] os benefícios cobertos com participação tão ampla não podem ser invocados pelo empregador quando de sua eventual responsabilidade civil perante o acidentado"[601].

Segundo Freudenthal, o seguro previsto no art. 7º, XXVIII, da Constituição tem por fundamento a teoria do risco profissional, enquanto o art. 201, I, do mesmo Estatuto tem sua base na teoria do risco social. Para esse autor, quando da publicação da Lei n. 8.213/91 havia um "[...] diferencial para os benefícios acidentários [...] eram mais favoráveis os benefícios exclusivos para sequelas decorrentes de acidente do trabalho", significando que a teoria do *risco profissional* e a do *risco social* foram aplicadas[602]. No entanto, para Freudenthal, "[...] as equiparações de benefícios previdenciários e acidentários, a partir da Lei n. 9.032/95, consolidavam a integração do acidente do trabalho à teoria do risco social"[603], devendo a contribuição do seguro acidente, prevista na Lei n. 8.213, ser considerada uma sobretaxa; "[...] um mero reforço para o sistema previdenciário, o seguro de acidente teria deixado de existir"[604]. Houve uma equiparação dos benefícios em 1995, e, a partir dessa

---

(601) "Esses argumentos colhidos na jurisprudência de São Paulo são extremamente importantes para o deslinde da controvérsia, pois, a nosso ver, neles reside a resposta fundamental ao tema. Havendo dolo ou culpa na ocorrência infortunística, pode o acidente, ou seus beneficiários, no caso de morte dele, receber as duas reparações, sem compensação. São direitos autônomos fundados em pressupostos diferentes: a prestação pecuniária acidentária coberta pelas contribuições e paga pela Previdência Social, que responde por obrigação própria, e a indenização civil reparadora do dano decorrente de ato ilícito." TJSP Ap. 38.705, São Paulo, Turma Especial da 1ª Seção Civil, j. 19.10.1984, Rel. Desembargador Alves Braga. SAAD, Teresinha Lorena Pohlmann. *Op. cit.*, p. 242.

(602) FREUDENTHAL, Sergio Henrique Pardal Bacellar. *A evolução da indenização por acidente do trabalho.* São Paulo: LTr, 2007. p. 125-126.

(603) "A Lei n. 8.213/91 em sua redação original mantinha um mínimo de diferenças mais favoráveis aos benefícios previdenciários e a contribuição exclusiva dos empregadores. Era alguma diferença, mesmo que se critique a contribuição como mera sobretaxa e os valores mais favoráveis enquanto mínimos como indenizações. As mudanças produzidas pela Lei n. 9.035/95 aproximaram mais o acidente do trabalho dos demais riscos sociais, mas ao mesmo tempo criaram uma lacuna, um descumprimento de norma constitucional". *Ibidem*, p. 145-146.

(604) "Neste início de 2006, o seguro contra acidente do trabalho, a cargo do empregador, ainda está sob responsabilidade do Instituto Nacional do Seguro Social, INSS. Como se observa no tópico 5.3, a privatização do seguro, prevista no art. 201, § 10, da Carta Magna, ainda não se encontra regulamentada por lei ordinária. Logo, este seguro compulsório garantido constitucionalmente encontra-se em fase de

data, "[...] os sinistros laborais estariam incluídos nos riscos sociais cobertos pelo sistema previdenciário"[605].

Também para Sebastião Geraldo de Oliveira, o seguro acidente recolhido pelo empregador "[...] apenas financia os benefícios previdenciários em geral", a significar que o seguro corresponde, hoje, apenas a uma sobretaxa[606].

Não podemos concordar que o seguro acidente corresponda a uma sobretaxa, e que todos — União, empregador e empregado — participem do custeio do seguro acidente. Esse entendimento não corresponde ao comando do art. 7º, XXVIII, da Constituição Federal. O seguro acidente constitui um fundo próprio, custeado exclusivamente pelo empregador. Ademais, a contribuição para o SAT é calculada de acordo com o grau de risco da atividade econômica desenvolvida pela empresa (ou, segundo entendimento de Turmas do Superior Tribunal de Justiça, o SAT é determinado separadamente por estabelecimento, de acordo com o grau de risco de acidente de trabalho relativo à atividade econômica desenvolvida em cada estabelecimento)[607]. Concordamos, entretanto, que as indenizações pagas pelo INSS e aquela paga

---

transição. As alterações na legislação ordinária desde 1995 terminaram com os benefícios exclusivos e diferenciados em relação aos acidentes do trabalho. Restava assim a contribuição que pode representar apenas uma sobretaxa, sem por isso afiançar a existência do seguro determinado na Carta Magna. As transformações seguem aguardando regulamentação da nova disposição constitucional, e com aplicação da legislação infortunística com os benefícios comum e acidentários equiparados. Importante relevar que a Constituição Federal tem supremacia hierárquica, é a Lei Maior, e nela continua constando o seguro contra acidentes do trabalho, sob responsabilidade contributiva exclusiva do empregador, diferenciado do sistema previdenciário mesmo que administrado pela mesma autarquia [...] A unificação dos benefícios a partir da Lei n. 9.032 parecia indicar, como comemorou Celso Barroso Leite, que o 'seguro de acidente do trabalho, com suas conhecidas complicações, já desapareceu do quadro da nossa proteção social'. Mas não foi o que aconteceu; a norma inscrita no art. 7º, XXVIII, não foi revogada, e nem parece que poderia ser por se tratar de direito social, de princípio constitucional." *Ibidem*, p. 126 e 143.

(605) "Com as últimas alterações na Constituição Federal e na legislação ordinária, os acidentes do trabalho suscitam muitas dúvidas. Enquanto objeto do seguro especial administrado pela autarquia federal, com a equiparação dos benefícios a partir de 1995, os sinistros laborais estariam incluídos nos riscos sociais cobertos pelo sistema previdenciário. E, em relação à contribuição de obrigação exclusiva do empregador, não é difícil afirmar que não passa de uma mera sobretaxa. Porém, a disposição constitucional, art. 7º, XXVIII, ainda exige um seguro diferencial, que, agora, após a Emenda Constitucional n. 20/98 ter acrescentado o § 10 do art. 201, ainda dependendo de regulamentação mediante lei ordinária, poderá ser administrado concorrentemente pelo sistema público e pelas seguradoras privadas." *Ibidem,* p. 141-142.

(606) "Com efeito, o chamado seguro acidentário não oferece qualquer cobertura além da que já é concedida pela Previdência Social. O valor que o empregador recolhe, atualmente, a título de seguro de acidente do trabalho apenas financia os benefícios previdenciários em geral, aos quais qualquer trabalhador segurado tem direito, dentro da amplitude da seguridade social, para a qual também o empregado contribui com sua parte. Assim, não se recolhe, a rigor, seguro de acidente do trabalho, mas uma parcela adicional para financiar os benefícios previdenciários concedidos pelo INSS, dentre eles, aqueles decorrentes dos infortúnios do trabalho." OLIVEIRA, Sebastião Geraldo de. *Op. cit.,* p. 1307.

(607) A 1ª Seção do STJ, no ERESP 478.100/RS (Min. Castro Meira, DJ 28.2.2005), assentou o entendimento de que, para fins de apuração da alíquota aplicável no cálculo da contribuição para o Seguro Acidente de Trabalho — SAT, é viável a aferição do grau de risco individual de cada estabelecimento da empresa, mas desde que se trate de estabelecimento com inscrição própria no CNPJ. BRASIL. SUPERIOR TRIBUNAL DE JUSTIÇA. Disponível em: <http://www.stj.jus.br/SCON/jurisprudencia> Acesso em: 13.12.2010.

pelo empregador, em decorrência de ação de responsabilidade civil, são completamente distintas, razão pela qual podem ser cumuladas.

Assim, pelas razões expostas, entendemos plenamente aplicável o art. 927, parágrafo único, do Código Civil às relações de trabalho.

3. Incidência do parágrafo único do art. 927 do Código Civil nas relações de trabalho à luz dos princípios de interpretação da Constituição

Nos termos do art. 7º, XXVIII, da Constituição, aquele que, culposamente, causar dano a outrem fica obrigado a repará-lo. Trata-se do sistema de responsabilidade civil subjetiva, cujos elementos constitutivos são: a conduta culposa, o nexo causal e o dano. No mesmo sentido, dispõe o *caput* do art. 927 do Código Civil. Atento à evolução das relações sociais, o legislador infraconstitucional, ao lado do mencionado sistema de responsabilidade civil, instituiu, no parágrafo único do referido dispositivo de lei, a responsabilidade objetiva daquele cujas atividades normalmente desenvolvidas causarem riscos a direito de outrem.

Entendemos que, no caso presente, estamos diante de um conflito entre uma norma constitucional — o art. 7º, XXVIII, da Constituição Federal, que estabelece a responsabilidade subjetiva do empregador no caso de acidente do trabalho —, e o parágrafo único do art. 927 do Código Civil. O Direito do Trabalho possui princípios que o diferenciam de outros ramos do Direito. O princípio protetor — e o subprincípio da aplicação da norma mais favorável — permeiam todo o ordenamento trabalhista, incluindo o art. 7º da Constituição. As normas protetivas constituem um sistema legal em favor do trabalhador hipossuficiente, de forma que as vantagens contidas em uma determinada norma, independentemente de sua hierarquia, não excluem outra vantagem prevista em outra norma, mas tão somente a complementam, à luz do *caput* do art. 7º da Constituição.

A questão da aplicabilidade do parágrafo único do art. 927 do Código Civil deve ser feita à luz desses princípios e das normas de interpretação constitucional.

Para Canotilho, a Constituição representa um "[...] sistema aberto de princípios", razão pela qual pode surgir conflito entre estes. Ao intérprete cabe levar em conta que a Constituição é o resultado do trabalho de diversos atores sociais. Atribuir valor absoluto a um princípio pode inviabilizar o atendimento de outro princípio. Nessa medida, a interpretação deve buscar a "[...] unidade axiológico-normativa" da Constituição[608].

---

(608) CANOTILHO, José Joaquim Gomes. *Direito constitucional*. Coimbra: Almedina, 1993. p. 190.

Canotilho alude a sete princípios de interpretação da Constituição: unidade, efeito integrador, máxima efetividade, conformidade funcional, concordância prática, força normativa e o princípio da interpretação das leis em conformidade com a Constituição[609][610]. O princípio da unidade da Constituição pode ser compreendido tanto no sentido de que a Carta deve ser vista como um todo integrado, como no senso de que não existe hierarquia entre suas normas, o que suscita controvérsia[611]. Outrossim, segundo o princípio da unidade da Constituição, uma norma não pode ser "[...] interpretada isoladamente e nem interpretada somente a partir de si mesma"[612]. Todas as normas da Constituição formam uma unidade e entre elas não pode haver contradição[613].

De acordo com Canotilho, o princípio integrador determina que se favoreça "[...] a integração política e social e o reforço da unidade política"; o princípio da máxima efetividade diz que "[...] a uma norma constitucional deve ser atribuído o sentido que maior eficácia lhe dê"; o princípio da conformidade funcional dita que "[...] o órgão (ou órgãos) encarregado da interpretação da lei constitucional não pode chegar a um resultado que subverta ou perturbe o esquema organizatório-funcional constitucionalmente estabelecido"; o princípio da concordância prática ou da harmonização "[...] impõe a coordenação e combinação dos bens jurídicos em conflito de forma a evitar o sacrifício (total) de uns em relação aos outros"; o princípio da força normativa da Constituição propõe a busca de uma "[...] eficácia óptima da lei fundamental"; o princípio da interpretação das leis em conformidade com a Constituição dispõe que "[...] em caso de normas polissêmicas ou plurissignificativas deve dar-se preferência à interpretação que lhe dê um sentido em conformidade com a constituição"[614].

No caso presente, pode-se argumentar que a aplicação do parágrafo único do art. 927 do Código Civil às relações de trabalho viola o art. 7º, XXVIII, da Constituição. Contudo, para nós, essa interpretação importa em vulneração ao princípio protetor, à dignidade da pessoa humana, à garantia do direito à vida e à saúde e segurança do trabalhador, e à valorização do trabalho humano.

---

(609) *Ibidem*, p. 226-229.
(610) Cf. SILVA, Virgílio Afonso da. Interpretação constitucional e sincretismo metodológico. In: SILVA, Virgílio da (org.). *Interpretação constitucional*. São Paulo: Malheiros, 2010. p. 120.
(611) Não obstante muitos afirmem que inexiste hierarquia entre os princípios constitucionais, para Virgílio Afonso da Silva — e para nós, também — existem certas normas, na Constituição, que são superiores a outras. Basta citar, a título de exemplo, as cláusulas pétreas. *Ibidem*, p. 122.
(612) *Ibidem*, p.124.
(613) "[...] o princípio da unidade normativa conduz à rejeição de duas teses, ainda hoje muito correntes na doutrina do direito constitucional: (1) a tese das *antinomias normativas*; (2) a tese das *normas constitucionais inconstitucionais.*" CANOTILHO, José Joaquim Gomes. *Op. cit.*, p. 191.
(614) *Ibidem*, p. 226-229.

Sublinhe-se que, embora o princípio protetor não esteja expresso na Constituição, ele permeia todo o texto, especialmente o art. 7º, onde estão consagrados os direitos sociais[615].

Seguindo os ensinamentos de Canotilho, podemos afirmar que o entendimento de que a Constituição autoriza o reconhecimento da responsabilidade objetiva do empregador, por meio de normas infraconstitucionais, importa em atendimento ao princípio integrador, pois reforça a unidade política da Constituição, conferindo maior eficácia à norma de proteção do trabalhador, em caso de dano causado por acidente do trabalho. O parágrafo único do art. 927 do Código Civil não subverte a ordem constitucional, pois está em consonância com o *caput* do art. 7º e art. 225, parágrafo terceiro, da Carta. Além disso, a regra de responsabilidade objetiva do empregador confere proteção aos bens jurídicos consagrados como direitos fundamentais.

Entendemos que, aplicando-se referidas regras de hermenêutica, chega-se à conclusão de que o princípio protetor deve prevalecer na leitura do art. 7º, XXVIII, da Constituição, vez que os direitos à proteção da saúde e segurança do trabalhador constituem direitos fundamentais (art. 5º, § 2º, da Constituição)[616][617][618][619][620]. A finalidade última de proteção ao trabalhador somente será alcançada com a aplicação das regras de responsabilidade objetiva. Esta é a solução que importa em menos dano aos direitos fundamentais.

O princípio da proteção ao trabalhador, além de impregnado em todo o art. 7º da Constituição Federal, encontra suporte nos Tratados Internacionais assinados pelo Brasil, e representa a busca de um Estado mais justo e igualitário. Assim, qualquer conflito entre normas e princípios deve observar os

---

(615) No que tange ao princípio da aplicação da norma mais favorável, pode-se afirmar que este está expresso no *caput* do art. 7º da Constituição.
(616) Os direitos sociais encontram-se dentro do Título II da Constituição, denominado "Dos Direitos e Garantias Fundamentais".
(617) BRASIL. CONSTITUIÇÃO. "Art. 5º (...) § 2º Os direitos e garantias expressos nesta Constituição não excluem outros decorrentes do regime e dos princípios por ela adotados, ou dos tratados internacionais em que a República Federativa do Brasil seja parte."
(618) Cf. SARLET, Ingo Wolfgang. *Os direitos sociais como direitos fundamentais:* contributo para um balanço aos vinte anos da Constituição Federal de 1988. Disponível em: <www.stf.jus.br/.../artigo_Ingo_DF_sociais_PETROPOLIS_final_01_09_08.pdf> Acesso em: 3.1.2011.
(619) O Supremo Tribunal Federal refere-se ao "direito à saúde como corolário do direito fundamental à vida digna". BRASIL. *Supremo Tribunal Federal.* Disponível em: <http://www.stf.jus.br/portal/jurisprudencia/> Acesso em: 2.1.2011.
(620) "Os Direitos Sociais, dentro do quadro dos Direitos Fundamentais, pertencem ao grupo dos chamados 'direitos positivos', ou seja, daqueles direitos a uma 'prestação' do Estado ou do particular, diferentemente dos 'direitos negativos', que dizem respeito à não intervenção do Estado. Na Constituição de 1988 é exemplo do primeiro grupo o rol do art. 7º, enquanto exemplo do segundo grupo é o elenco do art. 5º." MARTINS FILHO, Ives Gandra da Silva. Os Direitos Fundamentais e os Direitos Sociais na Constituição de 1988 e sua defesa. BRASIL. *Planalto.* Disponível em: <http://www.planalto.gov.br/ccivil_03/revista/Rev_04/direitos_fundamentais.htm> Acesso em: 3.1.2011.

direitos fundamentais assegurados ao trabalhador, visando à preservação da vida, da saúde e segurança do trabalhador e do meio ambiente de trabalho.

O inciso XXVIII do art. 7º da Constituição não consagrou um direito subjetivo do empregador a responder exclusivamente com base na responsabilidade subjetiva. Na verdade, agasalhou uma proteção ao trabalhador, garantindo-lhe, além da indenização do INSS, a indenização com base nas regras do Direito Civil, quando o empregador incorrer em dolo ou culpa. Sequer é possível afirmar que, no inciso XXVIII do art. 7º da Constituição, restou consagrado o princípio da responsabilidade subjetiva do empregador. É que o art. 225, § 3º, da Carta agasalhou o princípio da responsabilidade objetiva (do empregador), quando houver lesão ao meio ambiente, inclusive ao meio ambiente do trabalho (art. 200, VIII, da Constituição).

Não bastassem tais argumentos, é certo que o art. 5º, X, da Constituição assegura o direito à indenização pelo dano material ou moral decorrente de sua violação. A prova do dano causado por atividade de risco importa em pesado ônus para a vítima. Prevalecendo o entendimento de que em atividades de risco a responsabilidade do empregador é subjetiva, a vítima poderá não obter a indenização, restando esvaziado o comando do art. 5º, X, da Constituição Federal.

Desse modo, não há qualquer incompatibilidade entre o art. 927, parágrafo único, do Código Civil e o art. 7º, XXVIII, da Constituição Federal; portanto, eis que os direitos sociais fundamentais dos trabalhadores podem ser melhorados por outras normas jurídicas.

Conclusões

O art. 927 do Código Civil tem nítida inspiração nos arts. 2.050 do Código Civil italiano e 493.2, do português. De acordo com o texto nacional, "[...] haverá obrigação de reparar o dano, independentemente de culpa, nos casos especificados em lei, ou quando a atividade normalmente desenvolvida pelo autor do dano implicar, por sua natureza, risco para os direitos de outrem". Conforme visto ao longo do presente trabalho, a lei não definiu os termos *atividade, normalmente desenvolvida, natureza* e *risco*. Isso permite à doutrina e à jurisprudência dar os contornos desses conceitos. Na Itália, entendeu-se que a atividade implica o desenvolvimento de uma série de atos no tempo. O ato isolado perigoso não se enquadra no disposto na Lei. A atividade, contudo, deve ser continuada e organizada: esse entendimento se extrai do termo "exercício", utilizado pelo legislador. O dano causado por ato isolado não está ao abrigo do parágrafo único do art. 927 do nosso Código Civil. Outrossim, nossos Tribunais deverão se pronunciar sobre a responsabilidade do empresário no caso de empresa que possui diversas atividades, sendo tão somente a principal perigosa. Entendemos que, nesse caso, apenas sobre a atividade principal incidirá o disposto no art. 927.

No que tange ao termo *exercício*, alguns doutrinadores entenderam-no aplicável apenas à atividade coordenada, empresarial. Outros autores defenderam que o termo também se aplica ao sujeito individualizado. No campo do Direito do Trabalho, somos de parecer que o termo deve estar relacionado à atividade empresarial.

A discussão em torno do que seja o risco é uma questão central na análise do art. 927. Conforme foi visto, o termo *risco* relaciona-se com a ideia de futuro, ou de perdas futuras. O risco deve fazer parte de atividade, o que significa que não pode ser acidental. Onde o risco for constante, haverá res-pon-sabilidade objetiva. Com base no Código do Consumidor, possível dizer que o perigo é um risco agravado. Na Itália, a periculosidade, referida no art. 2.050 do Código, foi entendida pela jurisprudência como uma notável potencialidade de dano, superior ao normal. Lá, entende-se que devem ser considerada perigosas tanto as atividades indicadas como tais na Lei Infortunística como aquelas que possuem uma periculosidade intrínseca. Entre nós, o Superior Tribunal de Justiça entendeu que somente o risco excepcional e incomum dá lugar à responsabilidade prevista no parágrafo único do art. 927. Nesses casos, o dano com grande probabilidade deve ocorrer, vez que a empresa executa atividade perigosa, fazendo-o com regularidade. Nada impede que a jurisprudência utilize o conceito de atividades insalubres e perigosas, já conhecido no Direito do Trabalho, além de outros.

Além disso, desde o advento do Código Civil, em 2002, discute-se a aplicação do parágrafo único do art. 927 do Código Civil às relações de trabalho. Alguns autores entendem que o art. 927 é inaplicável aos traba-lhadores, uma vez que o art. 7º, XXVIII, da Constituição Federal expressamente instituiu um seguro-acidente a cargo do empregador, sem prejuízo da indenização devida por este, em caso de dolo ou culpa. Em razão desse dispositivo, argumentam que a responsabilidade do empregador é sempre subjetiva, não podendo norma infraconstitucional alterar a Constituição. Afirmam que o Código Civil é norma hierarquicamente inferior ao art. 7º, XXVIII, da Constituição e que, nos termos desse dispositivo, a respon-sabilidade é sempre subjetiva. É o ato ilícito — doloso ou culposo — que impõe ao empregador a obrigação de indenizar. Assim, assevera-se que o Direito do Trabalho possui disciplina específica no que diz respeito à responsabilidade do empregador nos acidentes do trabalho, consagrada na Carta Magna. Já o art. 927, parágrafo único, do Código Civil não tem aplicação, pois, às relações de trabalho.

Na doutrina, a maior parte dos autores defende a aplicação do parágrafo único do art. 927 do Código Civil às relações de trabalho. Os argumentos favoráveis são os seguintes: a) a Constituição previu *outros direitos* no *caput*, art. 7º, a significar que a lei ordinária poderia prever outros direitos — mais vantajosos, inclusive — além daqueles previstos nos incisos do art. 7º. Chega-se a sustentar que o art. 7º criou norma em benefício do empregado e não do empregador, razão pela qual deve ter uma interpretação favorável àquele e não a este; b) o parágrafo único do art. 927 do CC deve ser aplicado igualmente ao cidadão e aos empregados. Se prevalecer a interpretação de que o art. 927 é inaplicável às relações de trabalho, chegaremos a um paradoxo, qual seja, ao de que, em decorrência de vazamento de energia nuclear, cidadãos comuns poderiam reclamar indenização sem necessidade de provar a culpa do em-presário (com fundamento no parágrafo único do art. 927 do CC) e os empregados, pelo mesmo fato, teriam que provar a culpa do empregador, para reclamar indenização; c) a aplicação da teoria objetiva justifica-se quando o risco ultrapassa a normalidade; d) o inciso XXVIII do art. 7º da CF deve ser entendido em consonância com o § 3º do art. 225 da mesma Carta, ou seja, não é possível que o constituinte tenha conferido uma proteção maior ao meio ambiente que ao ser humano; e) a Carta de 1988 e o Código Civil de 2002 valorizam a pessoa humana, a dignidade do ser humano, princípio basilar da nossa Constituição; f) também a solidariedade, o valor social do trabalho, o dever de garantir a segurança do trabalhador fundamentam a aplicação do parágrafo único do art. 927 do CC.

Os juristas que invocam a tese da prevalência da teoria subjetivista argumentam que: a) o Código Civil, norma infraconstitucional, não pode sobrepor-se ao disposto no art. 7º, XXVIII, da Constituição Federal; b) a intenção do legislador constituinte, ao redigir o art. 7º, XXVIII, da Constituição foi assegurar ao trabalhador uma indenização por acidente de trabalho unicamente nos casos em que o empregador incorre em culpa ou dolo; c) já existe indenização, paga pela Previdência, assegurada com base nas regras da responsabilidade objetiva.

O princípio protetor e o subprincípio da aplicação da norma mais favorável permeiam todo o ordenamento trabalhista, incluindo o art. 7º da Constituição. Assim, a aplicabilidade do parágrafo único do art. 927 do Código Civil deve ser feita à luz desses princípios e das normas de interpretação constitucional.

O parágrafo único do art. 927 do Código Civil deve ser entendido em consonância com o *caput* do art. 7º da Constituição, que admite a criação de outros direitos para a melhoria da qualidade de vida do trabalhador, bem como do § 3º do art. 225 da Constituição, que agasalha o princípio da responsabilidade objetiva nos casos de dano ao meio ambiente (inclusive do trabalho).

De outra parte, o reconhecimento da responsabilidade objetiva do empregador nas atividades de risco atende aos princípios da dignidade da pessoa humana, do respeito à vida, saúde e segurança do trabalho, da preservação do meio ambiente do trabalho.

Finalmente, a leitura da norma constitucional deve ter por objetivo a maior efetividade possível, a fim de que os trabalhadores possam ter assegurado o exercício dos direitos individuais e sociais. O art. 7º, XXVIII, da Constituição não deve ser interpretado de forma restritiva ou isoladamente. Nesse sentido, o entendimento conjugado do art. 7º, XXVIII, da Constituição com outros dispositivos autoriza a conclusão de que o parágrafo único do art. 927 é aplicável às relações de trabalho.

BIBLIOGRAFIA

ABREU, Lília Leonor; ZIMMERMANN, Deyse Jacqueline. Responsabilidade civil do empregador por acidente de trabalho. *Gênesis: Revista de Direito do Trabalho*, v. 23, n. 136, p. 518-524, abr. 2004.

ABUD, Regina. *A Responsabilidade civil extracontratual de acordo com o novo código civil*. Disponível em: <http://www.manhaesmoreira.com.br/default.aspx?menu=busca&opcao=viewartigo&id_artigo> Acesso em: 30.3.2010.

ACKERMAN, Mario E.; TOSCA, Diego M. *Tratado de derecho del trabajo*. Santa Fé: Rubinzal-Culzoni, 2007.

AGÊNCIA EUROPEIA PARA SEGURANÇA E SAÚDE NO TRABALHO. Disponível em: <http://osha.europa.eu/pt/sector/agriculture/children> Acesso em: 5.4.2010.

ACKERMAN, Mario E.; TOSCA, Diego M. *Tratado de derecho del trabajo*. Santa Fé: Rubinzal--Culzoni, 2007.

_____. Protección por accidentes de trabajo de la seguridad social y responsabilidad civil por riesgo. *Revista del Ministrio y Asuntos Sociales*, ISSN 1137-5868, n. 53, 2004, p. 363-394 Disponível em: <http://74.125.93.132/search?q=cache%3AOIYSWKSgpcAJ%3Awww.mtin.es%2Fes%2Fpublica%2Frevista%2Fnumeros%2F53%2FEst14.pdf+revista+Responsabilidad+civil+riesgo+Por+accidente+de+trabajo&hl=pt-BR&gl=br> Acesso em: 7.3.2010.

ALCURE, Fábio Aurélio da Silva. Meio ambiente de trabalho e perda auditiva. Responsabilidade objetiva do empregador. *Gênesis: Revista de Direito do Trabalho*, n. 85, p. 15-72, jan. 2000.

ALMEIDA, Cleber Lúcio de. *Responsabilidade civil do empregador e acidente do trabalho*. Belo Horizonte: Del Rey, 2003.

ALVES, Alexandre Sabariego. A constitucionalidade civil objetiva do empregador nos acidentes do trabalho. *Revista IOB trabalhista e previdenciária*, ano XIX, n. 222, p. 66-80, dez. 2007.

ALPA, Guido. *Diritto della responsabilità civile*. Bari: Laterza, 2003.

_____; BESSONE, Mario. *La responsabilitá civile*. Milano: Giuffré, 1980.

_____; RUFFOLO, U. Esercizio di attività pericolose. In: BESSONE, Mario. *Casi e questioni di diritto privato*. Milano: Giuffrè, 1994.

_____; MARICONDA, Vincenzo. *Codice civile commentato, libro IV*. Milano: Ipsoa, 2009.

ANNUNZIATA, Gaetano. *La responsabilità e le fattispecie di responsabilità presunta*. Padova: Antonio Milani, 2008.

ATALIBA, Geraldo. Revisão constitucional. *Revista de Informação Legislativa*, n. 110, p. 87-90, abr./jun. 1991.

AVELINO, Pedro Buck. Princípio da solidariedade: imbricações históricas e sua inserção na Constituição de 1988. *Revista de Direito Constitucional e Internacional*, São Paulo, ano 13, p. 227-269, out./dez. 2005.

AZARA, Antonio; EULA, Ernesto. *Novíssimo digesto italiano*. Torino: Torinese, 1957.

AZEVEDO, Álvaro Villaça. Proposta de classificação da responsabilidade objetiva: pura e impura; alguns casos de indenização no direito do trabalho. *Revista de Direito do Trabalho*, São Paulo, v. 26, n. 100, p. 13-37, out./dez. 2000.

_____; O novo código civil brasileiro: tramitação; função social do contrato; boa-fé objetiva; teoria da imprevisão e, em especial, onerosidade excessiva (Laesio Enormis). *Revista Jurídica*, v. 51, p. 7-25, 2003.

_____; Teoria geral das obrigações e responsabilidade civil. São Paulo: Atlas, 2008. v. 1.

AZEVEDO, Gelson de. *Acidente do trabalho*: a reinterpretação do art. 7º inciso XXVIII. Tribunal Superior do Trabalho. Disponível em: <www.tst.gov.br/.../Acidente%20do%20 trabalho%20-%20Gelson%20de%20Azevedo-1.pdf> Acesso em: 9.3.2010.

BARBOSA, Amanda. O diálogo de fontes e a coexistência de regimes de responsabilidade civil do empregador nos acidentes laborais. *Revista do Direito Trabalhista*, v. 14, n. 1, p. 10-13, jan. 2008.

BARCELLOS, Ana Paula de. Normatividade dos princípios e o princípio da dignidade da pessoa humana na Constituição de 1988. *Revista de Direito Administrativo*, Rio de Janeiro, 221, p. 159-188, jul./set. 2000.

BARONE, Antonio. *Il diritto del rischio*. Milano: Giuffrè, 2006.

BARROS JÚNIOR, Cássio de Mesquita. Saúde e segurança do trabalho — meio ambiente do trabalho. Disponível em: <http://www.mesquitabarros.com.br> Acesso em: 29.12.2010.

BARROS JÚNIOR, José Otávio de A. O dano moral no acidente de trabalho e a responsabilidade civil objetiva do empregador. *Revista LTr: Legislação do Trabalho*, São Paulo, v. 72, n.7, p. 827-35, jul. 2008 — e *Revista Synthesis: Direito do Trabalho Material e Processual*, São Paulo, n. 47, p. 133-36, jul./dez. 2008.

BATISTA, Adriano Jamal. *Responsabilidade civil*: critérios restritivos da atividade de risco. Dissertação (Mestrado) — Faculdade de Direito da USP. São Paulo: Universidade de São Paulo, 2008.

BELTRAN, Ari Possidonio. A responsabilidade civil do empregador. *Revista de Direito do Trabalho*, v. 30, n. 115, p. 43-53, jul./set. 2000.

_____. Relações de trabalho e responsabilidade civil. *Revista do Advogado*, São Paulo: Associação dos Advogados de São Paulo, ano XXII, n. 66, , jun. 2002.

_____. Da responsabilidade subjetiva e objetiva do empregador por acidente do trabalho, ante as disposições do novo código civil. *Revista do Departamento de Direito do Trabalho e da Seguridade Social*, São Paulo, v. 1, n. 1, p. 9-14, jan./jun. 2006.

BESALÚ PARKINSON, Aurora V. S. La responsabilidad civil: tendencias actuales: la experiencia argentina y su posible proyección al derecho mexicano. *Revista Jurídica: Boletín Mexicano de Derecho Comparado*, México, n. 91, jan./abr. 1998. Disponível em: <http://www.juridicas.unam.mx/publica/rev/boletin/cont/91/art/art3.htm> Acesso em: 16.2.2010.

BESSONE, Mario. Progresso tecnologico, prodotti dannosi e controlli sull'impresa, in politica del diritto, 1974. In: ALPA, Guido; BESSONE, Mario. *La responsabilità civile*. Milano: Giuffré, 1980.

_____. *Casi e questioni di diritto privato*. Milano: Giuffrè, 1994.

_____. *Trattato di diritto privato:* illecito e responsabilità civile. Torino: G. Giappichelli, 2002.

BITTAR, Carlos Alberto. *Responsabilidade civil nas atividades nucleares*. São Paulo: RT, 1985.

BONILINI, Giovanni; CARNEVALI, Ugo; CONFORTINI, Massimo (a cura di). *Codice ipertestuale della responsabilità civile*. Torino: Utet, 2002.

BONVINCINI, Eugênio. *La responsabilità civile*. Milano: Giuffrè, 1973. t. III.

BRANDÃO, Cláudio. *Acidente do trabalho e responsabilidade civil do empregador.* São Paulo: LTr, 2009.

_____.Seminário Nacional sobre Acidente de Trabalho e Saúde Ocupacional. ANAMATRA Brasília, 13 de agosto de 2009. Disponível em: <http://ww1.anamatra.org.br/sites/1200/1223/00001136.pdf> Acesso em: 30.3.2010.

BRASIL. Ministério do Trabalho e Emprego. Disponível em: <http:// www.mte.gov.br/> Acesso em: 9.3.2010.

_____. Ministério da Previdência Social. Disponível em: <http://www.previdenciasocial.gov.br/conteudoDinamico.php?id=463> Acesso em: 2.3.2010.

_____. Ministério Público do Trabalho. Disponível em: <www.mpt.gov.br/> Acesso em: 2.3.2010.

_____. Superior Tribunal de Justiça. Disponível em: <http://www.stj.jus.br> Acesso em: 2.2.2010.

_____. Tribunal Regional do Trabalho da 4ª Região. Disponível em: <http://www.trt4.jus.br> Acesso em: 4.4.2010.

_____. *Tribunal Regional do Trabalho da 13ª Região*. Disponível em: <http://www.trt13.jus.br/ejud/index.php?option=com_content&view=category&layout=blog&id=13&Itemid=15&limitstart=15> Acesso em: 3.11.2010.

_____. Tribunal Superior do Trabalho. Disponível em: <http://www.tst.gov.br> Acesso em: 2.3.2010.

BRITTO, Marcelo Silva. Alguns aspectos polêmicos da responsabilidade civil objetiva no novo código civil . *Jus Navigandi*, Teresina, a. 8, n. 314, 17 maio 2004. Disponível em: <http://www1.jus.com.br/doutrina/texto.asp?id=5159> Acesso em: 16.3.2010.

BRIZ, Jaime Santos. *La responsabilidad civil:* derecho sustantivo y derecho procesal. Madrid: Montecorvo, 1989.

BRUNI, Carla de Camilo. *Direitos fundamentais dos trabalhadores e dignidade da pessoa humana:* limites à flexibilização. Dissertação (Mestrado). Faculdade de Direito da USP. São Paulo: Universidade de São Paulo, 2007.

BUSSANI, M. *et al. La responsabilità civile:* saggi critici e rassegne di giurisprudenza. Milano: Giuffrè, 1988.

BUSINESS DICTIONARY. Disponível em: <http://www.businessdictionary.com/definition/maximin-criterion.html> Acesso em: 23.3.2010.

CABANELLAS. Tratado de derecho laboral. Buenos Aires, 1949. v. 1. *Apud* NASCIMENTO, Amauri Mascaro. *Curso de direito do trabalho*. São Paulo: Saraiva, 1997.

CABERO, Manuel Iglesias. La responsabilidad en el marco de la prevención de los riesgos laborales: algunas de sus derivaciones. *Revista Jurídica de Castilla y León*, ISSN 1696-6759, n. 11, p. 13-36, 2007. Disponível em: <http://74.125.93.132/search?q=cache%3ADL8mrVCg-PUJ%3Awww.jcyl.es%2Fscsiau%2FSatellite%2Fup%2Fds%2FdelaPresidencia%2Fpdf%3Bcharset%3DUTF-8%2F983%2F356%2FRJ11-05-M.Iglesias%2C0.pdf%2F_%3Fasm%3Djcyl+revista+responsabilidad+civil+empleador+accidente+laboral+empleados&hl=pt-BR> Acesso em: 8.3.2010.

CAIRO JÚNIOR, José. *O acidente do trabalho e a responsabilidade civil do empregador.* São Paulo: LTr, 2009.

CALABRESI, Guido. *El coste de los accidentes:* análisis económico y jurídico de la responsabilidad civil. Barcelona: Ariel, 1984.

CAMPOS, Adriana Lima de. Indenização por acidente de trabalho: dúvidas que ainda persistem. *Revista LTr: Legislação do Trabalho*, v. 72, n. 5, p. 623-628, maio 2008.

CAMPOS, José Dias. Não existe responsabilidade objetiva derivada de acidente do trabalho em ação indenizatória promovida contra o empregador. Entendimento contrário viola às escâncaras o art. 7º, inciso XVIII, da Carta Magna. Disponível em: <http://www.diascampos.com.br> Acesso em: 30.12.2010.

_____; CAMPOS, Adelina Bitelli Dias. *Acidentes do trabalho:* prevenção e reparação. São Paulo: LTr, 1996.

CARAVITA, Beniamino. *Diritto dell'ambiente*. Bologna: Mulino, 1990.

CASSANO, Giuseppe. *Capire la responsabilità civile*. Torino: G. Giappichelli, 2007.

CASTRO, Guilherme de. *A responsabilidade objetiva no direito brasileiro*. Rio de Janeiro: Forense, 1997.

CAVALIERI FILHO, Sérgio. *Programa de responsabilidade civil*. São Paulo: Malheiros, 2003.

CECILIA, Silvania Louzada Lamattina. *Responsabilidade do empregador por danos à saúde do trabalhador*. 2007. Dissertação (Mestrado). São Paulo: Faculdade de Direito da Universidade de São Paulo, 2007.

CENDON, Paolo. *La responsabilità civile:* responsabilità extracontrattuale. Torino: Torinese, 1998.

_____. *Commentario al codice civile:* aggiornamento 1991-2001. Torino: Torinese, 2002.

CENTRAL JURÍDICA. Disponível em: <www.centraljuridica.com/jurisprudencia/t/23/indenização> Acesso em: 20.2.2010.

CLERK, John Frederic.*Clerk & Lindsell on torts*. London: Sweet & Maxwell, 1989.

COMPORTI, Marco. *Fatti illeciti:* le responsabilità oggettive. Milano: Giuffrè, 2009.

CORRAR, Luiz João.O modelo custo-volume-lucro e a teoria bayesiana. *Revista de Administração, Instituto de Administração FEA/USP*, São Paulo, v. 28, n. 4, p. 27-35, out./dez. 1993.

CORRÊA FILHO, Heleno Rodrigues. O Fator Acidentário Previdenciário como instrumento epidemiológico de controle de riscos do trabalho. *Revista Brasileira de Epidemiologia*, São Paulo, v. 8, n. 4, dez. 2005. Disponível em: <www.scielo.br/scielo.php?pid=s1415> Acesso em: 3.4.2010.

COSTA, Hertz Jacinto. *Manual de acidente do trabalho*. Curitiba: Juruá, 2009.

COSTA, Mateus Bittencourt da. Responsabilidade civil por acidente de trabalho. *Revista do Direito Trabalhista*, v. 13, n. 5, p. 32-33, maio 2007.

CHRISTIE, George C.; MEEKS, James E. *Cases and materials on the law oftorts*. St. Paul:West, 1990.

COMPARATO, Fábio Konder. A afirmação histórica dos direitos humanos. *Revista de Direito Administrativo*, n. 219, p. 237-238, 2000.

CUEVA, Mario de La. *Derecho mexicano del trabajo*. Ciudad de México: Porrúa, 1960.

DALLEGRAVE NETO, José Affonso. *Responsabilidade civil no direito do trabalho*. São Paulo: LTr, 2005.

_____. Acidente do trabalho em atividade normal de risco. *Direito e Justiça — O Estado do Paraná*. Disponível em: <http://www.parana-online.com.br/canal/direito-e-justica/news/302552> Acesso em: 2.2.2010.

DELGADO, José Augusto. *Ética no novo código civil*. Superior Tribunal de Justiça. Disponível em: <http://bdjur.stj.jus.br/xmlui/bitstream/handle/2011/9281/A_%C9tica_no_Novo_C%F3digo_Civil.pdf.txt;jsessionid=535A8F3FC7E78DFCC967AC218511E9A5?sequence=3> Acesso em: 21.3.2010.

DELGADO, Mauricio Godinho. *Curso de direito do trabalho*. São Paulo: LTr, 2007.

DIAS, José de Aguiar. *Da responsabilidade civil*. Rio de Janeiro: Forense, 1944.

DIAS, Ronaldo Brêtas de Carvalho. Responsabilidade civil e extracontratual: parâmetros para o enquadramento das atividades perigosas. *Revista Forense*, v. 296, p. 132.

DÍEZ-PICAZO GIMÉNEZ, Gema. *Los riesgos laborales:* doctrina y jurisprudencia civil. Navarra: Aranzadi, 2007.

DIEZ SCHWERTER, José Luis. Responsabilidad civil derivada de accidentes del trabajo y enfermedades profesionales: Aspectos relevantes de su regulación y operatoria actual. *Revista de Derecho de la Pontificia Universidad Católica de Valparaíso [online]*, n.31, p. 163-185, 2008. Disponível em: <http://www.scielo.cl/scielo.php?script=sci_arttext&pid=S0718-68512 008000200002&lng=es&nrm=iso&tlng=esv> Acesso em: 9.3.2010.

DI MARTINO, Vittorio. La responsabilità civile nelle attività pericolose e nucleari. Milano: Giuffrè, 1979. *Apud* RECANO, Paolo. *La responsabilità civile da attività pericolose.* Milano: Antonio Milani, 2001.

DINIZ, Maria Helena. *Direito civil brasileiro:* responsabilidade civil. São Paulo: Saraiva, 2002.

DULBOLINO, Pietro *et al*. *Codice civile comenttato con la giurisprudenza.* Piacenza: Casa La Tribuna, 2009.

ESPANHA. Real Decreto n. 5/2000. Disponível em: <http://www.uco.es/organiza/personal/sindicatos/cgt/pages/legislacion/sociales/Ley-Infracciones-Sanciones-Orden-Social.pdf > Acesso em: 9.3.2010.

ESPANHA. TRLISOS — Texto Refundido de la Ley sobre Infracciones y Sanciones en el Orden Social. 1º.1.2001. Disponível em: <http://www.uco.es/organiza/personal/sindicatos/cgt/pages/legislacion/sociales/Ley-Infracciones-Sanciones-Orden-Social.pdf> Acesso em: 9.3.2010.

ESTADOS UNIDOS DA AMÉRICA. *Tort Law.* Disponível em: <http://www.lexisnexis.com/lawschool/study/outlines/html/torts/torts16.htm> Acesso em: 1º.4.2010.

FELICIANO, Guilherme Guimarães. Meio ambiente do trabalho e responsabilidade civil por danos causados ao trabalhador: dupla face ontológica. *Revista do Tribunal do Trabalho da 15ª Região.* Disponível em: <http://jus2.uol.com.br/doutrina/texto.asp?id=8452> Acesso em: 20.10.2010.

FERNANDES, Anníbal. *Os acidentes do trabalho.* 2. ed. São Paulo: LTr, 2003.

FERRAZ, Anna Cândida Cunha. *Processos informais de mudança na Constituição*: mutações constitucionais e mutações inconstitucionais. São Paulo: Max Limonad, 1986.

FISCHER, Daniela. Percepção de risco e perigo: um estudo qualitativo no setor de energia elétrica. ENCONTRO NACIONAL DE ENGENHARIA DE PRODUÇÃO, XXII. Curitiba, 23 a 25 de outubro de 2002. *Anais...* Disponível em: <http://www.abepro.org.br/biblioteca/ENEGEP2002_TR47_1314.pdf> Acesso em: 26.5.2010.

FLEMING, John G. *The law of torts.* Sidney: The Law Book, 1987.

FRANÇA, Rodrigo Dumans. *A teoria do risco aplicada à responsabilidade objetiva.* Dissertação (Mestrado). Faculdade de Direito da Universidade de São Paulo. São Paulo: Universidade de São Paulo, 2009.

FRANZONI, Massimo. *Commentario del codice civile*: libro quarto — delle obbligazioni. Bologna: Zanichelli, 1993.

_____. *La responsabilità oggettiva*. Milano: Antonio Milani, 1995.

_____. *Trattato della responsabilità civile:* l'illecito. Milano: Giuffrè, 2010.

FREITAS, Marcos Airton de Souza. *Análise de risco e incerteza na tomada de decisão na gestão hidroambiental*. Agência Nacional de Águas — ANA. Disponível em: <http://www.ana.gov.br/AcoesAdministrativas/CDOC/ProducaoAcademica/Marcos%20Airton%20de%20S.%20Freitas/An%E1lise%20de%20risco%20e%20incerteza.pdf> Acesso em: 23.3.2010.

FREUDENTHAL, Sergio Henrique Pardal Bacellar. *A evolução da indenização por acidente do trabalho*. São Paulo: LTr, 2007.

_____. Os acidentes do trabalho e as responsabilidades. *Revista de Direito Social*, Porto Alegre, v. 7, n. 27, p. 11-16, jul./set. 2007.

GAGLIANO, Pablo Stolze; PAMPLONA FILHO, Rodolfo. *Novo curso de direito civil*. São Paulo: Saraiva, 2006.

_____. Responsabilidade dos bancos por assaltos em terminais eletrônicos. Disponível em: <http://www1.jus.com.br/doutrina/texto.asp?id=8301> Acesso em: 21.3.2010.

GALGANO, Francesco. *I fatti illeciti*. Padova: Antonio Milani, 2008.

GALLO, Paolo. *Introduzione alla responsabilità civile:* articoli 2043/2059 C.C. Torino: G. Giappichelli, 2000.

GARCÍA CANALES, Mariano. *La responsabilidad administrativa del empresario en matéria de prevención de riesgos laborales:* estudo de las infracciones muy graves, 2008. Tese (Doutorado). Espanha: Universidade de Murcia, 2008.

GEMIGNANI, Tereza Aparecida Asta. Responsabilidade do empregador por dano decorrente de acidente do trabalho / doença profissional: subjetiva ou objetiva? *Revista do Tribunal Regional do Trabalho da 15ª Região*, São Paulo, n. 28, p. 19-24, 2006. Disponível em: <http://www.trt15.jus.br/escola_da_magistratura/Rev28Art1.pdf> Acesso em: 20.2.2010.

GERI, Vinício. *Responsabilità civile per danni da cose ed animali:* nesso causale, attività pericolose, cose in custodia, animali, rovina di edificio, vizi del veicolo. Milano: Giuffrè, 1962.

GIORDANI, José Acir Lessa. *A responsabilidade civil objetiva genérica no código civil de 2002*. Rio de Janeiro: Lumen Juris, 2004.

GODOY, Cláudio Luiz Bueno de. *A responsabilidade civil pelo risco da atividade*: uma cláusula geral no código civil de 2002. Tese (Livre-Docência). São Paulo: Faculdade de Direito da Universidade de São Paulo. Universidade de São Paulo, 2007.

_____. SEMINÁRIO NACIONAL SOBRE ACIDENTE DE TRABALHO E SAÚDE OCUPACIONAL. ANAMATRA. Brasília, 13 de agosto de 2009. *Anais...* Disponível em: <http://ww1.anamatra.org.br/sites/1200/1223/00001136.pdf> Acesso em: 30.3.2010.

GODOY, Luiz Arthur de. *Responsabilidade de direito comum e dano resultante do acidente do trabalho*. 2003. Tese (Doutorado). Faculdade de Direito da Universidade de São Paulo. São Paulo: Universidade de São Paulo, 2003.

GOLDSCHMIDT, Paulo Clarindo. A teoria da decisão bayesiana na estratégia mercadológica. *Revista de Administração de Empresas*, Rio de Janeiro, v. 10, p. 65/77, jan./mar. 1970. Disponível em: <http://www16.fgv.br/rae/artigos/2605.pdf> Acesso em: 23.3.2010.

GOMES, Dinaura Godinho Pimentel. *Direito do trabalho e dignidade da pessoa humana no contento da globalização econômica:* problemas e perspectivas. São Paulo: LTr, 2005.

_____. O respeito ao princípio da dignidade do trabalhador pelo estado-empregador: a inafastável observância da garantia do conteúdo essencial dos direitos fundamentais e do princípio da proporcionalidade. *Revista LTr*, v. 68, p. 292-297, mar. 2004.

GONÇALVES, Carlos Roberto. *Responsabilidade civil.* São Paulo: Saraiva, 2005.

GRAMSTRUP, Erik Frederico. Responsabilidade objetiva na cláusula geral codificada e nos microssistemas. In: DELGADO, Mário Luiz; ALVES, Jones Figueiredo. *Novo código civil:* questões controvertidas. São Paulo: Método, 2006.

GUERRA FILHO, Willis Santiago. *Processos constitucionais e direitos fundamentais.* São Paulo: Celso Bastos, 2001.

GUERRERI, Dante; GUERRERI, Gigliola. *La responsabilità.* Milano: Giuffrè, 2004.

GUTIÉRREZ-SOLAR, Beatriz. *El deber de seguridad y salud en el trabajo.* Un estudio sobre su naturaleza jurídica. Madrid: CES, 1999.

HIRONAKA, Giselda Maria Fernandes. *Responsabilidade pressuposta.* Belo Horizonte: Del Rey, 2005.

_____. Responsabilidade pressuposta: evolução de fundamentos e de paradigmas da responsabilidade civil na contemporaneidade. In: DELGADO, Mário Luiz; ALVES, Jones Figueiredo. *Novo código civil:* questões controvertidas. São Paulo: Método, 2006.

ITÁLIA. *Codice Civile.* Disponível em: <http://www.governo.it/Governo/Provvedimenti/testo_int.asp?d=39106> Acesso em: 30.3.2010.

_____. *Corte Suprema di Cassazione.* Disponível em: <http://www.cortedicassazione.it/> Acesso em: 18.5.2010.

_____. *Costituzione.* Disponível em: <http://www.governo.it/Governo/Costituzione/1_titolo3.html> Acesso em: 29.3.2010.

_____. *Decreto n. 1.124, de 30.6.1965.* Disponível em: <http://normativo.inail.it/bdninternet/docs/dpr112465.htm> Acesso em: 20.5.2010.

JORNAL JURID. Disponível em: <http://jornal.jurid.com.br/materias/noticias/recurso-revista-dano-moral-artigo-7-xxviii-constituicao-federal-culpa-lato-sensu-precedente-sbdi1-desta-corte-desprovimento> Acesso em: 3.11.2010.

JUSBRASIL: JURISPRUDÊNCIA. Disponível em: <http://www.jusbrasil.com.br/jurisprudencia/196699/agravo-regimental-no-agravo-de-instrumento-agrg-no-ag-559359-sp-2003-0189464-0-stj> Acesso em: 19.7.2010.

KANT, Immanuel. *Fundamentação da metafísica dos costumes.* São Paulo: Abril Cultural, 1980 (Coleção Os Pensadores – v. Kant II). *Apud* HIRONAKA, Giselda Maria Fernandes Novaes. Responsabilidade pressuposta: evolução de fundamentos e de paradigmas da responsabilidade civil na contemporaneidade. In: DELGADO, Mário Luiz; ALVES, Jones Figueiredo. *Novo código civil:* questões controvertidas. São Paulo: Método, 2006.

KIRCHNER, Felipe. A responsabilidade civil objetiva no art. 927, parágrafo único, do CC/2002. *Revista dos Tribunais*, São Paulo, ano 97, v. 871, p. 36-65, maio 2008.

KOCH, B. A. Responsabilidade objetiva. In: MARTÍN-CASALS, Miquel (coord.). *Princípios de derecho europeo de la responsabilidad civil.* Sevilla: Aranzadi, 2008.

_____; KOZIOL, H. *Unification of tort law:* strict liability. The Hague/London/New York: Kluwer Law International, 2001.

KRESS, Ken. The seriouness of harm thesis for abnormally dangerous activities. In: OWEN, David G. *Philosophical foundations of tort law.* Oxford: Oxford University, 1997.

LAMEDICA, Tommaso. *Codice civile.* Milano: IPSOA, 2003.

LANDI, Flávio. A responsabilidade objetiva do empregador pelo risco inerente às atividades perigosas ou insalubres e àquelas reputadas como de alto índice de acidentes laborais. ANAMATRA. Disponível em: <http://www.anamatra.org.br/hotsite/conamat06/trab_cientificos/teses/tese%20flavio%20landi.doc> Acesso em: 9.3.2010.

LEITE, Celso Barroso. Acidente do trabalho, previdência social e Constituição. *Revista de Previdência Social*, n. 119, 1990.

LIMA, Alvino. *Culpa e risco.* São Paulo: Revista dos Tribunais, 1998.

LIMA E SILVA, P. P. et al. *Dicionário brasileiro de ciências ambientais.* Rio de Janeiro: Thex, 1999.

LOGUERCIO, Antônia Mara Vieira. Da responsabilidade objetiva e do ônus da prova nas ações indenizatórias por acidente de trabalho. *Juris Plenum*, v. 3, n. 11, p. 27-32, abr. 2007.

LOPES, Othon de Azevedo. Dignidade da pessoa humana e responsabilidade civil. *Revista de Direito Administrativo*, Rio de Janeiro, v. 238, p. 207-235, out./dez. 2004.

LOPES, Teresa Ancona. *O dano estético:* responsabilidade civil. São Paulo: Revista dos Tribunais, 2004.

_____. Principais linhas de responsabilidade civil no direito brasileiro contemporâneo. In: AZEVEDO, Antonio Junqueira de; TORRES, Heleno Taveira; CARBONE, Paolo (coord.). *Princípios do novo código civil brasileiro e outros temas:* homenagem a Tullio Ascarelli. São Paulo: Quartier Latin, 2008.

_____. *Nexo causal e produtos potencialmente nocivos:* a experiência brasileira do tabaco. São Paulo: Quartier Latin, 2008.

LUHMANN, Niklas. *Risk:* a sociological theory. Berlin/New York: Walter de Gruuyter, 1993.

MACHADO, Hugo de Brito. *Curso de direito tributário.* São Paulo: Malheiros, 2009.

MAGANO, Octavio Bueno; MALLET, Estêvão. *O direito do trabalho na constituição.* Rio de Janeiro: Forense, 1993.

MAGANO, Octávio Bueno. A previdência social em face da constituição. *Revista de Previdência Social*, n. 93.

MAIOR, Jorge Luiz Souto. A responsabilidade civil objetiva do empregador com relação a danos pessoais e sociais no âmbito das relações do trabalho. *Revista Trabalhista: direito e processo*, v. 3, n. 12, p. 99-112, out./dez. 2004.

_____. *Revista Synthesis: Direito do trabalho material e processual*, São Paulo, n. 47, p. 20-25, jul./dez. 2008.

MANNRICH, Nelson. Saúde, Higiene e Segurança. In: ROMITA, Arion Sayão (coord.). *Curso de direito constitucional do trabalho*: estudos em homenagem ao professor Amauri Mascaro Nascimento. São Paulo: LTr, 1991. v. I.

MANUS, Pedro Paulo Teixeira. A responsabilidade no novo código civil e o direito do trabalho. *Revista do Tribunal Regional do Trabalho da 15ª Região*, Campinas, n. 22, p. 95-108, jan./jun. 2003. Disponível em: <http://trt15.gov.br/escola_da_magistratura/Rev22Art5.pdf> Acesso em: 2.4.2010.

MARCELLUS, Cassius. Seguro Acidente do Trabalho — SAT/RAT. Fator Acidentário de Prevenção — FAP. Desin — Núcleo de Estudos de Relações Trabalhista. FIESP. Disponível em: <http://www.fiesp.com.br/irs/conjur/pdf/transparencias_reuniao_conjur_23_11_09_fator_acident%C3%A1rio_de_prevencao_cassius_marcellus.pdf> Acesso em: 2.3.2010.

MARTÍN-CASALS, Miquel (coord.). *Principios de derecho europeo de la responsabilidad civil*. Sevilla: Aranzadi, 2008.

MARTINEZ, Pedro Romano. *Acidentes de trabalho*. Lisboa, 1996.

MAZEAUD, Henri; MAZEAUD, Leon. *Traité théorique et pratique de la responsabilité civile délictuelle et contractuelle*. Paris: Recueil Sirey, 1938.

MELO, Raimundo Simão de. *Direito ambiental do trabalhador e a saúde do trabalhador*: responsabilidades legais, dano material, dano moral, dano estético. São Paulo: LTr, 2004.

_____. Responsabilidade nas doenças ocupacionais e acidentes decorrentes de danos ao meio ambiente do trabalho. *ANAMATRA*. Disponível em: http://www.anamatra.org.br/jornada/propostas/com4_proposta14.pdf. Acesso em: 1º.12.2010.

_____. Responsabilidade objetiva e inversão da prova nos acidentes de trabalho. *Revista do Tribunal Regional do Trabalho da 15ª Região*, Campinas, n. 30, p. 79-100, 2007. Disponível em: <http://trt15.gov.br/escola_da_magistratura/Rev30_art5.pdf> Acesso em: 22.2.2010.

_____. Nos acidentes de trabalho envolvendo servidor público, a responsabilidade do Estado é objetiva. *ANAMATRA, 1ª Jornada de Direito Material e Processual na Justiça do Trabalho*. Disponível em: <http://www.anamatra.org.br/jornada/propostas/com4_proposta15.pdf> Acesso em: 26.5.2010.

_____. *Acidente de trabalho* — responsabilidade com e sem culpa. Disponível em: < http://www.jusvox.com.br/mostraArtigo.asp?idNoticia=1784> Acesso em: 29.12.2010.

MONATERI, Pier Giuseppe. *Le fonti delle obbligazioni*: la responsabilità civile. Torino: Torinese, 1998.

MORA ALARCÓN, José Antonio (dir.). *Hacia una legislación integral sobre el accidente de trabajo*. Madrid: Lerko, 2007.

MORAES, Alexandre de. *Direitos humanos fundamentais*. São Paulo: Atlas, 2000.

MORAES, Evaristo de. *Os acidentes no trabalho e a sua reparação*. São Paulo: LTr, 2009.

MORAES, Maria Celina Bodin de. Risco, solidariedade e responsabilidade objetiva. *Revista dos Tribunais*, ano 95, v. 854, p. 11-37, dez. 2006.

NASCIMENTO, Amauri Mascaro. *Curso de direito do trabalho*. São Paulo: Saraiva, 1997.

OLEA, Manoel Alonso. *El concepto de accidente de trabajo*. Disponível em: <http://www.bibliojuridica.org/libros/2/683/18.pdf> Acesso em: 22.3.2010.

OLIVEIRA, Sebastião Geraldo de. *Proteção jurídica à saúde do trabalhador*. São Paulo: LTr, 2004.

_____. Responsabilidade civil objetiva por acidente do trabalho: teoria do risco. *Revista LTr*, v. 68, n.4, p. 405-416, abr. 2004.

_____. *Indenizações por acidente do trabalho ou doença ocupacional*. São Paulo: LTr, 2008.

_____. Cumulação da indenização por acidente do trabalho com os benefícios acidentários. *Revista LTr*, v. 69, nov. 2005.

ORGANIZAÇÃO INTERNACIONAL DO TRABALHO — OIT. Locais de trabalho seguros e saudáveis. Tornar o trabalho digno uma realidade. Lisboa: OIT, 2007. Disponível em: <http://www.oitbrasil.org.br/ipec/hotsite/12_junho/criancas.php> Acesso em: 4.4.2010.

PAMPLONA FILHO, Rodolfo. Responsabilidade nas relações de trabalho e o novo código civil brasileiro. *Decisório trabalhista*, n. 105, p. 9-26, abr. 2003.

_____. Responsabilidade civil nas relações de trabalho e o novo código civil brasileiro. Disponível em: <http://jus2.uol.com.br/doutrina/texto.asp?id=6723> Acesso em: 5.3.2010.

_____. Responsabilidade nas relações de trabalho e novo código civil brasileiro. *Revista de Direito do Trabalho*, ano 29, p. 158-176, jul./set. 2003.

PAULA, Carolina Bellini de. *As excludentes de responsabilidade objetiva*. São Paulo: Atlas, 2007.

PEREIRA, Alexandre Demetrius. Novos aspectos jurídicos da responsabilidade civil por acidente ou doença do trabalho. *Revista do Tribunal Regional do Trabalho da 15ª Região*, n. 28, p. 73-87, 2006.

PEREIRA, Caio Mário da Silva. *Responsabilidade civil*. Rio de Janeiro: Forense, 1999.

PÉREZ KÖHLER, Alejandro. La responsabilidad civil del patrono por el accidente laboral de sus empleados: aspectos sustantivos. *Anuario de la Facultad de Derecho de la Universidad de Alcalá*, Universidad de Alcalá, 2005. Disponível em: <http://www2.uah.es/historiadelderecho/pdf/10resp_accidente_laboral.pdf.> Acesso em: 3.10.2010.

PERRY, Stephen R. Risk, harm, and responsability. In: OWEN, David G. *Philosophical foundations of tort law*. Oxford: Oxford University, 1997.

PLÁ RODRIGUEZ, Américo. *Los principios de derecho del trabajo*. Montevidéo, 1975. Apud VILLELA, Fábio Goulart. O princípio constitucional da dignidade da pessoa humana no direito do trabalho. *Revista LTr*, v. 74, n. 1, p. 91-96, jan. 2010.

_____. Accidentes de trabajo: ¿seguro mercantil o seguro social? *Revista de Política Social*, ISSN 0034-8724, n. 120, p. 5, 1978. Disponível em: <http://dialnet.unirioja.es/servlet/articulo?codigo=2494334> Acesso em: 3.3.2010.

PIANOVSKI, Carlos Eduardo. Responsabilidade civil por danos produzidos no curso de atividade econômica e a tutela da dignidade da pessoa humana: o critério do dano ineficiente. In: DELGADO, Mário Luiz; ALVES, Jones Figueiredo. *Novo código civil*: questões controvertidas. São Paulo: Método, 2006.

PINTO, José Augusto Rodrigues. Breves cogitações sobre a responsabilidade no direito do trabalho. *Revista de Direito do Trabalho*, n. 117, ano 31, p.115-136, jan./mar. 2005.

RECANO, Paolo. *La responsabilità civile da attività pericolose*. Milano: Antonio Milani, 2001.

REIS, Jair Teixeira dos; BATISTA, José Carlos. *A empreitada na indústria da construção civil, o acidente de trabalho e a responsabilidade civil*. São Paulo: LTr, 2009.

RICHTHOFEN, Wolfgang Von. *Inspeção do trabalho:* um guia da profissão. Coimbra: Coimbra, 2006.

RIPERT, Georges. *A regra moral nas obrigações civis*. Campinas: Bookseller, 2002.

RIZZARDO, Arnaldo. *Responsabilidade civil:* Lei n. 10.406, de 10.1.2002. Rio de Janeiro: Forense, 2005.

RIZZATTI, Lionello. *Prevencione grandi rischi industriali:* inconlumità publica — salute. Milano: Pirola, 1989.

ROMERO RODENAS, Maria José (coord.). *Accidente de trabajo y sistema de prestaciones*. Albacete: Bomarzo, 2009.

RUPERTO, Cesare. *La giurisprudenza sul codice civile*. Milano: Giuffrè, 2009.

RODOTÀ, S. Il problema della responsabilità civile. *Apud* ALPA, Guido; BESSONE, Mario. *La responsabilità civile*. Milano: Giuffrè, 1980.

RODRIGUES, Silvio. *Direito civil:* responsabilidade civil. São Paulo: Saraiva, 2004. v. 4.

ROSSI, Fernando. Do acidente do trabalho ao dano ambiental individual: inaplicabilidade da responsabilidade objetiva. *Unijus: Revista Jurídica*, v. 12, n. 16, p. 121-132, maio 2009.

SAAD, Teresinha Lorena Pohlmann. *Responsabilidade civil da empresa nos acidentes do trabalho*. São Paulo: LTr, 1999.

SADY, João José. *Direito do meio ambiente do trabalho*. São Paulo: LTr, 2000.

SALIM, Adib Pereira Netto. A teoria do risco criado e a responsabilidade objetiva do empregador em acidentes de trabalho. *Revista LTr: Legislação do Trabalho*, v. 69, n. 4, p. 457-463, abr. 2005; *Rev. Trib. Reg. Trab. 3ª Reg.*, Belo Horizonte, v. 41, n.71, p. 97-110, jan./jun. 2005. Disponível em: <http://www.mg.trt.gov.br/escola/download/revista/rev_71/Adib_Salim.pdf > Acesso em: 5.3.2010.

SANTOS, Enoque Ribeiro dos. *Responsabilidade objetiva e subjetiva do empregador em face do novo código civil*. São Paulo: LTr, 2008.

SANTOS, Fernando Ferreira dos. Princípio constitucional da dignidade da pessoa humana. In: DELGADO, Mário Luiz; ALVES, Jones Figueiredo. *Novo código civil:* questões controvertidas. São Paulo: Método, 2006.

SANTOS, Marco Fridolin Sommer. Acidente do trabalho e crise do Wellfare State. Disponível em: <http://www.bloglawandeconomics.org/> Acesso em: 10.11.2010.

SÃO PAULO. IAC — Instituto Agronômico. Disponível em: <http://www.iac.sp.gov.br/conteudo_noticias_pop.asp?id=309> Acesso em: 5.4.2010.

SCHIAVI, Mauro. Aspectos polêmicos das exceções de impedimento, suspeição e incompetência no processo do trabalho à luz da CLT, do TST e do CPC. *Revista LTr*, São Paulo, v. 70, n. 5, p. 574-584, maio 2006.

SILVA, Cristiane Ribeiro da. Acidente do trabalho e responsabilidade civil do empregador. *Revista IOB: Legislação Trabalhista*, v. 17, n. 206, p. 79-108, ago. 2006.

SILVA, José Afonso da. A dignidade da pessoa humana como valor supremo da democracia. *Revista de Direito Administrativo*, n. 212, p. 89-94, abr./jun. 1998.

SILVA, José Antônio Ribeiro de Oliveira. A responsabilidade civil e o novo código. *Revista do Tribunal Regional do Trabalho da 15ª Região*, Campinas, São Paulo, n. 21, 2002. Disponível em: <http://trt15.gov.br/escola_da_magistratura/Rev21Art10.pdf> Acesso em: 24.9.2008.

SILVA, Otávio Pinto. Responsabilidade do empregador por acidente do trabalho. *Revista Synthesis: Direito do Trabalho Material e Processual*, São Paulo, n. 47, p. 25, jul./dez. 2008.

SOUZA, Edinilsa Ramos de; MINAYO, Maria Cecília de Souza. Policial. Risco como profissão: mortalidade vinculada ao trabalho. *Ciência & Saúde Coletiva*, Rio de Janeiro, v. 10, n. 4, out./dez. 2005. Disponível em: <http://www.scielosp.org/scielo.php?pid=S1413-81232005000400015&script=sci_arttext&tlng=es> Acesso em: 16.3.2010.

SOUZA, Vidal de; BLANK, Vera L. G.; CALVO, Maria Cristina Marino. Cenários típicos de lesões decorrentes de acidentes de trabalho na indústria madeireira. *Revista de Saúde Pública*, São Paulo, v. 36, n. 6, dez. 2002. Disponível em: <http://www.scielosp.org/scielo.php?pid=S0034— 89102002000700007&script=sci_arttext&tlng> Acesso em: 16.3.2010.

STOCCO, Rui. *Responsabilidade civil e sua interpretação jurisprudencial*. São Paulo: Revista dos Tribunais, 2004.

_____. A responsabilidade civil. In: FRANCIULLI NETTO, Domingos; MENDES, Gilmar Ferreira; MARTINS FILHO, Ives Gandra da Silva. *O novo código civil*: estudos em homenagem ao professor Miguel Reale. São Paulo: LTr, 2003.

_____. *Tratado de responsabilidade civil*. São Paulo: RT, 2004.

SÜSSEKIND, Arnaldo. *Convenções da OIT*. São Paulo: LTr, 1998.

TEIXEIRA, Edy Wilson Biava. A responsabilidade civil do empregador por acidente do trabalho. *Revista IOB, Trabalhista e Previdenciária*, Porto Alegre, v. 17, n. 213, p. 71-90, mar. 2007.

TEIXEIRA, Sidnei Alves. Responsabilidade civil do empregador por acidente do trabalho. *Revista Synthesis: Direito do Trabalho Material e Processual*, São Paulo, n. 47, p. 28, jul./dez. 2008.

THEODORO JÚNIOR, Humberto. *Comentários ao novo código*. Coord. Sálvio de Figueiredo Teixeira. Rio de Janeiro: Forense, 2003. v. 3, t. 2.

TORRES, Ricardo Lobo. O princípio fundamental da dignidade humana. In: VELLOSO, Carlos Mário da Silva; ROSAS, Roberto; AMARAL, Antônio Carlos Rodrigues do (coord.). *Princípios constitucionais fundamentais*: estudos em homenagem ao professor Ives Gandra da Silva Martins. São Paulo: Lex, 2005.

TRIMARCHI, P. *Rischio e responsabilità oggettiva.. Apud* ALPA, Guido; BESSONE, Mario. *La responsabilità civile*. Milano: Giuffrè, 1980.

UEDA, Andréa Silva Rasga. *Responsabilidade civil nas atividades de risco:* um panorama atual a partir do código civil de 2002. Dissertação (Mestrado). São Paulo: Faculdade de Direito da Universidade de São Paulo, 2008.

VÁZQUEZ VIALRAD, Antonio. *La responsabilidad en el derecho del trabajo.* Buenos Aires: Astrea, 1988.

VENOSA, Silvio de Salvo. *A responsabilidade objetiva no novo código civil.* Disponível em: <www.societario.com.br/demarest.> Acesso em: 6.3.2010.

_____. *Direito civil:* responsabilidade civil. São Paulo: Atlas, 2005.

VIANA, Felipe Benedito. *O controle de constitucionalidade finalístico.* Tese (Mestrado). Faculdade de Direito da Universidade de São Paulo. São Paulo: Universidade de São Paulo, 2010.

VILELA, Fábio Goulart. O princípio constitucional da dignidade da pessoa humana no direito do trabalho. *Revista LTr,* v. 74, n. 1, p. 81-88, jan. 2010.

VISINTINI, Giovanna. *Tratado de la responsabilidad civil.* Buenos Aires: Depalma, 1999.

ZANTINELLI, Leandro Martins. Responsabilidade civil objetiva no Brasil: uma crítica às explicações habituais. *Revista Trimestral de Direito Civil,* Rio de Janeiro, v. 20, p. 211-232, out./dez. 2004.

ZÚÑIGA RODRÍGUEZ, Laura. Problemas de responsabilidad (penal, administrativa y civil) en el ámbito empresarial por accidentes de trabajo. *Revista Electrónica de Ciencia Penal y Criminología,* n. 10-10, p. 10:1-10:15, 2008. Disponível em: <http://criminet.ugr.es/recpc/10/recpc10-10.pdf> Acesso em: 4.3.2010.

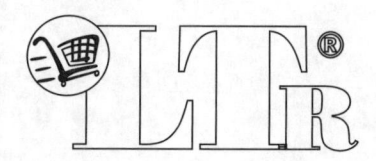

LOJA VIRTUAL
www.ltr.com.br

BIBLIOTECA DIGITAL
www.ltrdigital.com.br

E-BOOKS
www.ltr.com.br